序

早春二月的一天，好友孟庆捷送来一叠书稿，名《萍踪纪游》，共三十篇游记，嘱我作序。

游记并不好写。徐霞客写游记，跋山涉水，餐风饮露，历尽千难万苦。他的游不是游山玩水的那种潇洒之游，而是探险考察那种艰辛之游。他的游记为后人留下一份宝贵而又经典的文化遗产。郁达夫写游记，行前必先查阅史籍志书，游后运用生花妙笔，把游记写得醇厚如酒，而又包含浓郁的诗意。余秋雨写游记，喜爱掺和人文史事，恰逢改革开放、文艺复兴初期，给人一种新鲜感和厚重感，因而声名大振。若对其游记连篇累牍，还真有点程式化之嫌。

游记似乎也并不难写。当下，互联网时代，世上万物，网上应有尽有。各地的旅游景点，网上都有详细介绍。若将其改头换面，七拼八凑，真能打理出一篇像样的游记。

庆捷兄的游记，可不是从网上截下来的，而是"我手写我口"，信笔而写，娓娓而道，称心而出，直抒胸臆。那流露在字里行间的，是一股浓得化不开的情感。那一股情，或深情似海，或豪情如山，或激情奔放，或热情洋溢，都是真情在汩汩流淌。或对祖国的挚爱，或对领袖的崇敬，或对故乡的眷恋，或对前贤的敬重，或对名胜的赞美，或对古迹的流连，无不都是发自内心，出自肺腑。甚至把自己爱书的痴迷之态和对古代藏书楼朝圣般的向往之情，都在他的游记中表白得真真切切。

庆捷兄爱书。每次出游，若能收得心爱之书，便有一种幸福感，若在景区无书可求，则有一种失落感。他在《游荆州古城墙记》中写道："我是个颇有些儿书痴相的爱书人。所以，我每到一地，总要买些有关当地人文历史和风土人情等方面的书籍，作为到此一游的纪念物。去年我到山东聊城的光岳楼游览，也想在楼里买些有关聊城及光岳楼历史文化方面的书籍。可是，竟无书可买。为此，我还遗憾了好长时间呢。"他在《天安门广场纪行随想》中写道："这册书的名称是《帝都之门》，就是讲正阳门的前生今世历史的书籍。我心里一阵兴奋，便立马掏出银子，将此书收入囊中。真的好庆幸啊。得到这本书，实为我这次北京之行，平添了无尽的快乐。"

庆捷兄爱读书，爱藏书。日收月聚，年复一年，如今藏书已逾万册。满屋书香，坐拥书城，读书撰文，其乐无穷。而其旅行，他以三十篇游记推算行程，累计业早已超过万里。好一个"读万卷书，行万里路"。而这，正是爱书人、读书人努力追求而又感到无比欢欣的好事、美事、快事。读万卷书，行万里路，从知识面讲，二者可以相互印证，互为补充；从修身养性讲，读万卷书可以增学识，明义理，行万里路能够开眼界，扩心胸。读万卷书不易，行万里路亦难。好在庆捷兄花甲之年初度，读书有的是时间，出游有的是精力，何况早在"读万卷书行万里路"的进程中，每天都能有进步。相信杜甫老先生的话，"读书破万卷，下笔如有神"，庆捷兄一定能精心布局，疏密有致，把一股浓浓的真情贯穿于行文之中，写出更多更好的游记。

是为序。

张军延
辛丑春日写于莘庄半屏书屋

目 录

序 / 001

桂林公园览胜记 / 001

骑车游松江 / 010

春日浙东行 / 024

慈城纪游 / 044

走近南浔嘉业堂藏书楼 / 051

登文游台 / 059

游项羽戏马台记 / 067

游记八公山 / 077

琅琊山探胜记 / 085

游记合肥 / 099

桐城景物观赏记 / 110

韶山情深 / 128

从岳阳楼到君山岛 / 132

游荆州古城墙记 / 154

洛阳行记一：白马寺 / 164

洛阳行记二：关林 / 173

洛阳行记三：小浪底 / 180

洛阳行记四：龙门石窟 / 188

大同览胜记一：悬空寺与恒山 / 197

大同览胜记二：应县木塔 / 213

大同览胜记三：云冈石窟 / 224

大同览胜记四：大同古城 / 234

晋祠纪游 / 259

从十笏园到杨家埠 / 271

聊城纪游 / 288

谒曹植墓 / 308

游沂蒙山记 / 313

从景阳冈到狮子楼 / 319

青州古城纪游 / 334

纪游趵突泉 / 348

从孟庙到孟府 / 358

游记威海 / 366

行旅照片忆蓬莱 / 377

大连一日游 / 385

悠悠拜谒情 / 395

天安门广场纪行 / 401

跋 / 411

桂林公园览胜记

桂林公园，是上海一座著名的公共园林。我家就在公园附近，我同它的关系，就如同人与空气或水那么亲密。这么说吧，只要是每天早晨乘车或骑车上班，就必须经过公园位于桂林路上的南大门，而此门是公园的正门。因此，每个住在这个公园附近的人，对它的感情是很深的。有一次，我到外地办事，在与当地友人交谈中，无意中说出了桂林路上这座公园的名字，当时就得到了友人的呼应。他告诉我，他也去过桂林公园，并告诉我，桂林公园的旧名叫"黄家花园"。闻此言，顿时就拉近了我们的距离，感觉似乎遇到了故乡人那般，亲切感陡升。

作为住在桂林公园附近的人，我每年总要去那里游览赏景。尽管，景色依旧，可每次游览的感受却大不相同，颇有些儿常去常新的感觉。这种感觉就如同苏东坡在游览杭州西子湖时的心情，是一样一样的。总觉得这桂林公园的景色，亦如杭州西湖那般"浓妆淡抹总相宜"的神韵。

好了，言归正传。咱们还是到桂林公园游览一番，领略它的美妙吧。

说起桂林公园的美景，那是众所周知的。可是，谈到它的历史沿革来，知道的人就不怎么多了。尤其是对外地来沪游览的客人来说，知道的恐怕就更少了。

俗话说，对人对物都要知根知底。虽不能说完全了解，却也应略知一二。所谓人们常说的"做足功课"，道理就在这里。那么，在走进桂林公园游览之前，咱们还是先了解一下它的前生今世吧。

桂林公园的前身，叫黄家花园，是旧上海闻人黄金荣的私人别墅，建于20世纪的30年代初。该花园由原来的黄家墓地发展而来。据史料记载，当年花园落成大典，在上海滩很是风光了一番，前来祝贺的人物多达5 000余人。据说，由张啸林担任典礼大总管，杜月笙则负责总招待，使落成典礼着实热闹了一番。掐指算来，桂林公园的历史也有近九十年之久了。

九十年来，桂林公园历经岁月沧桑。尤其是在新中国成立前的十八年里，黄家花园先后经历了日本侵略军和国民党反动派的大肆破坏，致使花园日渐荒芜、奄奄一息，一片破败景象。

新中国成立后，黄家花园迎来了新生。1953年，黄金荣辞世，人民政府将黄家花园收归国有。经过数年的修葺，终于在1958年8月1日正式对人民群众开放。因园内种植有大量的桂花树，故将黄家花园，正式改名为"桂林公园"，使这一新中国成立前的私人花园，彻底改造成为广大劳动人民的休息游览之地。

国庆节那天,我再度来到了桂林公园游览。那天正值初秋时节,真所谓秋高气爽,阳光普照,天气正适合户外活动。

我沿着宽阔平坦的桂林路,由南向北走去。很快,我就来到了桂林公园的南大门前。

我驻足端详了一番大门风光,就看到南大门坐北朝南,且略朝东向,其南面不远处就是一条河浜。大门建筑很有特色,平房式样。中间为重檐,且两边均为单檐。屋檐上面饰以龙、凤雕塑,颇为华丽。大门正中为一拱顶大门洞,两侧墙壁上方各开有一个圆形花窗,宛若一对眼睛似的,造型生动,十分形象。大门前面放置着一对硕大的石狮子塑像,形象颇为生动。

桂林公园大门

走进大门,便是著名的龙墙花道。花道两旁种植着高大的树木,且枝繁叶茂、绿荫如盖。游人们走在花道上,颇感真的很惬意啊。花道两侧的龙墙,有东墙与西墙之分。原来都是外墙,自20世纪80年代以来,皆为内墙了。原因是公园扩大了,而在其墙外又修筑了新的景区,故原来的外墙就变成为内墙了。站在大门里,朝花道纵深看去,感觉美景就在眼前,一览无余。然愈往里走,却又有点儿深远莫测的好奇。

是的,直到我走到花道的尽头,朝左右两旁望去,方觉乾坤就在眼前呢。这往西就是旧园区,而往东则是新园景区。按惯例,我沿着园中通道,往西行,便来到了著名景观——四教厅前。只见晴空下的四教厅,巍然耸立,独领风骚。

四教厅南门前有一块绿茵茵的大草坪,草坪的南面有一座石景平台。平台上垒着假山,还种植有松柏、天竺之类的景观树木。几乎就在同时,我还看到平台上放置着一组"八仙过海"的汉白玉石雕像呢。

眼前的这座硕大的殿堂,据说是一座仿帝王式宫殿建筑。它雄伟华丽,凝重大气,为上海地区所罕见。

走进大殿,我就被殿中气势所震撼。我看见大殿内楹柱硕壮、悬梁横空,尤其是那悬挂于房顶中央一字排开的三盏巨大的西洋铜灯,使我倍觉气势恢宏,古色古香。此时,大殿中央的一个大八仙桌边围坐着一些老年人,正在那儿谈笑风生,神态怡和。而周边的橱柜里,则放着茶饼及茶具。显然,这里已变为了茶室。

有资料显示,当年这里可是黄家花园的重要活动场所。大厅里挂满了各类人物的书法题匾,很有些文化的气息。只是在战火中,这些书法作品都灰飞烟灭了,要不还真的能成为一处高级别的书法艺术博物馆。

来到大殿中央,我静静地环视殿内景物。眼前仿佛出现了当年黄金荣们在这里推杯换盏、高朋满座的情景。心想历史真的具有讽刺意味,八十多年过去了,如今这里已成为劳动人民休闲活动的场所。而这原本并不是黄金荣们的初衷,历史给他们开了个玩笑,这个结果想必不是他们所能想象得到的。

至于为何称为"四教厅"?只能从书本里寻找答案了。据相关文字介绍:所谓"四教厅"之名,则来源于孔子的《论语》中的《述而》,乃温文尔雅、德行端正、忠心竭力、诚实可信之意。据说当年蒋介石送给黄家花园的一方大理石碑上就题写着"文行忠信"四个字。而蒋介石就不想一想,黄金荣是否配得上这四个字呢?具有讽刺意味的是,黄金荣在1949年上海解放前夕,却叫门徒将这块石碑砸毁了,以表自己弃暗投明、改邪归正之意。

离开四教厅,朝北行走几步,我就来到了东面水池畔。一座石舫及双石小桥,进入了我的眼帘。其实,还在我到四教厅的途中,我就看到了不远处的石舫和双石小桥的英姿了。

来到石舫前,我驻足观看:就见这座石舫系用花岗石砌成,它长十多米,为中间粗、两头细形状。舫首朝西,而舫尾则向东。其三面环水,临池而靠。而舫身上的建筑就更有特色了，舫首的屋子为平房式,单檐歇山顶,屋檐下悬挂着"般若舫"横匾。中间为阁,后舱则是二层楼宇。整座石舫的形状,就如同一艘蓄势以待发、欲乘风而破浪的巨舰,颇为生动大气,颇具艺术特色。

站在石舫前朝南看去,著名景观——双石小桥,就近在我的眼前。

眼前的这一泓池水,乃荷花池也。水池周边,皆垒石为山,而两座小石桥之间亦为垒石相接连,宛如虹桥卧波,生动形象,不愧为公园"明珠"。

从双石小桥离开后,穿过九曲长廊,我便来到公园的另一著名景观——颐亭观览。该亭坐落于公园的西北部,为一座钢筋混凝土结构的中西结合体建筑。整座亭子建筑在水池之中。而它的南北之间则以水泥小桥相连,亦中亦西,为中国古典园林建筑中之少见者。据说此亭乃黄金荣当年在花园接待贵宾、商谈密事的地方。

所谓"亦中亦西",是指该亭为二层楼宇,其顶端为歇山样式;而它的墙体则为红砖垒筑而成,二层楼上建有阳台,这显然是西洋建筑样式。所以,"亦中亦西"的建筑特色就在其中了。

我绕着这座颐亭,转了一圈,便来到了它的南门口。我看到其门框上写着"颐亭"两个大字。在这里朝亭子望去,却觉得整座楼宇宛如少女那般,亭亭玉立,静若处子。在蓝天白云下,观望此亭,真的好眼福啊。

告别美丽的颐亭,我便走到了著名景观——九曲长廊览胜。

其实,长廊就在四教厅的西北角上。来到长廊,也就意味着四教厅也就近在眼前了。

九曲长廊呈南北方向,长约数十米,全部为木结构建筑。我来到长廊里,就见其内部两侧皆为扶王靠,以供人们椅坐,相当人性化。站在长廊的南首,看长廊景色,只见长廊蜿蜒而曲,一眼望不到头,感觉颇为神秘。长廊的两头都有亭子起头;中间则为腰亭,高达十余米。显然,要比南北两头的亭子要高大许多。该亭为八角形状,因其顶端雕有四个龙头,故此亭名曰:多角龙头亭。此亭有小道通往东西两侧,是到石舫及双石小桥的必经之路。

漫步在长廊里,我看到里面坐着许多游人。他们或闭目养神,或逗乐小孩,或坐在一起品尝点心,或坐在那儿谈天说地。总的说来,人们在这里怡然自乐,轻松休闲。

我沿着廊中小道,漫行到长廊的北首。而它的前方,就是著名的鸳鸯楼。这里又称静观庐,是过去黄家花园的住宅建筑。新中国成立前,该楼曾被日军炸毁。直到20世纪的90年代初,方才恢复其原貌。

来到鸳鸯楼前,穿过其圆形花门,我便走进了该楼的庭院里。看到这是一栋长方形的二层楼房,灰瓦粉墙,古色古香。因在花墙里面,故给人一种神秘的感觉。它,显然属于过去黄家花园的后院。所以,到这里来的游人不多。相对于热闹的前院,这里就清静多了。在这里,我可以一直看到其西门外的景色。而西门外，就是颐亭景区了。因是内院，我就没有怎么细看了。

接着，我穿过一条林间小路，就来到了东园景区里。

东园景区，修筑于20世纪80年代末。应该说，我是看着它修筑起来的。原先这里就一片农田，后因桂林公园扩建而把它圈进了园内。又因它在公园的东墙外，故称东园。

来到东园，就仿佛进入了一片大森林。这里草木森森，遮天蔽日，非常阴凉，是都市人们避暑的理想之地。园子不大，却亦是亭、台、厅、榭，一应俱全。其中，尤以飞香厅为最。此厅为重檐木结构，飞檐起翘、婀娜欲飞的样子，显得凝重大

桂林公园同事留影
前排左起：吴云、杨玲华、包婷君　中排左起：吴根妹、干爱莲　后排：唐明

气，其建筑规模仅次于四教厅。来到厅里，就看见里面皆为茶桌；且坐满了游人，皆为茶客，熙熙攘攘，好不热闹。

穿过大厅，我就走到了飞香水榭那偌大的临水平台上，凭栏前观，偌大的荷花池映入我的眼帘。远观这一泓池水，碧绿湛蓝。在阳光下，波光粼粼，清静怡然。再往前看去，那儿有一小亭，翼然其间。而这竟引起了我的好奇心。于是，我就从平台上走了过去。来到小亭前，就见亭檐下面的匾额上写着"知春亭"三个大字。亭子建筑很有特色，为平房式样。灰瓦粉墙，门洞居中，两侧为窗也。周边树木簇拥，花草其间，亦为东园之胜景也。

在经过一片大草坪后，我穿过花墙，就来到了龙墙里面的花道上。有些依依不舍地浏览着花道两边的龙墙，缓步走出了桂林公园的南大门。就在跨出南大门的一刹那，我驻足回首，凝视着南大门上挂着的那块由著名书画家钱君匋题写的"桂林公园"四个大字的匾额，顿觉一股古朴、苍劲的气息扑面而来，竟使我生出一腔思古之幽情。往年这个时候，都是桂花盛开的时节。可是今年却因天公不作美，竟至今尚未吐蕊，着实为一憾事也。不过，当我此刻伏案撰写此文时，却嗅到了桂花的芳香。

骑车游松江

前些日子，友人来访。在聊天时问及近况，他告之自己曾于近日作骑车远游松江古城之旅。闻其所谓骑车远游松江之举动，便也勾起了记忆中我曾经的骑车松江的览胜之旅。想起来，那次骑车远足松江之旅，距今已有三十年之久了。为证明我早年的那次骑行松江之壮举，我找出了一本尘封多年的旧影集，翻出了当年骑行松江古城时，拍摄的几张彩色照片。友人观之，便也没有了诧异。

看着这几张年代久远的旧照片，照片上的影像早已成为永久的定格，然而，却也唤醒了那段珍藏在我心灵深处的美好记忆。照片上的景物，瞬间演变成了一片片、一丛丛、一个个鲜活的影像。那感觉，竟是那么的饱满，又是如此的清晰。而我那略显幽古的心绪，此刻亦仿佛又回到了已远去多年的时光里……

松江古城，乃沪上之发源地也。在这块充满灵性的土地上，曾经孕育过崧泽、良渚等史前文化。早在唐代，就在这里建立了华亭县，此乃上海最早之名称也。在漫长的历史长河中，松江出现了众多的才人志士，创造了灿烂的文化。松江有三泖九峰等优美的自然风光；还有为数众多的人文景观，如醉白池、方塔园等名胜古迹。应该说，松江是上海的一个不可多得的自然与人文景观的集结地，更是上海市重要的旅游胜地。况且，它离上海市区也不远。所以，自然而然地就成为沪上人们远足踏青、放飞心情的佳选之地。

闲言少叙，咱们还是回归正题吧。

关于那次骑自行车游览松江古城之旅的具体日期，我查了查当年写的日记，时间是1990年4月8日。

我在当天的日记写道：

今天偕唐明、张梅芳、吴云、杨玲华、包婷君等人，一起骑车到松江城游览。

早上6时15分启程，8时45分胜利抵达松江方塔公园。在方塔下留影。

10时50分左右，又骑车到松江人民路上的醉白池公园游览。

中午，至醉白池酒家就餐。之后，又在醉白池游览了一番。

下午2时5分，骑车离开松江古城。

下午4点45分，顺利抵达桂林路农行营业所。

看得出来，我只是在当天的日记里简略地记载了与几个同事，骑车游览松江古城的起始过程，而非细说整个游程。其实，整个车游过程，还是颇有些趣味的。虽谈不上大书特书，却也是值得回味的。

我记得，那日的天气很好，且地面气温也不算高，正适合人们外出踏青游玩。人们看惯了的蜡梅、红梅与迎春花相继傲放之后，那金黄色的油菜花，此时也迎来了怒放的盛花期。在我们骑车经过的公路两旁，开满了金黄色的油菜花。那一丛丛、一片片的黄花儿簇拥成为漫山遍野的花海，迎接着春回大地，装点着美丽的田野，宛若浩瀚无垠的花的世界，一眼望不到尽头。在20世纪90年代初，公路两旁远没有今天这般"繁华"，到处是阡陌的田埂与散布的村落，处处弥漫着袅袅的炊烟与花草的芳香，呈现出一派欣欣向荣的田园景象。那时候，公路虽然没有今天这样宽阔，行驶在路上的车辆也没有这么多。可是，行走在公路上绝对不用担心安全问题。因此，我们几个人骑车只用了两个小时左右，便来到了松江古城，可谓顺利也。这主要就是得益于路上车辆少的缘故啊。回想一下，这要是放在今天，两个多小时就能顺利骑行到松江古城吗？回答肯定是否定的。当然，这只是我就当年的路况而假设的。

那天早晨6点15分，我们几个人准时从桂林路漕宝路口的单位出发。沿着宽阔平直的漕宝路，一路西行。由于时间尚早，所以，公路上车辆很少，空气也十分清新。试想，在这种清新、安静的公路上骑行，那种怡人的感受是多么的惬意啊。在如此的环境里骑行，大家有说有笑，谈笑风生，兴奋的神采，溢于言表。真可谓兴高采烈，一路疾驶。不过，我在骑行中，并没有放过公路两旁飞逝而过的景物。其中，感触最深的就是上海农村的村落房舍的造型外貌，不怎么好看，更谈不上美观，且不规整，有些散乱。对比，两年前我在青岛游览时，看到青岛农村的房舍造型，觉得还是青岛农村的房舍造型美观漂亮。我一边朝前骑行，一边观赏着路边的景物，又一边思考着。感觉即便是上海这样的大城市，也有不如人意的地方啊。

很快，我们就骑行到了著名的七宝古镇，这是当时上海市上海县的重要乡镇。镇上，市面相当繁华。人来人往，车水马龙，非一般乡镇所能比的。

在红绿灯换色的瞬间，我们几个人犹如当年的敌后武工队那样，飞快地穿过了繁忙的七莘公路，朝着九亭镇挺进。又往前骑行了十多分钟，我们就来到了九亭镇。而来到九亭镇，就算来到松江县了。往前骑行不远，我们的车队便来到了泗泾镇。从这里开始，我们将告别宽阔的公路，转而骑行在了狭窄的乡镇公路上。从而，告别了城镇的繁华与喧闹，并与之渐行渐远了。

过了泗泾镇，我们转弯朝南，骑行在了路况尚可的乡间公路上。途中，大家可能是有些累了，彼此的话语也少了许多。其间，只是偶尔问答几句而已，全然没有了刚开始上路的那种兴奋的模样，只是埋头朝前面骑着。大约骑行了二十分钟，我们来到了佘山脚下公路的一个拐弯处时，包婷君的自行车链条竟被骑断了。面对这一突发事故，大家当时竟有些无措。这真是前不着村，后不着店，后果的确有些难堪。面对这种情况，大家只好推着自行车向前走去。朝前走了约十分钟的路，忽见前面不远处有一家修车铺子。见状，大家立马来了精神，就将那辆自行车推了过去。好在车铺里工具齐全，老师傅很快就接好了链条，自行车又好骑了。接着，大家便又欢笑地飞身上车，朝前疾驶而去了。

由于，此时太阳已破云而出，而那阳光也似乎热烈了许多，骑行中的大家这时候都有些口干舌燥。及时补充水分，就成为大家解渴消暑的当务之急。于是，在经过一家小杂货店时，大家便纷纷停车，进店购买一些饮料和糕点。我拿起一瓶鲜橘水，打开瓶盖仰首将其喝了个底朝天，算是解了口渴，顿觉浑身舒畅，精气神儿倍增。其实，这感觉又何止我有？我看，别的同事也皆如此。一阵忙过之后，我们就又骑上自行车，朝着旅途的最后一站——松江城进发。

在行进途中，我们再次感受到了油菜花海的无穷魅力。我感觉，这里的油菜花海的规模，似乎要比上海县农田里的油菜花海规模更大，花儿的颜色也似乎要比漕宝路两旁的油菜花更加鲜艳，更有看头。再配上周边的绿树，便形成了一幅绝妙的风光屏风，颇具艺术感染力。别人是否这么看，我不清楚。反正，我是这么看的。再看不远处的佘山，似乎是跟着我们，仿佛一片云彩似的。其实，它的山体并不算高大，更谈不上雄伟。但它整个山貌则是以秀美作为其特质而闻名于世的。由于距离山体较远，且又骑行着。所以，能够进入眼帘的景物，也就依稀朦胧了。所能看清楚的山上景物，除了漫山遍野的绿

方塔路骑行留影
右起：孟庆捷、张梅芳、杨玲华、包婷君、吴云

荫，就是那山顶上的教堂高楼了。

大概向前骑行了半个小时，我们这支"神行太保"车队，终于来到了松江城下。我一眼就看到了远处耸立着的那座闻名天下的松江方塔的倩影，便兴奋地大喊：方塔……大家兴奋地簇拥在一块儿，朝着远处的方塔，发出了胜利的欢呼。骑行中的劳累，此时已被胜利的欢乐而被人们抛进了爪哇国里。大家精神抖擞地再次翻身跃上自行车，一起向着方塔园进发。

不过，这段公路似乎骑行得并不怎么顺利。尽管，这是一条大马路。原因在于它地处城乡结合部，行人与车辆也多了起来。所以，我们在骑行途中，格外小心。这样，我们骑行的速度自然要缓慢了许多。

终于,我和伙伴们一起来到了松江古城里的方塔园。

我们一行数人跨进了大门,便谈笑着朝方塔走去。途中,看到的第一个景观,并非方塔,而是坐落在其前面的那座明代照壁。该照壁为砖雕文物,其造型相当庞大。在我眼里,它的面积总有数十平方米之阔吧。我看到照壁上雕刻着一只巨型怪兽,其形象狰狞可怕。只见它四足底下踩着众多珍宝,还嫌不够,它还想吞食太阳。结果,掉进浩瀚的海里淹死了。我觉得这幅雕像的立意很明确,寓意也很到位,是对时下的那些个大大小小的"怪兽"们的严正警告,如若继续贪婪无比,必是如此下场。由于中间隔着一泓池水,我们只能遥望照壁上的动人画面。尽管如此,我还是感受到了它那精美的线条和它那流畅的立体感。

看完这明代的照壁,我们就来到了宋代方塔的下面。我仰望着眼前这耸立云天的宝塔,依稀记起了在一本名为《松江风物》的小册子里的一段有关方塔的文字来:

"兴圣教寺塔……砖木结构,共九层,高 42.5 米。形制和结构,因袭唐代砖塔,呈四方形,故俗称方塔。塔内各层有木梯……塔于宋熙宁元祐年间,建于兴圣教寺内,故起名为兴圣教寺塔。"

我凝神仰望着它那美丽的倩影,禁不住地从心底里涌溢出了一股由衷的感叹来。遥想当年的匠人技工们真的很伟大，硬是用自己的聪明才智和灵巧的双手，为后人留下了一份充满工艺灵气的千年杰作。真的，令后人铭记和感动！可以想见，在当年没有大型建筑机械和工具的条件下，能够建造出这么精美壮观的宝塔，是多么的不容易啊。而我们此刻还可以想见当年，这些匠人技工们为建造这座如此美轮美奂的宝塔，又发挥出了怎样的惊人智慧与超凡的能力来啊。

接着，我同伙伴们一边谈论着观赏方塔的感想，一边结着队儿，穿过方塔下面的小桥儿，朝着桥儿彼岸的草坪走了过去。因为还是初春时节，偌大的草坪尚未返青，故整片草坪还是一番枯草状。但这丝毫没有影响我们的游兴。大家兴致勃勃地在美丽的方塔下，纷纷拍照留念，以记录下这难得的远足松江古城的踏青之旅。

站在草坪上，看着前面的方塔，你就会发现眼前这条小河，犹如护城河那般，环绕着方塔小院，在明丽的阳光下，如晶莹白练似的洁净，闪烁着银光儿，心里感觉好美。而站在草坪上，再看那高耸云天的方塔，则感觉更美。这塔、这河、这草坪，无意间构筑成为一抹立体的风景画来。望着眼前的良辰美景，我的心里竟然有一种穿越时光隧道的惊喜，仿佛置身于千年前的那个时光。我以为，古代文人笔下所描写的那种"物我两忘"的感觉，亦不外乎于此吧。

离开大草坪与小桥湖畔，我们一行人按图索骥，相继游览了太妃宫、其昌长廊和楠木厅等园中著名景观。在曲径通幽的

方塔留影
前排右起：孟庆捷、张梅芳、包婷君、杨玲华　后排左起：唐明、吴云

林间小道与花草丛中,都留下了我们的足迹与笑语。大家意犹未尽地漫步于塔下林丛,饱览方塔园中的春色美景。

当手表的指针划到十点钟时,我们结束了在方塔园的游览活动。走出大门,骑上自行车,朝着下一个游览目标——醉白池,疾驶而去……

"醉白池为上海最著名的五大古典园林之一,也是上海地区保存完整、独具明清风格的园林精粹,为江南名园。"这是《上海名园志》中介绍醉白池的相关文字。字数虽不多,却也点出了醉白池在上海园林中的历史地位。有鉴于此,醉白池便理所当然地成为上海的一张耀眼的风景名片,也就很自然地成为人们访古探幽、踏青游览的名胜风景之佳地。而作为远足松江之游客的我们,自然也会慕名到此游览一番的。

走进醉白池公园的大门,就看见公园里古木参天、枝繁叶茂。高大粗壮的树枝蔓延空中,如伞似盖,感觉十分的清凉。这对于一路狂奔赶来的我们来说,自然是再好不过的了。此时,虽说是初春时节,可午间的阳光直接晒在身上,感觉却有些儿火辣辣的。毕竟,当年我们还年轻。

在凉爽的树荫下,我们抓紧时间进行补充,主要是购买饮料。末了,大家谈笑着来到了园中的水池畔边。

来到池畔,我们驻足观看。就看见眼前的美景,宛若一幅绚丽多彩的湖畔风景画。这座水池呈长方形状,在水池岸畔都堆砌着嶙峋奇异的怪石。而在水池的四周,我看见点缀着造型漂亮,且风格各异的亭榭楼阁及长廊等建筑物。同时,我还看到不远处的一片高低错落、迤逦相连的白粉花墙。除了这些景物外，最吸引我的眼球的是那棵种植在水池北岸上的大樟树，主干非常粗壮，要二三个人方能合抱。据树边的铭牌文字说，这棵大樟树已有三百多年了。它挺拔伟岸，枝干纵横，犹如一位老者凭栏俯视着池水风光呢。

绕过古老的大樟树，我们数人又沿着蜿蜒曲径，来到了有园中"第一胜景"之称的"池上草堂"前，观赏起它那不一样的靓姿来。我发现草堂凌空飞架于水池之上。草堂屋檐正中悬挂着一块木匾，上书"醉白池"三个大字，系由沪上著名画家程十发题写。草堂四周皆有花窗，犹如廊轩，造型小巧雅致，颇有些儿明清味儿。古色古香，十分的耐看。此外，我还看到在草堂的房前屋后，种植了许多的草木花卉。可谓树木丛林，花藤蔓延。一眼望去，好一派草堂风光啊。而草堂下面则是一泓碧绿的池水，寂静地荡漾着，十分幽静。看着眼前的这堂、这水，还有周边遮天蔽日的花海林丛，我心里颇有些儿"风景这边独好"的感悟，仿佛置身于"画中游"似的。

看过草堂的外景，我们一行人就走进了堂内观览。看到草堂里面的家具，皆是古色古香的明清样式，心里颇感新奇，直呼开了眼界。这时我还看到竖在旁边一块木牌上的文字介绍，说草堂里的这些明清紫檀家具，都是江南地区的珍稀文物。堂内还摆放着许多古瓷花瓶。一看就知道，这些古董玩器相当名贵。至于真假，俺可就说不准了。不过，放在这里，还是蛮雅致的。在堂内兜了一圈后，我们便走出了草堂。走过小石桥，就一起来到了四面厅参观。

四面厅，坐落在草堂的东面，其建筑风格为明代规制。来到厅内，就看到厅的四面皆为窗口，感觉既明亮又通畅，故为"四面厅"也。厅内亦为古式家具，颇显古雅之风。相传这里曾是当年松江画派、松江书派诸名士吟诗书画的场所。来到厅前大窗，我探首外观，却看见那棵已有三百多岁的古樟树，正耸立在厅窗前面的绿荫丛中。看上去，顶天立地，枝繁叶茂。而来到厅后面的窗前，就看见数条古藤盘绕，纵横交错，颇有些儿古朴之风。绕厅一周，巡游四窗之美景，不似陶醉，却又胜似陶醉，这感觉美妙极了。颇可谓之："此中有真意，欲辩已忘言"也。虽然，这已是三十年前的事了，可当今天再回想起来，那感觉还是杠杠地。

辞别四面厅后，我们一行人沿着曲径，朝南面走去，便来到了长廊景区游览。这段南长廊的墙壁中镶嵌着二十八块石刻画像，号称"云间邦彦画像"。镌刻着松江府属各县从元到清初"乡贤"百人的画像和赞词。人们通过这些石刻，可以了解松江的历史文化。我仔细观看了这些石刻画像，品味着其中的韵味与哲理，感受着松江文化的滋润。

告别了南长廊及石刻画像，我们就来到了一座既像船又算屋的建筑前。我看到屋檐下方悬着一块匾额，上书"疑舫"二字。据说此舫系明代建筑，19世纪末又重修。如此说来，其亦算是古代遗物吧。走进舫内，亦是满目的古旧家具，颇为典雅。

从"疑舫"出来,我们一行人辗转数条曲折小径及厅堂景观,在不经意之中来到了一座新建的园林里面,这里亦是厅榭楼阁,亦是花木其间,美不胜收,是一个休闲驻足的好去处。忽然,我们被一面巨大的照壁挡住了去路。原来,这是醉白池园林的重要景观呢。上面精雕细刻着松江山水及人文故事。看得出来,这块照壁是现代雕刻之精品,很有艺术价值及工艺水平,值得一看。我和伙伴们走到照壁前,认真地观赏着它的巨大画面,体会着工匠们艺术品位及创作理念。感觉很有些儿看头。于是乎,大家在照壁前留下了一张集体照片,以资纪念也。

看罢照壁,我们又在园子里兜了一圈儿。在走马观花地观赏了园中景色后,就来到了不远处的"醉白池酒家"就餐。

好在此刻前来就餐的客人并不是很多。我们找了个靠窗的圆桌,围坐了下来。经过大家的广议,算是点好了菜肴。之后,伙伴们便大眼瞪小眼地看着彼此的尊容。我看到那几位女伙伴,大概是走得累了,俊俏的脸蛋上泛起了淡淡的红润,有的鼻尖上还沁出了汗呢。在等饭菜的当儿,大家又轻声地谈笑起来,说着在路上看到的趣闻。不一会儿,服务员就把可口的饭菜端到了桌上。大家一阵风卷残云,片刻,桌上的碟盘便被吃了个底朝天。不过,大家是吃饱了。毕竟,还要骑车回家呢。因此,大家全然没有了平常饭桌上的那份优雅。一顿酒足饭饱之后,大家又精神振奋了起来,体力着实得到了恢复。于是,大家一起说笑着走出了醉白池的大门。来到寄车处,骑上了心爱的坐骑——自行车,拨正车头,朝着来时的原路进发了。

骑出没有多远,我们便来到了城内的方塔路上。看到道路宽阔平坦,再加之心情颇好,况且路上车辆及行人很少,不知是谁说在这条街上咱们拍张骑车前行的照片吧,以纪念这次骑车远游松江城之旅。这个建议,立刻得到了大家的响应。于是大家先拍了一张集体骑行的照片,是唐明拍摄的。在忙了一会儿之后,大家心满意足地再次跃上自行车,朝着既定的目标——桂林路漕宝路口,奋力前行。

两个小时后,我们这支骑行车队,经过长途跋涉,终于安全回到了原出发地,从而结束了这次,也是唯一的一次长途骑车之旅。

春日浙东行

又是一个韶光明媚的春天,

又是一个春意盎然的日子。

我,循着芸芸众生的步子,追赶着冬去春来的光景。

这天,我来到了浙东大地上,开始了探春幽古之旅……

按照既定的游览计划,我来到了这次旅游行程的第一站——诸暨。

诸暨,乃越国古都。早在公元前222年,就已建县,素有浙东巨邑之称。这个古县,历经2211年。而在公元1989年秋,撤县建市。这里,不仅有着美丽的自然风光,而且,还有着丰厚的人文历史积淀。

著名景观——五泄景区与西施殿景区,则是诸暨诸多景区中的佼佼者。自然,名声在外了,引得众人纷至沓来,竞相一睹这里景物之风采。

五 泄

这日,天气不错。时晴时云的,且不冷不热,是一个外出踏青的好时光。

五泄者，乃山谷间的五级瀑布也，其位于县城西部山谷之间。瀑布位于山巅绝处，自崇崖陡壁间飞奔而下，一级一瀑，有五级，故名"五泄"。

从车上下来，即买票进入景区。在走了一小段路后，便来到了山脚下。据导游说，这里就是避水岭，是观赏五泄风景的起点。登上这第一级台阶，就算开始了登临五泄山了。

跟随着导游，我拾级而上，向着五泄山之巅攀岩而去。

途中，林木密布、山道崎岖；山花遍野、风光十分怡人。耳边还不时传来溪水流淌的声音，十分清脆悦耳，宛若天籁一般。而山林深处，还不时地传来鸟儿问答，十分有趣。而我在树荫小道上，却看不到溪水和小鸟的影子，这太神奇了，真的。那句"只闻其声，不见其影"的俗语，用在这里，真的恰如其分，合适极了。

在攀登了一段山道后，我便觉得浑身发热，汗也冒出来了，感觉有些累了。我自忖，这可能就是平时缺乏锻炼而造成的结果。幸好，山道的一侧装有铁制围栏。于是，我就扶着围栏，一步一步地朝上拾级而去。当走到一个山道平台时，我见那儿的景色清幽壮美，便停下来，凭栏望远地欣赏起了周边的美景。

忽然，一阵清凉的山风吹拂而来，顿时，我倍感凉爽惬意。要不是导游在一旁催促着，我真的还想在那儿多待些时间呢。

走着，走着，忽然，我觉得眼前一亮，就举目朝前方望去。就看见一道大瀑布自上而下飞流下来,气势十分壮观。而瀑布周边的石头上,站着许多游客,正在那儿争相观赏和拍照,纷纷将眼前这壮丽的美景收入镜头,留作纪念呢。于是,我也加入了进去。举起相机拍了起来。拍到高兴时,还请导游为我拍了几张留影,以作纪念。看着眼前这股奔流而下的瀑布,我禁不住问导游,这是第几泄了?导游答曰:第三泄。上面还有两泄呢。

接着,我又沿着山道朝上攀去。很快,在经过了第五泄后,我终于攀上了五泄山之巅。站在那儿,凭栏远望,山中景色,尽收眼底。忽然觉得这一路上的山色水光,更是可爱。借用郁达夫的话儿,"真是画也画不上来,写也写不尽言的"。

看着眼前这美不胜收的山水美景,我心里竟升腾起了一股思古之幽情来。心说,这儿真是个风水佳地呢。当年,徐霞客、徐文长、王思任、谢之卿、郁达夫等名人雅士,不也是在这里留下了足迹,写下了文字。要说这里为人杰之地,大概也莫过于此了吧。

由于安排关系,导游又催促我抓紧时间观景。于是,我只好沿着山道,原路回到了山下。都说:"上山容易下山难"。可我觉得还是下山容易些。就这样,我结束了五泄之游。至于要说对五泄风景的印象,也就只能用"走马观花"来形容了。

西施殿

离开五泄景区,我又马不停蹄地赶往下一个景点——西施殿景区游览。

西施殿，坐落于西施故里。而西施故里则位于诸暨城南的苎萝山下，浣纱江畔。

大约40分钟后，车子载着我来到了西施殿景区。来到西施殿景区，我首先看到的景观是漂亮的郑旦亭。亭子为重檐六角形，造型十分雅致秀美。而在亭子旁边则是一座平房建筑，名曰郑氏宗祠。整座建筑雕梁画栋，古色古香。祠堂依山傍水，周边绿荫覆盖，景色十分清静优美。站在绿荫池边，迎着拂面微风，一种惬意之感油然而生。睹景生情，我幽思古人的萍踪，感叹今人的想象。

传说郑旦，是西施从越国带到吴国去的侍女。她俩以姐妹相称，共同为了越国的复兴，而以身许国。尽管郑旦的名气没有西施大，可她为故国的再次强大，同样做出了贡献。我想，这也就是人们纪念她们的缘故吧。

辞别漂亮的郑旦亭，我就来到了浣纱亭下。这儿曾是当年西施浣纱洗衣之地，耸立在一旁的巨石上，镌刻着"浣纱"二字。相传为东晋大书法家王羲之的手笔。

告别浣纱亭，我径直朝西施故里门楼走去。此门楼，为牌坊式仿古建筑。大门外两侧，各摆放着一头石狮子，再配以门楼黄色的墙体及八根灰色柱子，显得格外的庄严肃穆。大门中央上方悬挂着写有"西施故里"字匾。不过，中间大红门紧闭着，游人只能从边门进出。

走进高大精致的大门楼后，我来到了绿茵覆盖的西施殿的庭院里。就看到，庭院四周皆为造型各异的仿古建筑物。庭院中间面积最大的是红粉池，水池中竖立着一尊汉白玉的西施全身雕像。相传这里是当年西施梳妆之地。水池旁竖立着一块书写着"红粉池"的石碑。看着如此之美景，我连忙拍了几张照片留念。

环顾周边，我看见"古越台"就在红粉池畔。阁楼式造型，小巧精致，十分养眼。我想，当年这里肯定是西施每天的流连之地。其实，这座"古越台"，就是当年西施的"望越台"。作为一个以身许国的爱国女子，她又怎能不思念自己的祖国呢？所以，这就是千百年来，人们纪念西施的根本原因。爱国，成为西施以身许国的主旋律、正能量，值得后人深思。

绕过红粉池，告别池水中的洁白的西施塑像，我就来到了西施大殿的外门前。仰望着这座造型独特的大殿外门，却见它与前面的大门楼一样精致、漂亮。尤其是它那飞翘的屋檐及屋顶装饰物，给我留下了漂亮的印象。

穿过外门，就来到了西施殿的庭院里。庭院不算大，却有一个不大的水潭，上面架着一座造型别致的小石桥，连接着外门与大殿。

来到院内，我并没有马上过桥。而是伫立在外门内，朝面前的西施殿端详起来。此刻，我的眼眶里满目皆是大殿那壮美巍峨的形象。这是一座重檐歇山式的仿古建筑，它面阔三间，两侧饰有墙体，墙体上方均饰有圆形砖雕，宛如龙眼似的。大殿的大门上方悬着写有"绝代佳人"字样的横匾。重檐之间则悬挂着一块写着"西施殿"的横额字匾。两块横匾，挂在那儿十分醒目。

终于，我跨过了小石桥，来到了大殿里面。迎面看到一尊西施端坐在石头上的彩色塑像，形象是那么的秀美绝伦，一副绝代佳人的形象，形神绝佳，栩栩如生。我在想，西施的形象谁也没有见过，人们便以心目中最美最善的形象来塑造就是了。而大殿里明清两代留下来的西施画像碑刻中，我发现明代的西施形象丰满；而清代的西施形象则是清丽的样儿，可谓各有千秋。显然，千百年来，历朝历代人们眼里西施的形象是不一样的。人们总是用最美丽的想象，塑造出自己心目中最美的西施。从这一点来看，西施又是最幸运的人。

就在我凝视西施塑像的同时，我也看到了挂在西施塑像两旁的一对明代西子祠留下的旧联，读后感觉不错。上联是"心越身吴转瞬兴之千古犹夸侠骨"，下联是"风亭月榭遗容俨雅一朝重识芳卿"，集中概括了西施的爱国之美，表达了人们爱慕、敬仰西施的心境。

我举目环顾殿内景物，发现整座大殿所用建筑材料十分精美，感觉绝对称得上雕梁画栋，古色古香，彰显出了大殿的古雅之美。

恰在这时，站在身边的导游，大概看到了我对大殿景物的好奇神色，便小声对我说，这座大殿是前些年才修建的。所用材料，都是发动当地百姓自动捐献或搜集而来的。这里的窗户、石柱、牛腿等旧时遗物，都是百姓所捐之物。可以说，这座大殿是集民间建筑构件艺术之大成。这就是修旧如旧的根本来源。据说整座大殿并不算宏伟，但却十分精致耐看。这也许就是当地人们所秉持的修旧如旧信念的文化效益吧。

从大殿出来，我在这座江南风格的园林庭院里，缓步前行，仔细品味这美丽的亭台楼阁与莲荷池塘，追寻那早已远去了的红妆逸事，感受那小桥流水、崇楼杰阁的神韵之美。

走出西施殿后，我再次来到写有"红粉池"的石碑前。看着屹立在水池里的西施塑像，默默地向她祝福，同她告别。最后，我再次环顾了整个西施故里一眼，便随着导游一起辞别了西施故里……

绍兴兰亭

离开了西施故里景区，汽车载着我一路疾行，向着下一个目的地——绍兴进发。

绍兴，乃春秋越国古都。这里山青水秀，人文历史积淀深厚，且为江南的鱼米之乡，更是浙东重镇。

来到绍兴城，天色已晚，车子直接将我载到海港宾馆，下榻休息。吃过丰富的晚餐，又到灯火辉煌的大街上溜达了一会儿，便回宾馆去了。唉，走了一整天，确实有些累了。于是乎，洗漱上床，便一夜无语了。

好在睡眠质量很高，竟然一觉通天亮。感觉浑身轻松，精神倍增，一扫昨日之劳累。一夜之间，竟又恢复了元气。可见，及时休息对人的身心健康，是多么重要啊。外出旅游最怕的就是身体不行,而我似乎在这方面,是颇受身体好之恩惠的。

次日早晨,我起床后,经历一番洗漱,便下楼吃早餐去了。

上午8点,车子准点发车,载着我朝著名景区——兰亭奔去。

兰亭,坐落在绍兴市西南十四公里的兰绪山下。相传越王勾践曾经在这里种过兰花;汉代又在此设立过驿站,故名兰亭。但凡这世上与兰字沾边儿的物件或人物,大都有一个共性,那就是一个"雅"字。你想啊,勾践当年在这里种兰养兰,绝对是雅事一桩;大书法家王羲之当年在这里赏兰雅集,书写"兰亭序",又何尝不是雅事一桩呢?简直是雅到了极致,流传至今。从此,兰亭因王羲之的"序",而成为我国著名的书法圣地。

据说,兰亭原址几经兴废。现在的兰亭则为清代重新修建,并经民国扩建。新中国成立后,又几次修葺,终成今日之规模也。我看到,整个兰亭景区颇有山林野趣,别具风格,为江南园林之佼佼者。

来到兰亭景区,再穿过一丛碧绿的竹林小径,迎面而来的景观就是一座

绍兴兰亭鹅池留影

古朴的"鹅池碑亭"。此亭造型为三角状,给人以小巧雅致之美感。石碑耸于亭子中央,碑上的"鹅池"二字,传说为王羲之父子二人之手笔。仔细看有肥瘦之别,也称"二王"之作。而碑亭前的一泓池水,则为鹅池。传说因王羲之爱鹅,便凿池养鹅,故名也。走到池边,我观赏鹅池,但见水波微澜,数十只白鹅正在水中嬉游,颇感生机盎然。

离开鹅池亭,往前行不多远,就来到了著名景观——"兰亭碑"前。据导游说"兰亭"二字为清朝康熙帝御笔。亭子造型亦为江南特色,小巧玲珑,又很古雅,绝对是江南古亭的典范。

告别"兰亭",我就来到了造型古朴秀丽的"流觞亭"前。我看到亭子面对着流觞曲水,整个亭子修筑得十分精美。亭内悬有"曲水邀欢处"的匾额,匾额下方则是一幅硕大的扇形画面:"兰亭修禊图"。只见画面中有王羲之、孙绰等名人雅士坐在溪水边举行曲水之宴,临流觞咏,栩栩如生。

我沿着溪水边的石径小道,来到了一块刻着"曲水流觞"四个大字的石碑旁边,拥着它拍了张留影。端详着绿荫浓浓的兰亭风光,我竟有点儿微微的陶醉感。尽管,我没有喝酒。此刻,我似乎嗅到了那股已然飘拂了千百年的酒的醇香味儿,颇有些儿"酒不醉人人自醉"的感觉。望着眼前的茂林修竹和清流溪水,我又怎能不陶醉其中呢。直到今日,当我看阅那张照片中的我的呆相时,就颇感好笑呢。我以为,当一个人旅游到这个份上,也许就到了旅游赏景的最高境界了。

走出"流觞曲水"景观,我便来到了一座造型典雅的大亭子前面的甬道上。逐级而下,就来到了亭子前面。我发现这里聚集了不少游人,这就是著名的"御碑亭"。亭子里竖立着一块巨大的石碑。这块石碑很特别,正反两面分别镌刻着康熙手书的《兰亭集序》和乾隆手书《兰亭即事》七律诗一首。可以说,这才是祖孙联袂之作呢,非常有特色。鉴于如此高的规格,亭子建造绝不敢马虎。匠人们在修建此亭时,可谓是精心设计,精心施工,方把亭子造好。在我的眼里,这亭子是层层石阶台座,围以石狮、石栏,而那块巨大的青石碑则耸立其中,气势十分雄伟壮观,的确是一块难得的碑刻。这个时候,亭子在我的眼里已不算什么了,重要的就是这块青石大碑了。

辞别美丽的"御碑亭",我便来到了"王右军祠"的大门前。只见大门的房屋两侧挂着大红灯笼,看上去,感觉十分喜庆。门洞上方悬着一幅写着"王右军祠"四个大字的横匾。

进门,便见墨华亭的英姿。此亭为木石结构,同别的亭子一样,造型亦为古朴高雅。

就在我仔细端详眼前的这座漂亮亭子时,耳边却传来导游的话儿。

"你看这个'王右军祠'的形状像什么?"他问我。听他此言,我竟一时语塞,而答不上来。

他见我有点儿窘,便笑着说:像一艘石舫。舫就是石制的船。颐和园的石舫,就是这种船。走,咱们到前方去看。

"好的。"我只好应允了。其实,此刻的我是想到墨华亭里多待会儿,好好感受一下它的风采的。

跟着导游,朝前挪动了几步,便来到了水池边上。我果然发现这"王右军祠"的确像一艘巨大的石舫。而它的周围则被荷花池所环绕。在它的四周则建有长廊,连着各处。长廊之间又建有水池,而水池中却又修造亭子。真可谓布局紧凑,别有洞天。

看罢"王右军祠"的景物后,我又先后游览观赏了"俯仰亭"和"信可乐也亭"等景观。之后,我就离开了兰亭风景区。从而,结束了在兰亭景区的游览。

这次兰亭之旅,给我留下最大的印象是,景区里的亭子特别多。且造型各异,古雅秀丽。显然,这就是兰亭景区的特色所在。相比于别的景区,我以为,兰亭风景区的自然风光在诸多景区风光中也是佼佼者,绝对出类拔萃。别的景区,要么是看自然风光,要么是看人文名胜,而兰亭景区则两者皆有,颇具综合游览的作用。人们到这儿来游览,绝对物有所值,不虚此行。

绍兴东湖

总疑天外飞来,
却不见斧凿痕迹。
烟树几株,湖水一曲。
应知千年辛苦,
铁壁造神奇。

这是人们赞美绍兴东湖的一首小诗。写得情景神奕，诗中有画，画中有诗。据说，它和杭州西湖、嘉兴南湖合称为浙江三大名湖。

东湖，位于绍兴市东部，距市区仅五公里之遥。这里原是一座青石山，山多坚石，当地人取用甚广。从汉代开始采石，日久便凿成了湖泊。

来到东湖景区，只见一座青石大山耸立在碧水之中。山上峭壁奇岩，突兀峥嵘，山下水碧于天，湖光山色绝佳天下。

午后的阳光，明媚灿烂，整个湖面照耀得一片光明。我看到湖堤上，湖面上挤满了前来游览的人们。

我挤上了一艘木游船，来到湖上荡漾一番。从船上朝岸上浏览，真的有些人在画中游的感觉，心里颇觉好美啊。我举首朝山壁上看去，就见山壁上开辟有栈道，以方便游人攀登。不过，好像没有人登山。就在我眺望湖面风光的当儿，对面划来了两艘乌篷船，船体不大，却很灵活。这边船上有人朝乌篷船喊话：朋友，坐在乌篷船里，你咋观景呢？话音刚落，船上便爆发出了热烈的欢笑声。

我一听，觉得此话有理，看着对面乌篷船，朝着船里的人，发出了会心的微笑。

一个小时后，我便离船上岸了。

离开游船码头，我就来到湖堤上的"湖上仙山"景点游览。

这个景点，系用湖石垒叠而成的。湖石缝隙间种植着不少树木花草，宛如一个硕大的盆景。我看到有不少游客爬上假山拍照留念。不过,这儿的景色确实很美。有山有水,就是好风光。此话,一点不假。看着这一拨一拨的游人在假山上拍照,我也抽空儿挤了上去,留了个影儿。

从假山上下来,我沿着湖畔漫步,欣赏湖畔风光。途中,又拍了些风光照片,以记录到此一游的快乐瞬间。

忽然,我的肚子里传来了一阵"咕噜,咕噜"的声音,我的"午餐铃"响了。这是提醒俺,要吃午饭了。于是,我加快脚步,朝东湖大门走去,便结束了在东湖的游览。

东湖风光十分美丽。可是,有些许单调。除去划船游湖,就只能在湖畔观景了。至于登山,那就是奢望了。太陡峭了,谁敢登呢?那情势,看着也头晕。

鲁迅纪念馆

鲁迅纪念馆,位于鲁迅故居的东侧。这是一座仿北京人民大会堂样式的新建筑,建造于"文化大革命"期间。大楼门口上方,镶嵌着大书法家郭沫若书写的"绍兴鲁迅纪念馆"七个大字。陈列厅建筑呈"回"字形。整个纪念馆由故居与陈列厅组成,是一座综合性的鲁迅纪念馆。

来到鲁迅纪念馆大门前的广场上,我环视四周,倍感庄严肃穆。

说起鲁迅先生,对他老人家,我是不陌生的。岂止是我不陌生,而且是全中国的人民对他老人家,都是不会陌生的。我还在读小学时,就知道了他那伟大的英名。

毛主席关于鲁迅先生的那段语录，至今，我还记忆犹新：

"鲁迅是中国文化革命的主将，他不但是伟大的文学家，而且是伟大的思想家和伟大的革命家。鲁迅的骨头是最硬的，他没有丝毫的奴颜和媚骨，这是殖民以来殖民地人民最为宝贵的性格。鲁迅是在文化战线上，代表全民族的大多数，向着敌人冲锋陷阵的最正确、最勇敢、最坚决、最忠实、最热烈的空前的民族英雄。鲁迅的方向，就是中华民族新文化的方向"。

可以说，我就是从毛主席关于鲁迅先生的这段语录中，了解鲁迅先生及其伟大思想与文化业绩的。在我众多藏书中，鲁迅著作及有关鲁迅研究方面的图书占有相当的分量。在我的心目中，鲁迅与毛主席，都是中国人民伟大的革命家、文学家、思想家。

因此，我来到了绍兴，走进了鲁迅纪念馆。

来到纪念馆，我首先来到了纪念馆的序馆大厅。

大厅的正中央石制基座上，放置着一尊洁白的鲁迅先生的半身石雕胸像。我看到，他神态庄重，目视前方，表现出他热爱祖国、革命到底的战斗精神。基座的前面地上放着一盆漂亮的南洋松，虽然造型简约，却也略显灵气。在南洋松两边还放了两盆观叶植物。在肃穆之中，彰显出怀念伟人的氛围。塑像后面深褐色护墙板上，雕刻着鲁迅那首最著名的诗句：横眉冷对千夫指，俯首甘为孺子牛。旁边则是他的签名。上述文字，均为鲁迅先生的亲书手迹。我就是读着这两句话，认识鲁迅、理解鲁迅的。这两段诗句在当年，可是如雷贯耳、家喻户晓的。我记得还在读小学时，曾到一邻居家玩时，就看见贴在大衣柜上的这两句诗。

伫立在鲁迅的塑像前，深情地凝视他那栩栩如生、形神兼具的伟大形象，我肃静无语，默默地表达自己的思念。

走出序馆的左侧边门，我便来到了陈列大厅里。

陈列厅规模宏大，展品丰富多彩，展览内容精彩纷呈，陈列着有关鲁迅生平事迹以及纪念鲁迅、学习鲁迅的展品千余件。我看到，这其中的展品主要由手稿、信件、照片、实物、模型和美术作品、书刊与各种版本的鲁迅著作，真可谓琳琅满目，夺人眼球。据展览说明介绍，整个纪念馆的展览以鲁迅的思想发展为线索，注重反映鲁迅的革命精神，力求系统、生动，具体地介绍鲁迅伟大光辉的一生。

接下来，我就按图索骥地，认真仔细地观看起了展览的各个部分的展品，深深地融入了鲁迅当年的时代与社会的氛围之中，深刻了解鲁迅先生当年思想的发展与转变。不过，绍兴鲁迅纪念馆的展品最丰富的部分，还是陈列了鲁迅青少年时期在绍兴的生活和经历。所以，整个纪念馆，无论建筑本身及展品都具有浓厚的绍兴地方特色。同时，也简明扼要地介绍了鲁迅光辉战斗的一生及其伟大业绩，特别是最后十年的革命事迹。

当我来到第五部分，即最后一个部分的展品前，看到鲁迅先生逝世后，全国人民以各种方式哀悼鲁迅先生、纪念鲁迅先生、缅怀鲁迅先生的隆重场面。我自己也仿佛参加进了悼念鲁迅先生的壮别场面，觉得非常地感人至深。

对于这部分，我似乎并不陌生。我曾经在图书或影像资料中，见到过这些珍贵的历史画面及文字记载。可是，当我在这宏大的纪念馆里，再次看到这些照片与文字，心里更觉震撼无比。当我再次抬首凝视着鲁迅先生的塑像时，心里为咱们中国能有鲁迅这样的历史伟人，而无比自豪，从心底里觉得毛主席对鲁迅先生的那段评价，是无比正确的，更是精确到位的。

从鲁迅纪念馆展览大厅出来后，我来到其西侧的鲁迅故居参观瞻仰。

据相关文字介绍，鲁迅故居位于绍兴东昌坊口新台门，即今鲁迅路二零八号。1881年9月25日，鲁迅就诞生在这里，并在这里度过了他的整个童年和少年时代。

据讲解员介绍，新台门是周家多年聚集而居的地方，曾经相当气派。可惜，清末之后，家道败落了，只好将房屋卖给别人家。而鲁迅家的房屋，因买主没有进行大规模的改建，大部分房屋幸而保存了下来。

新中国成立后，党和政府对鲁迅故居十分关心重视，发动当地群众，四处寻找故居旧时材料，竟寻找回了大多数的旧时建筑材料。于是，请专家、工匠努力设计施工，并按旧时原样专修，基本上恢复了旧时景观。

鲁迅故居东侧是一个双扇黑漆石库大门。走进大门，经过台门斗及泥地平房，并在水井处拐弯，穿过西面的楼房，我就来到了鲁迅故居。我看到这是一幢坐北朝南的中式二间楼房。前后间设有楼梯，门窗均为花格式样，颇为时尚。地面则铺着石板，房屋前后各有一个天井，环境相当幽静。

很快，我走进了东首楼房的客厅里。据介绍，这里是鲁迅的主要活动场所。他经常在这里用餐和会见革命党人。当然，鲁迅也在这里从事写作活动。他的早期作品《怀旧》，就是在这里写成的。

辗转之间，我就来到了著名的"百草园"。

传说"百草园"是周家十几户人家所共有的一个菜园子。同时，也是鲁迅童年时的乐园。这里是他儿时经常游玩的地方。我曾阅读过他写的《从百草园到三味书屋》的散文，深深地被它那美丽动人的景物所感动。

告别百草园后，我跨过一座小石桥，便来到了三味书屋。走进书屋的厅堂，我看见书屋上方正中悬挂着一块匾额，上书"三味书屋"四个大字，系清代梁同书的手笔。匾额下面的墙上则是一幅"松鹿图"的画轴。两侧屋柱上还挂着一幅由梁同书题写的抱对。上联曰："至乐无声唯孝弟"，下联为："太羹有味是诗书"。书屋中间放着一张大方桌，左右两侧各放着两把普通太师椅和一只茶几。显而易见，这是塾师和来客歇坐之处。

而书屋周围沿墙处及窗下，则放着几张课桌，那是学生的座位。据说，当年鲁迅的座位是在书屋的东北角。如今放着的书桌，还是当年的原物。

据介绍，三味书屋的保护基本完好，至今保留着原样。屋内陈列的展品，大多也是原件，且也比较完整。

来到书屋的后门外，我的眼眶里出现了一个花园的景观。

花园不大，比天井大不了多少。花园里，种植着一些诸如桂花、蜡梅之类的花木。其中，桂花树是新中国成立后补栽的；而那株蜡梅树，则还是当年的遗物。看着眼前不大的花园，我的眼前竟浮现出了童年鲁迅，同小伙伴们在花园里玩耍的身影来。心想，眼前的这棵蜡梅为鲁迅所栽，也未可知耶……

从三味书屋出来，我再次来到了鲁迅纪念馆前面的广场上。当我举首再次凝视着这座宏伟壮观的纪念馆大楼时，心里顿然生出了由衷的怀念之情来。在我的眼里，那排种植在大楼外墙下的高大的、枝繁叶茂的苍松翠柏，犹如英雄的哨兵一样，警惕地守卫着纪念馆的安全。而此时的广场上，行人稀少，显得有些空旷、寂静，彰显出了庄严、肃穆的氛围。

绍兴鲁迅纪念馆，修建于"文化大革命"时期。因此，无论是从纪念馆的总体设计和建筑施工；还是它的展览布局来看，都是绝对的政治工程，来不得半点的马虎。因此，整座建筑物既有强烈的政治理念，又有浓厚的地方建筑特色，充分体现了时代性与建筑美。可以说，它是我国"文化大革命"时期涌现出来的不可多得的建筑精品，是完全可以传世的经典建筑之作。由于它没有那种所谓的建筑设计上的"高、洋、古"陈旧理念，所以它的建筑形式，充分体现了广泛的人民性和艺术性。

说心里话，我很喜欢类似绍兴鲁迅纪念馆大楼这样的建筑物。

在离开之际，我再一次地将目光投向纪念馆大楼和广场，环视了一周景物，算是向鲁迅先生告别。

随后，我便一步三回头地走出了广场。

离开鲁迅纪念馆，已是中午时分，又到了吃午饭的时候。

"这下到哪儿填肚呢"？我在心里自问道。

就在我惆怅之际，忽然，我看到不远处便是大名鼎鼎的咸亨酒店，心里一阵狂喜。心说，来绍兴，不到咸亨酒店，就等于没到绍兴。这会来到咸亨酒店，就算齐了。原先那种愁烦之绪一扫而光，浑身便来了精神。于是，我便穿一条小马路，朝前又走了百十步，就来到了咸亨酒店的门前。

酒店的门面为三开间平房，建筑形式为江南乡间特色。据说，酒店于1981年开店，以纪念鲁迅百年诞辰。有意思的是，酒店门口竖立着一尊孔乙己的塑像。他留着长辫，身穿长衫，模样儿惟妙惟肖，十分传神。

走进店内，就见墙上挂着一幅孔乙己的画像，两侧是一副写着"小店名气大，老酒醉人多"的楹联。可以说，这里就是孔乙己的"世界"。

好在店里吃货不多，尚有空桌椅。我便走到一张空桌前坐下，招呼来了跑堂，点了几个冷盆。其中，当然有茴香豆，这可是当年孔乙己来咸亨酒店时的下酒菜呢。我破例要了一碗陈年花雕老酒，力图还原当年孔乙己在店里喝酒的情形。

尽管，我独自一人，在那儿自斟自饮，无言无语，却也是悠然自得，逍遥自在。

当我吃着茴香豆，喝着花雕酒，不禁又想起了鲁迅先生的名篇《孔乙己》来。但凡读过这篇名著的人，大都知道孔乙己的生平来历。这篇名著，我是在"文革"中念小学时就读过了。因此，印象极深，尤其是对孔乙己的形象描写，印象犹深。那句"孔乙己，还欠我十九个钱呢"，和"读书人偷书，不算偷"的逻辑，令人觉得好笑。同时，也倍感凄楚与同情。不过，我没有偷过书。尽管，我也很喜爱书。

大概在过了两个小时后，我方才酒足饭饱地辞别了"孔乙己"，离开了咸亨酒店。接着，我踏上了回家的征程，从而结束了这次难忘而充实的浙东之行。

慈城纪游

从宁波回沪已近一个月了。可是,我的思绪还沉浸在宁波的美妙风光里。尤其是慈城的古镇风光,给我留下了深刻的印象。细细地想来,我对慈城的游览之旅,有两个"第一次"。即第一次知道宁波有个慈城古镇;第一次来到慈城古镇观光。虽然,只在慈城半日,却也让我领略了一个不一样的古镇风光。

关于慈城古镇的前生今世,据《全景慈城》书中介绍:慈城始建于公元前473年,古称"句章",是古越国最早的都城。同时,它也是宁波城市的发祥地。

自唐开元二十六年(738年)建县至1954年的1200多年里,慈城就一直是慈溪县城的所在地。慈城拥有深厚的历史文化底蕴,是江南地区保存最为完整的千年古县城,被誉为"江南第一古县城"。同时,它还被联合国教科文组织授予"亚太地区文化遗产保护荣誉奖"。十百年来,慈城为古代中国贡献了五名状元、一名榜眼、三名探花、五百一十九名进士,是名副其实的"中国进士第一城"。

有人形容这里:"钟灵毓秀,山水相映成趣。独特的区位布局构成'九龙戏珠、四灵围合'的朴素形态；周边江湖溪造就'四水归堂'的水系格局；城区穹隆起顶，街衢坤龟成形；生态环境十分清幽秀丽，集中体现了古人追求'天人合一、人杰地灵'的美好愿望。"

看到这段文字，我顿生感慨。心说，就我所知道的古城镇，不下百余个，可谓远近皆知；而且，也到不少古城镇游览观光过。可就是不知道这世界上还会有个叫"慈城"的城镇，且还是千年古镇。唉，真是孤陋寡闻啊。你说，这到哪儿说理去？得，咱就不在这儿纠结了，还是先到古镇游览一番，再作"理论"吧。

初秋的一个早晨。吃过早餐，我便离开宾馆，行走在这欲干还湿的，且由水泥铺就的古镇小道上。初秋时节，对北方而言，是秋色渐浓、凉意渐爽的时光。可对江南地区来说，此时还是暑热难耐、热浪频袭的夏天景象。然而，此时我漫步在古镇的小道上，却没有那种夏天的感觉。原因就在于昨天夜里，这儿下了场不算大的秋雨。所以，此刻这里的天气相当凉爽。再加上道路两侧，都种植着高大粗壮的树木和花草。它们枝繁叶茂，花红柳绿，使得小道绿荫如盖，凉意习习。行人们走在如此清凉的道路上，心中的惬意是可想而知的。面对着如此美妙的市井风光与宜人的天气，我在心里发出了这样的声音：这真是一个旅游的好天气啊！

在城区小道行进途中，我放眼四周，感觉古镇处处皆景，美不胜收。你瞧，小道两侧的房屋小院，建筑式样皆为白墙青瓦，山墙高大且款式各异，一派江南韵味。在这砖瓦之间，无不透露着吴越文化的底蕴特色，使人们宛如置身于那个早已远去了的年代，颇有些儿历史的穿越感。那道路两边的行道树，虽谈不上古树，却也英姿飒爽，犹如哨兵那般，警惕地护卫着来来往往的车流与行人。我发现古镇大街上的车子似乎并不多；人们行走在路上，大都显得那么从容不迫。给我的感觉一切都是这么悠闲自在，绝没有大都市的那般快节奏。看到这种景象，我的心里发出了这儿才是人们工作休闲的圣地的感慨。这里的商店并不很多，游人也不算多，绝没有丽江古镇的那般拥挤与喧闹，这里一切都显得宁静与祥和。

在转过几个弯之后，我在友人的指点下，便来到了著名景点——慈城校士馆的大门前的广场上。

《全景慈城》曰：校士馆民间称考棚，是封建科举制童试之地。

我到过不少古城镇。然这校士馆者，还是第一次看到。可见，慈城的千年古镇的称号，绝非浪得虚名。据说这座校士馆，是由当地乡贤郑氏父子于清道光年间捐建而成，迄今已有近二百年的历史了。不过，原始建筑早已毁于战火。而今天我所看到的这座古建筑群，则为近期所重建的仿古建筑物。

放眼望去，我发现眼前的校士馆大门并不高大巍峨、雕梁画栋，而是一袭的浙东民居建筑式样，颇具明清建筑特色。站在这古色古香的校士馆大门前，我仿佛置身于那个早已逝去了的年代。

跨过大门，穿过挂着"明经取士"横匾的仪门，我就来到了校士馆的中央广场上。在这里，我环顾四周的景色。其正面是衡鉴堂，此乃校士馆的重要建筑物。厅堂中央挂着一幅硕大的孔子画像；衡鉴堂左右两侧各有两排砖木平房建筑，墙上分别写着"天地""玄黄"四个大字。最有趣的是平房里的那些个古代考生彩塑形象，个个都是栩栩如生，惟妙惟肖，十分传神，真实再现了当年学子"头悬梁，锥刺股"在这里博取功名的情景。纵观校士馆风貌，我以为这组考生彩塑，才是校士馆的最佳景观，印象深刻啊。

从校士馆出来后，我沿着漂亮的太湖路前行不多远，就转弯来到了中华路上。大约走了百十米，我就来到了慈城的另一个景观——慈城县衙的大门前。

到底是县衙啊，建筑规模就是气派。一色的重檐双层大门楼，一层屋檐下挂着几个大红灯笼，样子十分喜庆。

据《全景慈城》书中介绍：古代慈溪县衙创建于唐开元二十六年（738年），是第一任县令房琯所建。

同校士馆一样，县衙亦是屡建屡毁，又屡毁屡建。今天我所见到的县衙，则是现代重建的仿古建筑群。

我走进大门，就来到了县衙广场上。迎面而来的是一尊硕大的石碑，上面刻着"公生明"三个大字。绕过石碑，我来到了亲民堂前，就看到厅堂里摆放着一组古时县官审案的彩塑，非常传神。堂内上方悬挂着三块横匾，中间的那块是"明镜高悬"，其左右两侧是"执法如山"与"克己奉公"。场面相当威严，那情景是既熟悉又陌生。

接着，我又闯进了中国清官展区，来到了"清清堂"，就看到厅堂里除了一尊古代清官的塑像外，其他什么也没有。看着这有些空旷的厅堂，我心里多少也有些失落的感觉。

从清清堂里出来，我沿着小道就来到了县衙的后花园里。最先撞入眼帘的景物是一块"鉴壁"。"鉴壁"者，铜镜也。寓意深刻，很有现实的教育意义。

随着渐渐多起来的游人潮，我在后花园里逛了一圈后，就离开了县衙大院。

我沿着宽阔的解放路，朝前走了没多远，就来到了著名的慈城孔庙景区游览。

据《全景慈城》记载："孔庙位于慈城古县城内中心位置上，建于北宋雍熙元年，是浙东地区唯一保存最完整的孔庙学宫、全国重点文物保护单位，比现在北京孔庙的历史还要早318年。其布局处处体现着儒家'中和为美'的审美标准，每年在此举行孔庙开笔礼，孔庙国学讲堂等活动。"

尽管，慈城孔庙建筑的历史比北京孔庙还要悠久，却也是屡有兴毁。今天的慈城孔庙乃清光绪原物，基本保持着当年的建筑原貌。据《全景慈城》介绍：整个孔庙占地面积约7 000平方米，共有祠、阁等房屋137间，建筑布局完整，气势宏大。

因棂星门未开，我只能从边门走到棂星门前的泮桥上，并由此穿过大成门，来到了著名的大成殿前。

慈城孔庙大成殿

我仰面凝视着这座古建筑,就看见它面阔五间,重檐双层。其屋顶不宽,却四角飞翘,极具地方特色,是我所见到过的最漂亮的一座大成殿。它造型古朴,秀气雅致。就气势而言,它虽谈不上多么高大伟岸,但却是我所见到过的最为漂亮典雅的古代建筑物。在我眼里,它有一种小巧玲珑的美感。

来到大殿里面,我看到殿内正中间摆放着一座硕大的孔子塑像。其上方则悬挂着"万世师表""斯文在慈"等匾额。尽管,孔子像前摆放着三个硕大的黄蒲团,却没有看到有人在此跪下拜孔。而来到大殿的人并不多,同殿内繁多的匾额、帏幔相比,倒让人觉得有些儿冷清。真不知道,孔老夫子此刻会有何感想?他会说:也许这世道真的变了……

告别了大成殿,我就来到了明伦堂。

据说,这里是当年孔子教书的地方。大堂里,整齐地放置着几排上课的桌椅。此时,已坐满了前来休息的游人。人们在这里谈笑风生,似乎在感悟当年孔老夫子在这里教诲学生的情形。我还看到,在这大堂的中间上方悬挂着一幅"明伦堂"白底黑字的横匾。而横匾的下面,则是一幅硕大的"孔子教书图"。后墙旁竖立着几通石碑,估计是有关孔庙前生今世的历史文字。我在厅堂里看了一会儿,就走出了大殿。从而,结束了在孔庙的游览行程。

从孔庙后门出来,也就意味着我的这次慈城古镇的半日游结束了。

离开孔庙,便来到一家饭庄就餐。之后,我就登上汽车,离开了慈城古镇。

坐在车上,慈城的美景秀色,就像电影似的浮现在我的眼前。其实,除去上述三大历史文化景观外,慈城还有不少人文景观,值得人们前去游览观光,诸如清道观、冯俞宅、妙音精舍、走马楼、宝善堂、半浦古渡口、周家祠堂、老安仁庙和傅家山遗址等历史文化景观。同时,慈城还有不少的自然风光景观,可以供人们游览,如慈湖、中心湖、毛岙村、南联村等胜景。这只能等下次再来游览了。

望着车窗外面转瞬而过的慈城风光,我长叹一声,便从包里取出刚才在慈城一茶馆里搜寻到的免费图书——《全景慈城》,启开了它的扉页。

走近南浔嘉业堂藏书楼

但凡世间喜爱书的人，大都喜欢到与书有关的地方，走马观花一番的。诸如书店、书屋、书城或藏书楼之类，一定是少不了的。

笔者亦好这一口，自然也会有些此类的风雅之举。可以说，我所收藏的万余册图书，就是这些风雅之举的结晶。前些日子，俺在探幽了一番宁波天一阁后，便又慕名来到了心仪许久的南浔嘉业堂藏书楼，着实探访了一回这风雅百年的藏书圣地。

据史记载，坐落于浙江省湖州市南浔古镇上的嘉业堂藏书楼，是我国近代建筑规模最大、藏书最多、刻书最精的私家藏书楼，在我国文化发展史上占有极其重要的地位。其创建者为我国近现代著名藏书家和刻书家——刘承干先生。

迎着初夏的阳光，迈着轻快的步履，沿着河畔小道，朝前行不多远，我便来到了嘉业堂藏书楼庭院的大门前面。

有意思的是，嘉业藏书楼庭院大门的前面，竟是一座并排铺着四块长条花岗岩石的板桥。每块石条为四五米见方，游人

嘉业堂藏书楼外景

则由此桥上进入庭院大门。站在石板桥上，我环顾四周景色，心中很有些儿置身于江南水乡的感觉。赫赫有名的嘉业堂藏书楼的大门前，竟是用几条长石板铺成的，俺觉得挺有创意。

嘉业堂藏书楼的大门，系石质门楼式建筑，颇具西洋特色。门洞为外方内圆式样，门框上方横向写着"藏书楼"三个橘黄色的大字。门楼的外立墙面呈四柱形，顶端为弧形，券门则为拱形。纵观整座门楼，弥漫着古朴典雅的韵味与时代的沧桑。

凝望着眼前的这座古色古香的西洋式门楼，俺的脑海里忽然想起了什么。心底里竟生出了一缕缕简约、空灵的幽古之情丝来。扑面而来的是一股子幽香弥漫的文人气息，映入眼帘的是一抹浓浓的人类文明发展的沧海桑田之云霞，沁入心肺的则是一种古今文化传承的任重道远。

走过石桥，我跨进了门楼。蓦然回首，只见门楼上方书写着"苑囿经籍"四个大字。

来到院内，迎面便是一棵硕大的古樟树。只见它高大粗壮、枝繁叶茂、绿荫如盖。我走到树下，顿觉凉意习习，好不惬意。驻足观看四周的景色，映入眼帘的是庭院内树木参天、藤蔓遍地，散发出诱人的芳香，看上去十分养眼。此情此景，正应验了毛主席的那"风景这边独好"诗句的美好意景。著名的嘉业堂藏书楼，就掩映在这抹浓浓的翠绿丛中。

告别古樟树，穿过一丛低矮树木的林间小路，便来到了藏书楼前面的十字路口。在这里，我停下了脚步，举目眺望远近的景色。

我往南看，不远处却是一泓溪水，碧绿静谧。溪边岸畔垒筑着奇形怪状的太湖石，透漏、通灵、浑然天成。溪水里漂浮着大片的荷莲，然因时节不对，竟无花可观也。而在溪畔周围的绿荫丛中，则掩映着几座小巧玲珑、造型漂亮的亭子，景色十分清幽、素雅，园林的意味十足。如若不看藏书楼，我还以为又来到了一座江南园林里呢。看着眼前这如画的美景，我心里禁不住地发出感叹：真是好一派江南美景啊……

感叹之余，我却在不经意之中发觉，在藏书楼园林的西面，竟然会不时地出现行人或车辆经过的景象，便心生好奇，就走过去一探究竟。我走近一看，居然发觉藏书楼园林的四周，竟然没有围墙。只用一条并不宽阔的河溪隔开，样子宛如古代的护城河一般。以此，权当园林的围墙。我曾到过不少的园林游览，而像嘉业堂藏书楼这样不置围墙，还是第一次见到，真是太有新意了。这样做的好处，就是将园林内部景观与周边景色做了有机的融合，如同一体。相比那些个深宅大院，嘉业堂藏书楼的园林设计，确实独具匠心，别具风格，很有现代意识。这在九十多年前，它的造园意识则是相当超前的，以致在今天看来，还是那么的经典，而没有过时之感，时下不是提倡建设"花园城市"吗？我以为，今天的建筑师们真的应该向嘉业堂藏书楼学习，在如何营造园林景观方面多下功夫。可喜的是，现在一些城市在这方面已经有了相当的改观，如将高墙改建成了通透的花墙，将高墙内的景观还给了人们。

然而，我在欣赏浏览嘉业堂藏书楼园林风光之时，却并没有因此而彻底地陶醉其中，还是保持了一份清醒。这就是我没有忘记，此次到嘉业堂藏书楼游览的真实目的：那就是走近嘉业堂藏书楼，参观藏书楼，全面领略它的风采和韵味。于是，我就顺着原路又回到了藏书楼门前的那条窄小的水泥甬道上，开始了藏书楼的探寻之旅程。

伫立在藏书楼前，怀着慕名而来的心绪，我举首仰望，静静地打量起这座著名的百年楼宇。

藏书楼，建于20世纪的20年代初。它坐北朝南，为中西合璧回廊式的二层楼宇。整幢建筑通体为白墙黑瓦，立面简洁、明快，显得恢宏大气，素雅大方，十分赏心悦目。其正门位于大楼底层中间，是一座中式素面细砖门楼，颇具传统建筑的特色。它面对着甬道及园林，门额上方镶嵌着"嘉业藏书楼"五个黑体大字，呈现出古朴、素净的书香韵味。

走进门楼，感觉就像是过道的样子。里面既不明亮，亦不宽敞。中间放置着一块黑色木质挡板，将个原本就不大的门厅，分隔成前后两部分。木板材质平常，式样又显简单，看上去相当简陋，这也算是一种普通的陈设而已。倒是两侧墙上贴着的《嘉业藏书楼简介》，值得人们浏览一番。

离开门厅，我就来到了宽敞、明亮的天井里。禁不住停下了脚步，驻足环顾周围的景致。就觉得眼前一片光明，倍感豁然开朗，一扫门厅里的灰暗之景。我看着天井及四周的景物，感慨竟油然而生。八个字：四面八方，宏伟壮观。凝视这直奔眼底而来的藏书楼之景物，嗅觉中竟弥漫着缕缕的书味的芳香来，且是挡不住地扑面而来。真的是睹物思君啊。此刻，我窃思当年刘承干先生为收集和收藏祖国的文化典籍，可是花了大血本的啊。试想，当时在那种环境险恶的年代里，他能如此这般地执着，没有点儿勇气是不行的。没有点儿坚定的信念，亦是办不成的。此刻，刘老先生在我的心中陡然成为伟人。那感觉除了敬佩，剩下的就是感恩了。真好！刘老先生当年做出的这一文化盛举，足可以称得上"丰功伟绩"了。鲁迅先生称其为"傻子"，是对他当年这一盛举的由衷肯定。须知，当年若刘老先生没有点儿"傻子"精神，也许就不会有幸存至今的"嘉业藏书楼"。纵观近现代中国，颇有成就的实业家成千上万，可又有谁能像刘承干先生这么执着地投资祖国的藏书、刻书事业呢？答案只有两个字：没有。因此，建造"嘉业藏书楼"，完全称得上万世伟业之工程。因此，值得后代大书特书。

带着无限深沉的感慨，我缓步走到了北屋前。却看到门前甬道的左右两旁，各放置着一对大水缸，中间则是两大盆棕榈树。虽不算装饰，却也是相当实用的。尤其是那几口大水缸，关键时刻，绝对派得上大用处。只是不知道，这是否还是当年的景物呢？

北屋坐北朝南，是藏书楼的正屋，上下两层。它面阔七楹，是当年刘承干先生会客议事的场所，俗称"会客厅"。

大厅门前上方悬挂着清朝末代皇帝溥仪亲笔书写的"钦若嘉业"的九龙金匾。厅堂的后墙上挂着"嘉业藏书楼"的大横匾。屋中央的天花板上悬挂着一盏四灯头玻璃灯饰，显得豪华雅致。灯饰的下面是一张大圆桌子，左右两旁各放着一排桌椅等老式家具。只是匾额下面墙板上没有了山水字画的中堂，显得后墙有些儿空旷。不过，中堂两侧倒是各放着一幅硕大的大理石画屏，似乎增添了些许富贵的范儿。

睹物思君，抚物追昔。可以想见当年的主人刘承干先生在这里与亲朋好友，济济一堂；高谈阔论，茗茶品书，该是何等的惬意，又是何等的舒畅啊。如今这里早已是人去楼空、物是人非了。

凝望这近百年的厅堂之景物，每个来参观的人想不发出幽古之感慨都是不可能的。尽管，这里早已不是当年的景象。可是，这座近百年的藏书楼，毕竟完整地保留了下来，真是历史的万幸，更是爱书人的幸运。

离开了藏书楼的北屋，我沿着偌大的天井，自左向右地绕场一周，近距离地观赏了这座藏书楼的建筑雄姿，品味它那弥漫百年的书香神韵。我与它也算是亲密接触了一番。

接着，我来到了藏书楼的南楼低层门洞右侧的"宋四史斋"门前。门前被数只玻璃柜台挡住了，而柜台里陈列着当年嘉业堂刻印的图书样品。主要有《嘉业堂善本书景》《吴兴丛书》和《景宋四史》等大部头图书。可谓洋洋洒洒，十分壮观。人们来到这里观赏，也算是对嘉业堂刻书刊印成就的一次"检阅"吧，感觉十分受用。

大厅中堂上方悬挂着清末民初著名画家吴昌硕篆体"宋四史斋"牌匾；与正厅所不同的是，该厅中堂挂着木制大理石画柜及对联，看上去书卷气十足，且显古色古香，颇具时代感。厅堂中央，也摆放着木质桌椅。据说，这里也曾是刘承干的会客厅。厅堂的左右两侧，竖立着存放当年刻书印版的大书架。一排排的，排列有序。那阵势犹如古代兵士一般，十分引人注目。站在门外，我朝屋里观览了一番，便离开了这里。

告别了"宋四史斋"后，我径直走到左侧的"诗萃室"门外。同样不能进屋，只能在门外过过眼瘾了。我粗略地看了看屋内景物，感觉其内部结构与陈设，与右侧的"宋四史斋"大致相同。只是中堂上方悬挂着的牌匾不一样罢了。这里，悬挂的是"诗萃室"的牌匾。再看看这屋里的物件的陈设与摆放，这里想必在当年,也是高朋满座、宾主聚会共品书的佳地。

所谓"诗萃室",顾名思义,就是诗书集藏之地。据说这里收藏着许多有关诗的图书。主要有《国朝诗萃》《读国朝诗萃》以及清人别集二千余种,可谓洋洋大观也。

告别"诗萃室",我再次来到天井中央。站在那里,对其作360度的环视,算是对前辈的功绩,表达深深的敬意。因时间关系,我恋恋不舍地告别了心中的藏书圣地——嘉业藏书楼。

当然,来到这一藏书圣地游览,又怎能不买些书呢?在"诗萃室"隔壁,有一间陈设很简陋的书屋,柜台上放着不少图书。我粗略地浏览了一番,便选购了几本,就匆匆离开了嘉业堂。在这几本图书中,有《嘉业堂志》《嘉业堂藏书楼》《南浔遗韵》和《水乡古镇名园名宅》。看着这些书名,应该都是我所喜欢的书籍。而能买到这些书,也算是我没有虚行此地。

登文游台

文游台，坐落于江苏省高邮市城区东北角，始建于北宋元丰年间。近千年来是屡建屡毁又屡修，几经兴废。现在的建筑大部分为清嘉庆十九年，即1814年重建。如此算来，现存的这些古建筑也有二百多年的历史了。

也算我孤陋寡闻，竟不知人世间还有此台存在着。有趣的是，我在十多年前到上海文庙旧书市场淘书时，意外地淘到了一本名为《文游台》的小册子。我从书中知晓了文游台的前世今生，领略了文游台的盛世风采，遂萌发了欲去游览一番的奢望。可是，好事多磨，一时间竟没能成行。在我的眼里，这文游台似乎真的就成了所谓的"镜中花"了。

多年后的一个雨天里，我悄然来到了梦中憧憬多时的文化圣地——文游台，拜访那传说千年的四位高士……

关于文游台的来历，《高邮州志》里写得明白：宋苏轼过高邮，与寓贤王巩、秦观载酒议文于此。时郡守以群贤毕集，颜曰文游台。从那时候起，文游台一直吸引着四方文人学士前来访古拜贤。据说当年那些文人墨客，每每携带着酒菜，来到台上寻觅苏轼等人的足迹,把酒论诗文,并以此为盛事;四乡的老百姓闻讯亦纷纷随之而来,或观文兴会,或朝山敬香,香火之盛,甲于天下。尤其春月佳节,此地更是群贤毕集,热闹非凡。

这天中午,经过5个多小时的风雨兼程,我终于站在了文游台大门前的石牌坊的下面。

我仰首凝视着眼前的石牌坊,感觉是那么的巍峨恢宏,气势很是壮观,颇有些威严雄风。牌坊系仿古式三间四柱无楼火焰式建筑,位于文游台大门之前方。牌坊大门上方横梁上写着"古文游台"四个大字,系清康熙年间著名诗人王士禛题写。

站在石牌坊下,我举目朝前望去。就看见,不远处横着一条河溪。河溪上建有一座小桥,谓之玉带桥。再往前看,竟一

古文游台石牌坊

眼洞穿院门，看到了耸立在院子里的秦观塑像。显然，从石牌坊下面到院内秦观像及后面的文游台，呈水平状，中轴线也。

离开石牌坊，我走过玉带桥，就来到了文游台景区的大门前的广场上。我站在广场的中央，朝四面张望。就看见整个广场宽阔平坦，且为花岗岩石块砌就铺成。站在广场上，方才觉得个人之渺小，天地之伟大也。

再向前行，迎面而来的是古色古香的门厅。

穿过门厅，正视前方，首先映入眼帘的景物就是竖立在文游台前的秦少游的全身塑像。我走到塑像前，就见秦少游手持书卷，身着长衫，两眼看着前方，神情俊逸凝重，浑身洋溢着睿智才气、灵气与傲气，给人以"风流不见秦淮海，寂寞人间五百年"的意蕴与遐想。那形象如同真人似的，可谓形神兼备。塑像的神态，深深地印在了我的心里。就在我感叹时，恰巧来了一位女员工。她似乎看出了我的心思，便笑盈盈地对我说：这尊塑像搞得很好的，在全国都很有名，曾受到过园林大师陈从周的赞许。现在每个到这里来的游客，总会在塑像前留影纪念的。听她这么一说，我也来了兴致，便请她在塑像前，为我拍了几张照片，以作纪念。

听她的口音，便知道她是地道的本地人。从她那说话的口吻与神态来看，绝对是骄傲的流露。

围着秦少游的塑像绕了一周后，我就转身朝后面走去。大约在绿荫小道行走了数十步，就来到石阶前。沿着数十级石阶，我拾级而上。登上了平台，就是盍簪堂。举首仰望，就看到堂门上方悬挂着"文游古迹"四个大字,系今人魏文伯题写。

盍簪堂,系文游台的重要建筑。它面阔五间,形制为单檐歇山顶。整栋建筑古朴典雅,系明代遗存,很有些历史文化价值。

进得堂内,抬首望见梁上悬挂着由当代书法大师沙孟海题书的"盍簪堂"横匾,的确为盍簪堂增色不少。堂内四壁都是石刻,具体有苏东坡的《墨妙亭诗》,黄庭坚的《呈外舅孙莘老诗》,秦少游的《获款帖》等。还有晚清大学士阮元撰写的序。由此得知这些珍贵的石刻都是《秦邮帖》的主要部分,由著名金石家钱泳勾勒刻石的。二百多年过去了,这些石刻历经劫难,但还是相当完整地保存至今,如今也成为珍贵的文物。纵观文游台的《秦邮帖》石刻,其文化历史价值则远超文游台本身。

从盍簪堂后门出来,所见到的建筑,就是文游台景区的主体建筑——文游台。平日人们所说的文游台,是指文游台景区的全部景物。而真正的文游台,就是我眼前的这座两层小楼而已。该楼上下两层,都是三开间,其屋顶为重檐歇山式。二楼屋檐下方悬挂着一幅蓝底黑字的"山抹微云"匾额,十分醒目。卜层檐口抱柱的楹联是"无双国士,终古文台",由著名书法大家王蘧常题写。

来到屋里,迎面入眼的是一幅"四贤聚会"的彩瓷壁画。画的是当年苏东坡、秦少游、孙莘老和王定国,欢聚在一起的场面。此幅画作,为著名画家范曾所画。这座文游台,就是因为他们四人在此聚会而名扬天下的。再往四周看去,就看到东西两侧的墙壁上整齐地镶嵌着十二块苏东坡、秦少游的墨迹刻石《秦邮续帖》。

沿木楼梯而上,我来到了二楼。正面是一座大型刻漆落地屏风,画面是一幅名为《西园雅集图》的仿古临摹画。我来到画前,端详了一番。感觉整幅画面线条清晰流畅,人物造型逼真传神,真实地再现了当时人们在此雅集欢娱的历史场景。我伫立画前,也仿佛置身于那时的欢娱之氛围了,竟然也有一种物我两忘的空灵的感觉。

当我的目光离开了屏风,环顾屋内景物时,就看到屋里整齐地放着旧式的桌椅。我想,这些都是供人们雅集休闲之用的吧。

而在我的目光又回到屏风时,却发现其上方的屋梁柱上悬挂着一幅"古文游台"字样的横匾,为清人王士祯所题。屋子东侧梁柱上挂着当代文学家汪曾祺题写的"稼禾尽观"的横匾;屋西面梁上则挂着当代文化名人李一氓题写的"湖天一览"的匾额。看过这些极富文学色彩的题字匾额,我来到屋外的围栏前,浏览着眼前的景色,感受题字匾额的诗情画意。的确如两块匾额所题的那样:东面的景物是禾稼葱葱、绿野平畴、"稻菽千重浪"的农田;西面则是高邮湖的波光粼粼与点点的帆影;而它的南面则正对着繁华热闹的文游路,只见街上熙熙攘攘、车水马龙;北面则是事业兴隆、欣欣向荣的开发区。站在这里,真可谓万千景物,尽收眼底。当然,我是逐一驻足凭栏而远望的。

环视屋内的陈设与景致。我仿佛看到当年高邮名士秦少游,把苏东坡、孙莘老、王定国等人请到这里来,煮酒论文、登高望远的兴会场面,颇有些古迹重光再现之感。

辞别文游台,再经盍簪堂出来后,我便来到了西面的著名景观——四贤祠的门前。

祠门不大,却为砖雕门楼。此门造型典雅,颇有地方建筑特色。门额上方刻着"泰山北斗"四个字,周围则配有数幅砖雕。据说是"文王访贤""文武状元""渔樵耕读"等。这些砖雕工艺精湛,形象生动古朴,看上去很有些历史的沧桑感。再加上细雨霏霏及门前甬道两旁茂密的花木,更显得幽静、典雅了。据说此门,是典型的明代遗物。

走进门楼,我径直走到四贤祠的主屋观赏其景。就看到屋里陈列着苏东坡、秦少游、孙莘老、王定国等"四贤"的塑像,感觉颇有些古时贤孝之遗风。

从四贤祠出来后,我沿着园内小道前行不远,就来到了著名作家汪曾祺文学馆参观。关于该馆的建立,还有一个典故呢。据说龙年春节,扬州市委领导给时任中共中央总书记江泽民拜年。在谈到扬州的文化名人时,江泽民说:"高邮还有个汪曾祺。"于是,高邮市便行动起来,在文游台里建立了汪曾祺文学馆。现在,但凡来文游台游览的人,都会到汪曾祺文学馆参观一番的。据说,该馆已经成为文游台景区的重要景点了。这对提升文游台的知名度及游人的文化修养,是一个很好的学习平台。

汪曾祺文学馆,系一座五开间的单檐歇山顶砖木平房式建筑。在绿荫丛中,显得格外的古朴幽雅。在门檐的上方,则挂了一幅写着"汪曾祺文学馆"的匾额。走进屋内,就看到屋梁上悬挂着一块写着"天真隽永"四个大字的横匾。其下面则放置着一尊汪曾祺的半身铜像,形象逼真、十分传神,再现了汪曾祺的大师神韵,是一尊不可多得的艺术珍品。后面墙上贴着汪曾祺的有关照片,玻璃柜里则陈列着汪曾祺历年出版发行的著作图书等。可以说,这里记录着汪曾祺文学生涯的缩影。

告别汪曾祺文学馆,我便来到了名人园。就看见屋内门前,放置着一尊秦少游的半身铜像,其上方梁柱上则挂着一块写着"淮海堂"的匾额。由此点明主题,这里展示的是以秦观为代表的高邮历代名人高士的事迹。屋子里面的陈列物,似与汪曾祺文学馆的展品基本相同。

离开名人园时,雨水竟下得愈发大了。它不仅浇湿了文游台的景致,也浇灭了我游览的兴致。于是,我沿着园内小道,冒雨来到了景区的大门厅里。我环视门厅景致,发现门厅的上方挂着一幅写着"遗风千载"的大字横匾。而在门口的左边,则是景区的卖品柜台。见此,我心里一阵高兴,一扫刚才因雨而生成的沮丧。我急忙来到柜台一看,看到柜台的玻璃橱里摆满了有关介绍高邮及文游台历史与风光的书籍。我心顿时大喜,当场买了几册图书,以留作游览纪念。其中,有《高邮地名史话》《梦故乡——汪曾祺笔下的高邮》和线装影印书《秦邮帖》,这几本书,都是我所喜爱的。可以说,这是我到高邮旅游的最大收获。

过了一会儿,外面的雨似乎小了些。我便整理好行囊,带着些许的满足感,走出了文游台的大门。

游项羽戏马台记

在日常生活中,但凡有些中国历史知识的人,几乎没有不知道项羽其人其事的。

项羽者,西楚霸王也。还在孩童之时,我就已闻知了他的英名。伟人毛主席在《七律·占领南京》中写就的那"宜将剩勇追穷寇,不可沽名学霸王"的著名诗句,早已铭记在心;而北宋女词人李清照在她的《乌江》诗里所吟咏的"至今思项羽,不肯过江东"的名句,则更是耳熟能详。可以说从那时候起,我就对这位中国历史上的大英雄,萌发了由衷的敬佩之情。同时,对有关他的那些英雄传说和风月风物,也就充满了向往……

终于,在一个秋高气爽的日子里,我来到了传说中的项羽遗迹——戏马台。

戏马台,亦称项羽戏马台,位于徐州云龙山北面的南山之上。

据史书记载,公元前206年项羽自封西楚霸王,定都彭城,即今天的徐州。他曾在此固山筑台,以观将士戏马,故名戏马台也。尽管项羽后来在楚汉相争中败北,而这座戏马台却成为西楚霸业千古雄风的遗迹。因此,这里又被后来人亲切地称为"徐州第一名胜"。

从宾馆出来,沿着宽阔笔直的解放路向南行走了百多米,我就拐弯来到了项王路上。这条路虽然比不上解放路,却也很宽敞,并非一般意义上的马路。我充满好奇地东张西望,浏览着街上的风貌。朝前行走了约莫半站路,便来到了项羽的戏马台前。

我轻轻停下脚步,站在山门下面的石阶前,仰首凝望那建在数十级石阶之上的赤色朱颜的建筑物。心里禁不住地喊着大哉、壮哉、伟哉,倏然间,一股幽古思远的情潮涌上了心头。

两千多年前,那股楚汉相争的历史烽烟,涌入了我的眼帘。我的思绪仿佛穿越时空,来到了那个刀光剑影、杀声震天的古战场;又仿佛看到了霸王项羽正偕爱人——虞姬并排站在台上观赏麾下将士们戏马,欢庆胜利……刚才的那股子兴奋的劲儿竟散去得无影无踪了,剩下的只有饱含在眼眶的清泪。

我带着深沉的思绪,举目望向苍穹,是那么的湛蓝、深邃。却见原先万里的晴空,这时竟飘来了数块洁白的云彩,遮住了阳光彩霞,悬在戏马台的上方,仿佛它也来到这里凭吊这位古人呢。见此情景,我不禁问自己:这难道真的就是上天感应吗?或者是人们的虔诚真的感动了上苍?惊讶之余,我竟然无语了。这时的我,从心灵深处朝苍天发出了"项王,您在天上可好"的呼唤。

渐渐地,我的目光再次落在了巍峨壮观的山门上。而我的思绪,也从遥远的古代回到了眼前。

山门坐落在半山腰的平台上,建筑式样颇有民族特色。其实,就是在一堵高大的红墙上,开了三个大小不一的券顶半圆式的门洞。大门居中,它的两侧各有一个小门。红墙的顶端覆盖着黄色琉璃瓦檐,显得古色古香。黄色,在古代只有皇家才能用。因此,山门的特色就是高贵超凡了。而且这个瓦檐也是高低不等,中间大门高达数米,又宽又大,所以它的琉璃瓦檐也是最高最大的。而它左右两边的小门上方的琉璃瓦檐,则要明显低于中间的大门。整个山门看上去颇有立体的层次感,显得美观大方,钟灵毓秀。中间大门洞的上方镶嵌着一块黑底黄

戏马台风光

字的匾额，上面自左向右横向书写三个繁体大字"戏马台"。

沿着石阶，我拾级而上，就来到山门的前面。仰视着大门上的匾额，发现"戏马台"三个大字是由当代书画大师李可染先生题写的，字形古朴苍劲，颇具虬松风格，为山门增色不少。后来，我才知道李可染先生原来就是徐州人氏。可以说，这三个字包含着李大师对家乡热爱之深情啊！

转过身来，我背靠红墙，朝石阶下面看去，颇有些居高临下的感觉。忽然，看见山门石阶对面耸立着一座高大的照壁，样式同山门一样，亦为红墙，顶额覆盖着黄色琉璃瓦檐。壁上书写四个大字：西楚大观。

见过此景，我不免有些发愣。心想刚才怎么就没看见照壁呢？想了半天，只有一种解释，那就是刚才因为急于到一旁的售票亭买票，故而没有瞧见它。

站在山门前凝视对面的照壁，我的思绪又一次飞扬起来。心说，当年西楚霸王项羽，就是在这里观阅众将士们戏马操练的吧。可以想见，当年项羽一定是志满意得，威武雄壮，何等的威风啊！耳边仿佛又听到了那久远的鼓乐齐鸣，杀声震天……

而当我回过身来，正准备朝门洞里走时，却意外地发现山门里面竟然还有数十级石阶要登，心想这儿石阶真够多的。可又一想，戏马台是依山而建，而山门又建在山坡的中间，门里还有石阶要攀，也在情理之中。

就在我寻思之际，正好有一位女同志从门里直接走下来。我便迎上去,笑着向她问道:同志,山门里面怎么还有石阶呢?

她听罢,便笑着对我说:哦,这个山门确实与别的大门不一样。之所以这门里门外都有石阶要登,这是与项羽的经历有关的。你看这山门外的石阶三十一级,象征着项羽了三十一岁短暂而壮烈的一生;再看这山门里面的石阶却只有二十三级,寓意何在呢?告诉你吧,这二十三级石阶就是寓意项羽在二十三岁时,率领八千子弟,起兵关中,从此正式登上了反秦斗争的政治舞台。所以,这内外石阶加起来,一共是五十四级。同志,你是第一次到这里吧,仔细看看吧。这里的一砖一瓦、一草一木,都是有来历的,都是同项羽史迹有关联的。

听罢她的这番话儿,使我对戏马台的好奇更加深了。望着匆匆离去的那位开朗、热情的女同志,深感这里的乾坤绝对大,有看头。于是乎,一定要好好观赏的想法,竟然比刚来的时候更强烈了。

很快,我一口气就登上了山门里面的那段二十三级石阶,来到了石阶上面的平台上。上得台来,顿感眼前一亮,视野一片开阔,颇有点儿"豁然开朗"的惬意。心里不禁感到:哇塞,一片新的天地啊!

驻足环顾四周景色,一堵赤色红墙蓦然地出现在我的眼前。红墙上面写着四个硕大的篆体字:拔山盖世。而在红墙的东南角则矗立着青铜大鼎,名曰:霸业雄风鼎。

如同山门一样,红墙的顶端也覆以琉璃瓦檐。红墙后面则是一座二层六角的塔形建筑。显然,这堵红墙乃是戏马台上院落的围墙也。看上去，的确有一种帝王威严的浩气，庄严肃穆。

绕过红墙前面那块不大的草坪，我缓步来到了一座朱红大门前，举首仰望着门额：上面横向书写着"楚室生春"四个大字，是书画大师林散之的手迹。门前台阶两侧摆放着一对石狮子，颇有些王者风范，相当气派。

透过拱形门洞就见一尊硕大的人物石雕像，矗立在院子的中央，不用猜，这肯定是项羽的塑像。

我兴冲冲地进得门来，径朝塑像走去。走近一看，果真是项羽的全身戎装石雕像。

伫立项羽塑像前，我举目凝视着他的英姿。就见他眉目清秀，身躯伟岸；头戴着盔帽，身着铁甲。他按剑而立，两眼漠视苍穹，一派不可一世、顾盼自雄的大将雄风，浑身洋溢着豪气四溢、威风凛凛的大丈夫的英雄气概。

我一脸肃穆地凝视着项羽塑像，心里默诵着塑像基座的一行小字："西楚霸王项羽"，并围着他的塑像绕了一圈，以此凭吊这位中国历史上的英雄豪杰。

告别"项羽"后，我来到了他身后的"雄风殿"前。该殿为歇山式仿古建筑，是戏马台的主体建筑，亦称"正殿"。资料显示当年营造该殿，曾颇费了些周折。

殿前台阶两侧分别耸立着一根蟠龙石柱，据说是明代遗物，距今已有400多年了，这对蟠龙石柱，雕刻生动、布局匀称；想象丰富、技法娴熟，堪称明代雕刻艺术绝品。

同山东曲阜孔庙大成殿上的龙柱一样，该蟠龙石柱也被四周玻璃围了个严严实实。这样文物是得到了保护，可留给人们却是一抹的模糊，审美质量大打折扣。不过，这也是没有办法的事儿，谁叫当下的游客们"参与力"太强了呢？所以。尽管如此这般有碍观瞻，却也是无奈之举。当然，也是可以理解的。

进得门来，环顾殿内景观，却为仿古公堂样式，颇具史学价值。殿内左右两侧墙壁上，绘有楚汉战争形式图和项羽年表。

而大殿正面后墙上则镶嵌着由黑青石浮雕而成的大型历史景观《西楚春秋》，真实再现了西楚霸王项羽一生的悲壮历史场面。整个浮雕有青年时代、起兵吴中、鸿门设宴、定都彭城、楚汉相争，鸿沟划界、垓下突围、霸王别姬等八组历史画面组成。这些画面都非常值得人们一看，尤其是那幅"霸王别姬"，就更应该多看多想了。看着这幅画，我忽然想起了京剧艺术大师梅兰芳先生主演的著名京剧《霸王别姬》中的情景来，感慨颇多。心想历史上的个人成败是这样，一个党一个国家的兴亡又何尝不是如此呢？苏联的悲剧，就是一个十分惨痛的教训。因此，预防"霸王别姬"的发生，对今天的人们来说具有深刻的警示作用。

离开了雄风殿，我走到东配殿前，抬头朝屋檐下面悬挂着的匾额看去，"巨鹿之战"四个大字映入我的眼眶，落款是傅杰。

走进殿门，驻足观看，就见大殿里陈设着题为《巨鹿之战》的大型壁画。画面气势宏大，生动再现了巨鹿大战的壮观场面，讴歌了楚军统帅项羽高超的军事指挥艺术。也正是巨鹿之战的胜利，才从根本上动摇了秦王朝的统治。可以说巨鹿之战的胜利标志着项羽辉煌人生达到了光辉的顶点。有关巨鹿之战胜利的历史意义，咱们还是从下面的这段楹联里寻找答案吧！

巨鹿克章邯诸侯归楚分仁暴
江东歌项羽一战亡秦定雌雄

从东配殿出来，我便走到对面的西配殿里面。该殿建筑形制与东配殿相同，这里主要陈列项羽定都彭城的历史资料。

踏进殿堂，就看见门前中央摆放着一副硕大的西楚故宫复原模型。尽管，它是凭着人们的想象而复原的宫殿模型，却也那么雄伟壮观，古色古香，突显出一代帝王威严的风范。

看过西楚故宫的模型，我走到挂着一幅"徐州府木刻地图"前，驻足观看。从地图可以看出古代彭城形如卧牛，汴泗交流，白水绕城，风岭四合，壁垒森严。而戏马台则依山面河，雄峙城市，形势十分险要。

有联为证。

"彭城千古秀，西楚一时雄。"
"位列九州千古兵家重镇，名存三楚一朝霸主雄都。"

从西配殿出来后，便来到一小门前朝里张望，发现里面别有洞天。进门后，方知此乃"秋风戏马院"也。

来到院里，迎面便是"风云阁"。此阁为塔状建筑，双层六角飞檐，丹柱彩栋，上覆釉瓦，颇为小巧玲珑。

这里是整个戏马台的制高点，阁内有悬梯登楼。我攀上阁顶，凭栏眺望，就见阁楼四周美景，尽收眼底，大有"一览众山小"的感觉。

告别"风云阁"，我径直来到该院的主殿"戏马堂"前，却见门堂前面立着一副硕大的戏码屏风，上面画着西楚霸王项羽的戏马英姿，画面十分引人入胜。左右两侧则放着一些圆墩子，这是为客人准备的休息之家什。

之后，我便来到了东配殿前。踏进殿门，映入眼帘的是一幅题为"鸿门宴"的大型砖雕壁画。整幅壁画，大气磅礴，汉风飘逸，艺术地再现了两千多年前发生的那场惊心动魄的历史画卷。

西配殿里陈列着一幅巨大的题为"霸王别姬"的油画，画面上美人虞姬尸横军帐，霸王项羽则跪地俯首，是那么的凄美，又是那么的悲壮，给人以丰富的想象。画面上方悬有"大幕天垂"四个大字，北面山墙则嵌有项羽的那首《垓下歌》及虞姬的《垓下和歌》。

从"秋风戏马院"出来，我走到"楚室生春院"门前的一小平房里，屋里是卖品部。屋外很鲜亮，可屋内陈设却相当简陋。柜台里除了一两本小书，几乎没有什么纪念品可卖，只能望屋兴叹了。感叹之余,却幸好还有两本小册子可买。我有一个习惯,就是喜欢在游览地购买当地图书。这次当然也不能例外。这两本书的名称是《西楚大观马戏台》和《项羽戏马台百咏》,都是我喜欢的图书。因此,心里就甭提多高兴了。

怀揣着这两本书,我心满意足地朝山门走去,途中还不时回首眺望着红墙内的风云阁,颇有些而依依不舍,可谓一步三回头,真的有些流连忘返的味儿。

随着从山门前台阶的最后一级走下来,我蓦然回首眼前那巍峨高耸的山门,从心灵深处发出了由衷的感叹。

再见,戏马台!

游记八公山

古人云：山不在高，有仙则灵；水不在深，有龙则灵。八公山，乃毓秀钟灵之地也。

八公山，古称淝陵。又名北山、紫金山、淮山、楚山。它之所以被称"八公山"，据说还是源于西汉淮南王刘安学道成仙的传说。他手下的八位宾客，为求长生不老之仙药，来到八公山"尝百草，制丹丸"，创造了所谓"一人得道，鸡犬升天"的神话。这里，起伏的山峦，算不上高峻，主峰也就241米，却是俯瞰平野，形势险要，历来为兵家相争的形胜之地。

春夏之景，万木葱茏。我应友人之邀，慕名来到了八公山游览。

小车在经过了一段"直上四百旋"的盘山公路的行驶后，便直接开到了半山腰上的山门前。在这宽敞平坦的山门广场上，我伫立许久，凝望着这座颇具汉代建筑风格的牌坊式山门，心中竟油然生出一股深沉悠远的历史沧桑感来，仿佛时光发生了倒转。而镶嵌在山门正中上方的，由书法泰斗启功先生所题写的"八公山"三个大字，又是那么的苍劲飘逸，顿觉有一种置身于史海纷纭的岁月氛围里。我不禁来到山门下面,面对着门外的叠嶂峰峦,大声地喊道:你好,八公山!

踏进这古朴空灵、巍峨壮观的山门,就仿佛荡漾在浩瀚无垠的绿浪碧波里了。这时候,我竟觉得有股清新的空气,扑面而来,使我有一种"山气日夕佳"的清爽之感。

我曾到过不少森林公园。可是像八公山这样苍翠繁茂的森林公园,还是第一次见到。站在山门下面的平台上,朝前面山峦的纵深望去,闯入眼帘的是重峦叠翠、气象万千的秀美景色。小巧玲珑的亭台楼阁掩映其中,美不胜收。

沿着逶迤的林间小道,蜿蜒前行。环视周边景色,却见路的两旁绿树呈荫,如同翠绿色的植物长城,郁郁葱葱,遮天蔽

八公山森林公园大门留影

日，绵延不绝，望不到尽头；途中，友人触景生情，绘声绘色地赞美起八公山的美景来。

谈笑间，我们就来到了石林景区。

过去，我只知道云南有石林景观。可在安徽淮南的八公山，竟然也有一座石林景观，我还是第一次知晓。于是，我立马来了兴致，就跟随友人一起来到这片硕大的石林丛中，观赏那里的景致。

八公山的石林，并不高大，且低矮不一。犹如石丛一般，掩映于灌木丛中，观之倒也颇有些情趣。不过，若要与云南的石林比起来，那气势可就差了一大截。可以说，远不如云南石林的气势大，若不是友人点拨，我还真就看不来呢。然而，却也颇具八公山的特色。

离开了石林景区，我站在路口朝前面看去，就看到前面有一座巍峨的宫殿建筑，远远看去，形象十分壮观。

就在我纳闷之际，忽然，耳边传来友人的话语："哎，那里就是有名的淮南王宫。要不要去看看？路不远。"友人伸手指着前面的景观，小声说。

"那是必须的。来了不看看，会有遗憾的。"我态度坚决地说。说罢，我便随友人朝前走去。

大约朝前走了十多分钟，我俩就来到了淮南王宫大门前面的王宫广场上。我看到广场宽敞、辽阔，全部用花岗石铺就，使人看上去，十分壮观敞亮。而大门则居中，坐落在高大的平台之上。其建筑形式，亦为汉代风格。大门屋檐正中下方则挂着一块书有"汉淮南王宫"的黑底金字的匾额。

穿过大门,我俩就来到了高楼林立的宫殿区。

我看到,整个宫殿区的房屋依山而建,且有中轴线,其上方为主宫殿。而这座主宫殿,气势恢宏壮观。且红柱灰瓦,雕梁画栋,完全为汉代风格特色。

我们沿着台阶,拾级而上,便来到了王宫大殿里。我注意到在大殿的正中间是一尊汉王刘安的塑像。其塑像的上方悬一匾额,上书"豆腐始祖"四个大字。大殿里面两侧的墙上则陈列着有关刘安治国的史迹及传说的大幅壁画。从画上我知道了豆腐的来历,原来与刘安有关啊。

走出大殿,我站在大殿门前的平台上,朝四处眺望。只觉青山苍翠、满目黛绿,望之而神驰,心旷而神怡。也只有在这个时候,你才能真正地感觉到我们祖国的山河,是多么美好而壮丽!我在心里畅想:当年我们的这位淮南王刘安,就是在这飘逸着仙气的地方著书立说,写出了名传千古的皇皇巨著——《淮南子》,并同他身边的八位门徒尝百草、炼仙丹。最后,终于成仙飞上了天,书写了浪漫无限的"八仙升天"的故事传说。

我看到,连接大殿两侧的建筑则为爬山廊,而下面围墙大门两旁亦然也。观之,颇有些儿"江南园林"之韵味。只是,这里没有水罢了。除去这里十字形的小道外,我看到院内,皆为萋萋绿茵的草坪及少数的树木。故极目望去,开阔无比,远近景物,尽收眼底。我这时,方觉得"居高临下"一词的妙处了。尽管,淮南宫是新建的,却不乏汉代遗风。看这建筑,绝对是一个能发思古幽情之佳地。

从淮南王宫出来后,我俩抄小路,径直朝下一个重要景点——白塔寺赶去。

约莫半小时,我俩便来到了白塔寺里。

白塔寺雄踞八公山的山腰上,依山而建,地形险峻。在山门外,朝院里看去,却见建筑雄伟壮观,金壁辉煌,不愧为八公山的地标景观。

据史记载:白塔寺始建于北宋。传说洛阳白马寺高僧寻地藏王之圣迹于此,考证地藏王化身唐朝金乔觉去九华之前,曾在此驻锡讲法,遂建白塔及寺以示纪念。后坍毁。1999年,聘请苏州园林设计院,精心设计重建。九华山方丈仁德大和尚题写寺名,2001年开光,轰动江淮。

我在山门前的石阶上,有感于山门的巍峨壮观,便请友人为俺照了一张相。然后,沿着石阶逐级而上,穿过山门,来到了恢宏壮观的大雄宝殿前的台阶上。透过殿门,我看见硕大的题有"白塔寺"字样的香炉,赫然出现在我的面前。大概是由于天气热的缘故,香炉似乎没有什么香火,显得很冷清,而未呈现出往日的烟雾缭绕的景象来。同时,也因为不是节假日,故来到这里的游人很少,几乎没有什么香客。这种情景同杭州的灵隐寺,似乎有着天壤之别了。然而冷清似乎更适合我们的游览。

如果说山门前的那段石阶还算平缓的话,那么,山门里面的这条通往大雄宝殿的石阶可就有些高耸了。站在香炉旁观望前面的大雄宝殿雄姿，的确有些高高在上的肃穆与庄严，充分体现了佛祖的至高无上的精神境界，使人看了会有一种肃然起敬的感受。虽然，我见过不少寺庙的大雄宝殿，但像白塔寺里这么高的大雄宝殿，还是很少见到的。

沿着宽阔的石阶，背负着火热的太阳，步履有些艰难地朝大雄宝殿靠近。终于，在还不算太累的时候，我同友人一起登上了大殿前的平台。我仰首凝视着高大的重檐大屋，倍感壮观与震撼。不仅如此，我甚至还有一种威严耸立的感觉。

跨进殿门，迎面而来的是一尊硕大的佛陀金身塑像，形象是那么的平和善良，极具亲和力。环视殿内，却见大殿里雕梁画栋，美轮美奂。

然而，我在寺院里转悠了一周，却没有见到白塔，不知何故，心说，白塔寺理应有塔啊，俺咋就没见有塔？我的心里充满了疑问，真可谓有其名而无其实的"典型"。

走出白塔寺，在林荫山道行走了一大段路后，便来到了著名的"忘情谷"景区。所谓"忘情谷"，亦叫情人谷。望文生义，也就是情侣爱恋之地吧。因此，这个名字似乎也充满了浪漫主义的色彩。其实，这里也就是一个山间狭谷而已罢了。而要说它有何不同，是由于狭谷中有两棵三角枫的枝杈生长，连接在一起，形成了一个天然的连理枝，故而引起人们的极大兴趣。

来到铁栅栏前，就看见两棵三角枫树的枝杈，确实交叉地连接在了一起，颇具形象化，的确如一对情侣相拥搂抱在一起。这,也太拟人化了。真所谓天生地造,一点不假,使人看了,啧啧称奇。更有好事者,居然在栅栏上挂了一块木牌子,上面书写着唐代大诗人白居易的著名诗句:在天愿作比翼鸟,在地愿为连理枝。此情此景,颇有点儿"珠联璧合"的意味,体现并寄托了人们向往幸福、祝福爱情、恒久相守的美好心愿。如果说,八公山为仙山的话,那么,这处"忘情谷"则就是"人间仙境"了。其间,我看到不时地有游人聚拢在"连理枝"周围,默然无语地凝视着它,心里在想什么呢?这只有他们自己知道。也可能什么都不想,只是看看而已。可是,千里迢迢来到此地游览观赏,能没有想法吗?毕竟,祈求爱情地久天长,是每对情侣的由衷期盼。我看到这两棵紧紧地交叉在一起的三角枫树,很自然地想起了咱们人类的爱情,理应远胜于它。因为,咱们人类是万物之灵!所以,我以为这儿的忘情谷的象征意义,远大于实际意义。

从忘情谷出来,经过一丛绿茵就来到了"森林浴场"景区了。而所谓"森林浴场"景区,就是在林荫丛中置放着几组仿树桌椅而已,以供游人来此休闲之用。走进这里,我就看见几个桌椅上已经坐了六七个游人正在谈天说地或休憩呢。他们有的人将报纸铺在桌上,正在阅览;有的人则在桌上,摇晃着手中的笔,正在书写心中的感悟呢。我还瞧见一对小情侣正搂抱在一起,窃窃私语,互吐爱慕之情呢。在我的眼里,这里俨然就是一个"世外桃源"。我发现,整个"森林浴场"静悄悄的,非常安静。只有偶尔传来鸟儿的欢叫声,清脆悦耳。再不然,就是清新的花香味儿，令人惬意……如此的良辰美景，我与友人当然不愿错过，便也找了一个长形桌椅坐下，闲聊起来。

不知不觉，就发现太阳也已西坠，光线也暗淡了许多。于是，我们便有些不舍地离开了"森林浴场"景区。沿着小路，朝山门疾行而去……

很快，我们俩就来到了山门里。在山门的卖品部，我购买了一本《淮南散记》图书，以纪念这次八公山之旅。

终于，我俩走出了高耸的山门，亦算走出了离开八公山的第一步。我回首眺望山门里的林海松涛，这时，一股不舍之情竟从心底深处油然生起。我默默地朝远方的青山碧峦，轻轻地挥着手，在心里呼喊着：再见了，八公山！

琅琊山探胜记

"环滁皆山也,其西南诸峰林壑犹美,望之蔚然而深秀者,琅琊也。"这是宋代大文学家欧阳修,在其名篇《醉翁亭记》开头写下的几句话。经过千百年来的世代传诵,如今已成了时代文化的绝响。而这琅琊山,也就成了千百年来的名胜风景区了。

琅琊山,古称摩陀岭。它位于安徽省滁州市西南的五公里处。至于何以名称琅琊山,历来说法不一。主要有下面三种说法。第一种说法是:传说东晋琅琊王司马睿,曾经寓居于此地而改称琅琊;第二种说法是:西晋"镇东大将军",琅琊王司马由率大军在此灭吴,而称琅琊。第三种的说法是,人们以其有似于山东东海之琅琊山,故亦名为"琅琊"。究竟哪一种说法正确?现已无法考证了。不过,笔者以为第一种说法,似乎更具有说服力。

琅琊山,景色险峻而秀丽,清幽而美观,自古素有"蓬莱之后无别山"的美誉。盛名之下,世人必向往之。于是,在一个深秋之日,我来到了向往多时的琅琊山。

还在车上,我就一眼望见富有特色的琅琊山大门的倩影。

来到山门前,我举首端详山门的外貌。发觉这是一座双檐立柱式城楼建筑,再配上黄色的琉璃瓦,显得古色古香,很有些儿历史感。在阳光的照耀下,琉璃瓦光芒四射,古风韵味十足。仅从山门上看,就能探知琅琊山情趣之一二。

走进大门,我就看到通往景区深处的景观道路,宽阔平坦地伸向远方,似无尽头。道路两侧皆为高极入云的树木之林,犹如礼兵那般,迎接着来自各地的客人。而那呼呼作响的风声,使人们听起来宛如"欢迎,欢迎"的欢声笑语,是那么的生动悦耳,别开生面。

走了没有多远,我就看到道路的左侧一片明亮。走近一看,原来是一汪泓水。于是,我就按图索骥,知道此乃醉翁潭

琅琊山大门

也。水池不大，却很幽静。在碧绿的水面上，漂浮着一些彩色的游艇。游人们正在游湖呢，不时地传来他们的欢声笑语，景象十分温馨。

再向前走了百十米，我就看到前面路旁边上的一块大山石上，醒目地刻着"醉翁亭"三个红色大字。看到它，我明白了，前面就是大名鼎鼎的"醉翁亭"风景区了。见此，我心里一阵欣喜，便加快了行走的步伐，紧走慢走，就来到了一座小石桥上面。此桥虽小，却是大有名堂。其名曰：薛老桥。据说，是为纪念乡绅薛时雨而建造的。过了石桥，我看到不远处，围着不少人正在观景呢。我心里有些好奇，便走过去探看，原来是"让泉"也。我看到，这些人有的观泉，有的戏水，忙得不亦乐乎。

看过了"让泉"，我就朝醉翁亭的大门走了过去。途中，看到路旁卧着一块大山石刻，上书"千年醉翁亭"五个红漆大字，落款：李瑞环。看模样儿，似乎是新近才立的。

端详了一会儿，我便登上石阶，踏进了醉翁亭庭院的大门，其门额系薛时雨题写。随着人潮穿过院内的边门，便来到了醉翁亭前。这一带，就是醉翁亭景区的中心所在。可以说，这里是整个琅琊山风景区的精华景观。所以，到这里来的游人如织，一波接着一波，可谓人气十足。

醉翁亭，始建于1046年，即北宋仁宗庆历六年，系琅琊寺高僧智仙所建，距今已近千年了。传说是智仙为便于欧阳修游玩，而在山脚下建造了这座亭子。事后，欧阳修亲为作记，

琅琊山大门留影

这就是传诵千古的名篇《醉翁亭记》。史载,醉翁亭初建时,仅此一亭。后经历朝历代的修建,到明朝时,此地已是亭台楼阁遍地了,呈现出了兴盛景象。可在清代中后期,醉翁亭景区遭到了战火的毁坏。直到清光绪七年(1881年),由薛时雨主持重建,方才恢复了醉翁亭的原样。据说整个景区占地一千平方米,由九个不同风格、不同景致的院落,组成了一个园林整体。因此,这里被誉为"醉翁九景"。优美的环境,丰富的内涵,立体地彰显了欧阳修被贬后的思想情境,完美再现了欧阳修在《醉翁亭记》里所描绘的水光山色之美景。

我看到,整个醉翁亭坐落在庭院南侧的平台之上。它单檐歇山顶,四边屋檐微翘,屋檐正面下方悬挂着一块匾额,上书

"醉翁亭"三个大字，系由苏轼题写。整座亭子为正方形古典建筑，且由十多根大红木柱支撑着，看上去颇感空灵。其左右两侧都是座栏，以供游人休息之用。平心而论，醉翁亭规模并不算大。然因那篇《醉翁亭记》而名传天下，成为中国古代四大名亭之首，这只能说它的文化底蕴太深厚了。其实，这就是中国古典园林文化之特色。来到这里，宛如来到了中国古代文化之殿堂，感受着中国古代文化的浸润与洗礼。

我来到亭子里，仰首端看着它那美丽的雕梁与画栋，追寻那当年的风采。体味着当年的高朋满座、逸兴飞扬的神韵。

走出醉翁亭，我就来到了对面的二贤堂。我看到，在不算大的殿堂里耸立着欧阳修、王禹偁二位先贤的全身塑像。堂内展柜里陈列着二贤的著作，供人们瞻仰。

离开二贤堂，我再次走近醉翁亭，端详其风采。眼前竟浮现出了当年欧阳修在这里邀友游乐饮酒、赋文吟诗时好不潇洒的情形来。

走出醉翁亭的庭院，往西行。不久，我就来到了欧公祠的庭院里。著名的宝宋斋，就坐落在院内。我看到，宝宋斋的建筑样式纯属江南民居样儿。其屋檐下悬挂着一块写着"宝宋新斋"的匾额，似乎没有落款。所以，也就不知是谁的手笔了。屋里陈列着宋代碑刻两块，上面镌刻着欧阳修的《醉翁亭记》全文。字为苏东坡所书，系金石珍品。看得出来，这个院落为近年所修建，体现了当地有关部门对文物保护工作的重视。不过，到这里来的游人不多。

从欧公祠出来后,我便来到了西侧的景观——意在亭前,驻足观看。相传意在亭亦叫皆春亭,建于明嘉靖年间。亭子的四个角儿翘起,样子呈飞腾之状。亭内放置着石桌石礅,以供游人小憩之用。其地面四周有人工开凿的小水渠,弯曲绕亭,名曰:九曲流觞。据说是按《兰亭序》中所描绘的情形设计、建造的,以供游人游戏饮酒作乐。只是眼下水渠里已没有水了。我倒是看到有不少游人在这里小坐,聊天赏景,也别有情趣。

辞别意在亭后,经过影香亭,我来到了著名景观——古梅院。我刚进院内,一眼就看到了院子中央花坛里耸立的一棵老梅花桩。我看到花坛不大,其正面刻着"花中巢许"四个大字,系清代初年题刻。相传这棵古梅为当年欧阳修亲手栽植,俗称"欧梅"。至今,已有近千年的历史了。可是,据传说当年的那棵"欧梅"早已枯死。眼下的这棵古梅为后人重栽。如此看来,这棵古梅树距今亦已有数百年之久了。我走近花坛,端详着这棵数百年之古梅,满目的枝繁叶茂,颇有些儿老当益壮的气势。此刻,我的神思亦飞到了千年前。透过迷离的历史风烟,仿佛看到欧阳修在梅树下,赏梅、阅梅、探梅,乃至咏梅的雅士文人的倩影。我站在梅树的下面,徘徊了好一阵子,意欲寻求那当年古梅焕发出来的灵气,依稀迷茫。

离开古梅花坛,我朝身后的古梅亭走去。登上那不高的台阶,就来到亭子里。我凭栏俯瞰下面的景致,眼前豁然开朗。苍劲古朴的梅花树就在眼前,疏影风光尽收眼底。这里的确是赏梅、阅梅的绝佳地。其实，顾名思义，古人建造古梅亭的意义全在于此。

从古梅亭出来，我便朝其后面的览余台走去。我登临台上，凭栏眺望，变原先的仰视为俯瞰。古梅花坛、醉翁亭等诸景，尽收眼帘之中。我觉得，这里的景色，真的十分宜人。

走出古梅庭院，我来到了庭院外路边的洗心亭前，驻足凝望了一番。感觉这亭子的外貌造型，很有些儿地方特色，颇有些徽派建筑的韵味儿。

稍后，我就踏上了著名的琅琊山古道。据史书记载：该古道建于明代初年，是古人当年游览琅琊山风光的登山道。它长约千米，路面由条状青石板铺就，蜿蜒于山腰，是到琅琊古寺的必经之路。幸运的是，古道至今依然完好。

沿着古道，我漫步其上。依山势由低渐高，或平坦，或崎岖，渐趋幽深。一路上，我看到树木参天，枝繁叶茂，犹如天然棚盖，遮阳挡雨，意趣深远。给人的感觉是满目苍翠，心旷神怡。真可谓"风景这边独好"啊。笔者到过不少的名山大川，可像琅琊山如此美妙，还是不多见的。

行了没多远，我的目光便被一池潋滟明亮的水光所吸引，便顺着古道，来到了这一池水畔。导游图上说，这儿就是深秀湖。我看到：这里的湖面不大，湖岸上亭台楼阁，错落有致；楼台之间，遍植树木花草。湖中横亘着九龙桥和漂亮的玉带桥，中间衔接着漂亮的湖心亭。四周的青山倩影倒映在湖水之中，景色绝对"蔚然而深秀"。这里山水相映，精彩纷呈，不愧是琅琊山的一大绝妙美景。那景那色，又怎能不陶醉了游人呢。我也只能用照相机将这儿的美景收入镜头里，将它带回家了。想一想，也是这么个理儿。眼下的人们好幸福，可以把自己所钟情的美景收进相机，以永久保存。这比起那遥远的古人来，真的没得说。我想，倘若古人有照相机的话，这里的风光早就会被拍摄下来，今天的人们对过去的了解，就会更全面。我真的向往穿越。此刻，我真的好满足。在如此多娇的山川美景前，人们还有什么可求的呢？忽然，我明白了这样一个道理：世事沧桑，山河永固。

向前又走了数百米，一座高大的山门楼宇，出现在了我的眼前，这就是著名的琅琊寺山门。

所谓琅琊寺，原称宝应寺，为唐代大历年间所建。后来，又改名为"开化禅寺"。又因其坐落在琅琊山中，人们又称其为琅琊寺。这就是琅琊寺的来历。

走进巍峨壮观的古寺山门楼，我便来到了古寺庭院里。首先，撞入眼帘的景物是那高达数十级台阶之上的雄伟建筑——天王殿。由于山势陡峻，我拾级而上，犹如登临天梯一般，十分累人。我是每登上一个平台，便要凭栏休息一会儿，再往上再登临下一个平台。我就这样艰难地登上了天王殿的平台。

来到大殿里，我就看到笑口常开的弥勒佛坐在门前，他袒胸露怀地笑迎四方来客与八面信众。绕过弥勒像，我朝左右张望，就看到两侧的山墙前分列着"风、调、雨、顺"四大金刚的巨大彩色塑像。可谓造型生动、气势恢宏，极具震撼力。

从天王殿里出来,一座硕大的寺庙庭院,呈现在我的眼前。其四周都是高大不等的殿宇,那阵势犹如一座巨大的天井。其正前方就是著名的大雄宝殿。我缓步走到庭院中间的明月池畔,凭栏观看。就看到下面水池里放养了许多金鱼、乌龟等小动物。它们在水里自由地游动着,十分有趣。看了一会儿,我就走过小石桥,径直地走到了大雄宝殿的大门前面。

大雄宝殿坐落在二层高台之上,为单檐式大屋。它面阔五间,正中一间略大些。其四周均以粗大的木柱支撑,气势雄伟壮观,为琅琊寺中的主体建筑。殿内正中迎门耸立着一尊如来佛塑像,高居于莲花座上,通体涂金,闪闪发光。其两旁则立着伽叶、阿南的塑像,他们形象独特,栩栩如生。走到殿内,我驻足观看,一一浏览,深深地被这些神像的艺术造型所折服,绝对是望像兴叹啊。

看罢大雄宝殿的佛像后,我便离开了大雄宝殿,就来到了其旁边的藏经楼前面的庭院里。只见藏经楼修筑在半山腰上,位置高于其前面的大雄宝殿,有凌驾于大雄宝殿之上的气势。

藏经楼,又名御书阁,建于宋朝初年。传说是当年宋太祖赵匡胤在此存放《四朝御书》的地方。此楼为二层,底楼为千佛堂,陈列着缅甸国赠送的1 000多尊玉石佛像;二楼就是藏经阁,收藏着三藏十二部佛经。据说早年间,这里还收藏有一部珍贵的贝叶经呢。

知晓此传闻,我本想进楼一探究竟。可来到门前,却见铁将军把门。原来,人家不让进去探访呢。见狀,俺也只好作罢。想想也是，这里毕竟是宗教文化圣地，俗人是不能进去的。

离开了藏经楼，我又马不停蹄地慕名来到了著名景观——无梁殿参观。

无梁殿，又名玉皇殿，是明人模仿西洋式样而建造的。我看到，其殿宇的外墙为绛红色。可此楼宇的规模不大，却是琅琊寺里重要的道家建筑。我之所以要来这里探看一番，就是基于这个道理。而在我的眼里，这座殿宇很有些儿破旧，有的砖头都破损得很严重。不过，倒是很有些儿看头。它的建筑式样很古，其屋脊两端向上翻卷，为二龙戏珠之造型。我看到，整幢殿宇的外墙及梁柱上都是龙、狮的雕像与图案，使人望之，颇感意趣。其正门上方则悬挂"无梁殿"之匾额，其五扇门板上都是龙狮图像。其墙外设有围廊，廊柱皆为石材所制，且柱形为西方教堂的样式，可谓中西合璧，韵味十足。来到殿前，仿佛我置身于时下的某个教堂里呢，真的有些时光倒转之感觉。而这种景象在国内的其他寺庙里，是绝对看不到的。因此，感到特别的有趣。原准备到殿里看看，却因游人太多、香火太盛，只好作罢。不过，仅在殿外看看，也算不虚此行了。

离开了琅琊寺，我随着人群沿着山道石阶，继续朝山上攀登而去。经过一段陡峭的石阶，我登上了南天门。据身边的导游说，这里的海拔是310米，是琅琊山的最高处。来到南天门，就意味着我登上了琅琊山的极顶。也由于它在琅琊山的正南方，故称其为"南天门"。当然，这里不是那闻名天下的泰山的南天门。

走过了写着"南天门"的石牌坊，朝前走了一百多米，我就来到了碧霞宫的大门前了。

其大门并不华丽壮观，但却朴素而有韵味。一句话，简单就是好嘛。我沿着山路，便来到了门前。我举目看着眼前的景物。就看见大门前两侧各放置着一只石狮子，样子既威严又可爱。门檐下面则挂着一对大红灯笼，样子十分喜气。而大门的右边墙上画着一幅阴阳八卦图，分明表示这是道家的圣地。我登上最后一级石阶，就跨进了大门。迎面而来的是一座大照壁，上面写着"碧霞宫"三个大字。绕过照壁，就算来到了庭院里。来到院内，迎面入眼的便是碧霞宫的大殿了。那貌相估计是近年来新修建的"文物"吧，生色活鲜地展现在眼帘里。我粗略地浏览了院内风光后，便走出了碧霞宫的庭院。站在大门台阶上朝远处眺望，感觉离天近了许多。看远处翻滚的云朵，大有涌向眼前的感觉，仿佛伸手就可触及，真的有些儿玄乎。因此，我颇有些儿飘飘欲仙的感觉。

走下台阶，我又沿着石径，朝前走了没多远。忽见前方有一座塔形楼阁，耸立于苍松翠柏丛中，样子煞是壮观。于是，我便加快脚步，朝它赶去。很快，我就来到了楼阁前面，一眼就看到了悬挂在底层楼檐下面的写着"会峰阁"三个大字的匾额。心里一阵激动，心说这就是会峰阁啊，太美妙了。

会峰阁，依山而建。它斗拱飞檐，雕梁画栋。样式儿美观大方，颇有气势。它每层都是六面八角，共有三层，是一座楼阁式建筑。其顶端则用黄色的琉璃瓦覆盖，显得古朴大方。就在我仰首观看楼阁时，忽然耳边传来了一阵阵的铜铃声。我定睛看去，原来在楼阁的翘角处，挂着许多铜铃。所以，当山风吹来，铃声便四面响起。那情景，真的赏心悦目，犹如仙境一般。

我在下面，看到楼阁上不时地有人四处眺望。心想，到上面观景，一定很爽吧。于是乎，俺也登上了楼阁的最顶层，以观四周美景。

登临楼上，我凭栏远望，就见眼前山下，林木峥嵘，似波涛那般起伏不止，真是太美妙了。此情此景，我由衷地感叹祖国的大好山河的雄伟壮观，感觉真的好神奇啊。我在这里极目远望，颇感天高地阔，心旷神怡。真所谓穹宇晴朗，阳光和煦；群山逶迤，山河苍茫，给人以"一览众山小"之感。俯瞰远山近水，感觉我正在高台上检阅它们呢，检阅这千山竞秀、万峰苍郁的江山美景。只有在这时，我方才感到"万古不朽"的真正含意。也许就因此景此情，人们才将此楼命名为"会峰阁"的吧。

从会峰阁上下来，我沿着指路牌的引导，来到了山上的另一著名景观——欧阳修纪念馆。

欧阳修纪念馆，又名同乐园，位于醉翁亭的西面。相传是取《醉翁亭记》中"醉能同其乐，醒能述以文"之句意而得名。因此，这里是琅琊山景区的重要景观。

走近大门，我看到其门檐上悬挂着大文豪郭沫若亲笔书写的"欧阳修纪念馆"的匾额。苍劲有力的笔法，为纪念馆增光不少。其门口左侧的一块大石头上刻着"与民同乐"四个大字,系书法家沈鹏所题。跨进大门,就看到庭院里亭阁翼然,花木繁盛,一派好风光。

我来到庭院里,环顾四周景色,就看见高大入云的山石上,留有许多摩崖石刻。其中,就有书画大师范曾题写的"意不在酒"。其他诸如"桃渔""醉翁之意不在酒,在乎山水之间也""书酒风流"等,举不胜举,俨然摩崖石刻会展。

看过摩崖石刻,我就来到漂亮的"观瀑楼"前。凝视了好一番它那独特的造型及不俗的外貌,感觉其造型极具民族特色,的确为同乐园增色不少。

接着,我便来到了欧阳修公馆大殿里面。就看见一座欧阳修全身坐像置于大殿正中间,迎接着来访的游人们。其背后悬挂着"一代宗师"的匾额。显然,这里才是纪念馆的主体建筑。可大殿里,除去塑像外,空空如也,什么也没有,使来者颇为扫兴。我原先想到这里,参观领略欧阳修的历史风采呢;同时,还想买点有关他生平的书籍。可是,这下子愿望全落空了。此刻,我的心里颇为惋惜,感到这个纪念馆有些儿名不副实。在一代文宗的纪念馆里,我感到这里缺少了文化的氛围,是十分不应该的。

就这样,我带着遗憾的心绪,悻悻地离开了同乐园。来到同乐园,竟没有感到乐的意趣来,这的确出乎我的意料。

不过,当我从野芳园里出来后,在其门口的书屋里还是买到了一些图书,也算是圆了我的爱书梦。这些书是:《滁州历史文化遗存》《琅琊山诗词选》《滁州名胜》《天下第一亭》等，这些书籍，都是我所喜欢阅读并收藏的，尤其那本《滁州历史文化遗存》，更是我的最爱。

就在这红彤彤的夕阳里，我怀揣着刚买来的书籍，心满意足地离开了美丽的琅琊山。

游记合肥

前些日子,我在整理图书时,偶尔找到了一本深藏书柜久矣的小册子,书名曰《庐阳揽胜》。这是我在2012年8月下旬到合肥旅游时,在著名景点——包公祠里,购买的介绍合肥风景名胜的旅游图书。就在书柜旁边,我再次翻阅了这本小册子。要知道上次阅读此书,还是从合肥到上海的火车上进行的,给我的旅途平添了不少的快乐。而这次再读,使我再次重温了那次合肥之旅,也再现了合肥那美丽的风景名胜于我的眼前。真可谓此情此景,历历在目,恍如昨天。

合肥,乃安徽省的省会,古称庐阳,是一座历史文化悠久的千年古城,自古就有"江南唇齿,淮右襟喉;江淮首郡,吴楚要冲"之称。同时还有"三国故地,包拯家乡"之美誉。显然,合肥是一个颇有些来头的历史文化之名城。

其实,说起那次合肥之旅,起因源于我读了一篇关于合肥城里的那座曹操教弩台的文章所致。于是乎,便萌发了到合肥旅行的念头。恰巧,我还有几天假期呢,便向领导提出请假。上面居然很爽气地准了我的假期。再来个于是乎,我就来到了合肥城。

八月的合肥,虽是初秋时节,却还是相当炎热。然而我的旅游之情,似乎更加火热。从宾馆出来,即打的首先来到了著名景点——逍遥津公园门前。本打算先到教弩台去的,可经的哥点拨,决定先到逍遥津公园游览,之后再到教弩台路台、明教寺去,就顺路了。于是,就先奔逍遥津公园去了。

来到公园大门前,我举目凝视大门横梁屋檐,正中悬挂着一块写着"古逍遥津"四个大字的黑底横匾,心中顿生幽古之情。我在门外朝院子深处望去,只见那里树木森森、清凉幽深。须知,在炎热阳光下面,这片树荫简直就成了避暑者的乐园了。至少,我当时的心情就是这般的。接着,我就走进了公园大门。

话说这古逍遥津的特色,则是那个"古"字。殊不知眼前这树木丛生、绿荫青青的地方,也曾在古代发生过无数次的激烈大战。如今早已没有了战争的硝烟,而园中耸立着的张辽持枪跃马的那尊巨大雕像和张辽衣冠冢,就是传说中的铁证。曾几何时,这里曾是鼓角旌旗、金戈铁马、两军厮杀的古战场呢。

带着对历史的敬畏之情,我先后来到魏国大将张辽塑像和他的衣冠冢前,肃然起敬了一番。然后,我也来到传说中的那座孙权在溃不成军、仓皇逃跑时,单骑越过津河石桥的所谓"飞龙桥"遗址前,玩味了一番。

在绿意盎然的树荫下,我来到了著名的"逍遥阁"下面,

逍遥津公园大门留影

仰首遥望着它那高大壮观的风采。此阁高达数十米,四檐两层,一层双檐,造型古朴大方,十分好看。整座建筑没有雕梁画栋,却也颇有气势,巍峨且壮观。应该说,此楼阁乃园中之最高、最精美的建筑了,便忙不迭地请身边的行人,为我在这逍遥阁下留下了几幅小影,以志留念也。当然,我也将它的倩影收入了镜头之中。

辞别逍遥阁后,我就来到了不远处的逍遥湖畔。眺望着清丽的湖面景色:远看天水一色,湖光潋滟;近观湖水荡漾,柳丝拂岸。美妙无垠的胜景令人心旷神怡,遐想无限。我漫无边际地走在环湖小路上,目不暇接地观赏起了美丽的逍遥湖风光。不知不觉,我就来到了环岸水榭里。就见水榭里的人很多,来来往往,很是热闹。尤其是坐在水畔一侧的尽是些中学生。他们正在那儿说笑着,模样儿十分有趣。我在水榭走道上漫行着,不时地观赏着水榭两边的风景:一边是浩瀚无垠的湖水,一边是苍翠的绿树花丛。那感觉宛如在画中游似的,感觉如同仙境一般。

从水榭里出来,穿过几抹青翠屏风,我便来到了盆景观赏区游览。

走进盆景区,我简直是来到了一个微缩版的森林世界。那一盆盆形状各异的盆中花木,坐落在造型漂亮的石台之上,再衬以地上的草坪和四周的绿荫,那情景真是错落有致,春意盎然。观之,使人顿觉心旷神怡,大呼过瘾。这些盆景的树种,大多以松树、柏树、榆树、榕树、梅树、茶树等为主。而且,每个树种也有不少种类:如松树类,就有罗汉松、马尾松、五针松、黑松等。我看到,在这里就有上述这些松树的身形。沿着曲折蜿蜒的园中小道,我一一过目,盆盆注目,荡漾在这盆景的绿荫沧海之中。在这里可谓一步一景,移步换景,感觉真是巧如天工,美不胜收。我曾经见过不少盆景展览,鄙人其实亦好这口。可是像逍遥津公园的盆景展示规模之大,还是第一次看到;且品种质量之多之高,与上海植物园的盆景展示区,可谓不分伯仲,有得一拼。可以说,这个盆景园区是整个逍遥津公园的精华所在,值得一看。我以为此盆景园真的是小中见大,别有洞天。整个园区布置得疏密有致,精彩纷呈。用行家的话说,此乃匠心独具,源于自然而高于自然也。虽然,距离今天已过去了近十年的光景，可那次的逍遥津公园之旅，尤其是那座盆景园，还是给我留下了非常好的印象。

告别了逍遥津公园，我便打的来到了下一个景点——曹操教弩台。

来到教弩台的广场上，我驻足环视了周边景物一番。感觉这个广场着实不小，称得上壮观了。由于是下午，阳光十分强烈，故广场上的行人很少，显得有些稀稀拉拉的。随后，我将目光落在了正前方的那种略带灰色的城墙似的巨大建筑上。就见它高大巍峨，气势不凡。但见台前正中门前竖立着一座造型十分苗条的铁塔，塔后则是紧贴在城墙上的双向阶梯，造型也很漂亮。而铁塔两侧各立着一只石狮子，样子相当威武。此时我有些好奇地想：这儿八成就是教弩台了。不过，心里还有点吃不准。心说，这儿还会是当年的格局吗？带着疑问，我穿过了广场，来到了城墙前面，感觉这城墙确实高大极了。我拾级登上了台阶，来到大门里。我看见大门左右的红墙上各镶嵌着一块铭牌，左面一块石板上刻着"古教弩台"；右边那块石板则刻着"明教寺"。哦，我总算弄明白了：原来这两个"单位"其实就是一家子。也就是说：一个地方，两块牌子。

进门一看，原来这是明教寺的山门，迎面而来的是那尊笑口常开的弥勒菩萨的塑像。其实，这都是山门之套路也，其背后则是韦驮菩萨的塑像。我看到这两尊塑像塑得惟妙惟肖，十分传神。

出了山门，我便走到了大雄宝殿前。看见这大殿前面的空地上也是香炉的世界，只是形式不一：有竖立着的，如鼎或大香炉，占据最靠门前的位置上，而盂式大香炉则卧在鼎式大香炉的前面。我到过许多寺庙，在大雄宝殿前的香炉摆设，几乎都是这般的程序。据旁人告知，大殿前面的这些大香炉的用处还不一样呢。先说那鼎式大香炉主要焚烧檀香之柱香；而那盂式大香炉主要焚烧纸符祭物。得了，又学到了一门常识。只是这天的香客不多，所以炉内烟火也不旺盛。

看过大香炉，我来到了大殿门前。举首上看，我看到门框上方的正中间悬挂着一块硕大的黑底金字横匾，上书"大雄宝殿"四字，乃由书法大家赵朴初题写。金生玉润、铁画银钩，的确为大殿增色不少。不过我并没有进入大殿，只是朝里面张望了几眼，便离开了大殿。虽未进殿，可是这座大殿的建筑风貌，还是进入了我的眼帘。尽管它的建筑规模不大，算不上崇楼杰阁，但它的建筑式样，却是十分精致。它重檐飞翘、雕梁画栋；红墙绿瓦、精彩纷呈。在一片低矮的屋宇中，它显得格外地高大巍峨。一眼望去，整座大殿颇有鹤立鸡群之壮观。后来我从相关文字中获知，"明教寺"兴于南朝，盛于唐朝，毁于清朝，又重建于太平天国覆亡之后。然而，在迄今的一个多世纪里，明教寺又多次毁于战争。当年偌大的明教寺，早已没有了那时的模样。我想眼前的这座大雄宝殿，也可能算是当年所剩下的遗物吧！环视了一番周边景物，感觉旧教弩台规模并不大，可为啥要在这台上修筑明教寺呢？我心里有些茫然。而当年在修筑寺庙时，必然要毁坏原教弩台的建筑。这一拆一建还能保持当年的风貌吗？回答肯定是"否"。

离开大雄宝殿，我便来到了其左侧的教弩台旧址前。我首先看到的第一个景物，就是一座建于高台之上的亭子。举首就看到其上方悬挂着一块匾额，上书"古屋上井"字样。原来，这就是传说中的屋上井旧址啊。相传这口古井，乃曹操教弩台之旧物，是当年培训弓弩手射箭的饮水之地。至今古井围栏上还镌有"秦始四年殿中司马夏侯胜造"字迹，距今已有1 750多年的历史了。至今古井口还留有23道基深盈寸的绳槽痕迹，可见当年使用率还是十分之频繁的。否则，是无痕迹可循的。之所以谓其"屋上井"，据说是因其井口远远高于台下一般民居的屋脊与台下的一般街道的地面，故名"屋上井"了。而这个痕迹累累的原井槽，则毫无疑问地成为国内罕见的历史文物了。

令人称奇的是，这口古井竟从未干涸过，这又成了当地的一个无法破解的谜。

看完了古屋上井台后，我就来到了坐落在教弩台南端的"教弩松荫"古亭前。我看到它建造在十多级台阶之上，其样子可谓居高临下。左右两侧各种植着一棵大石榴树，树枝上结满了石榴，可谓果实累累。可想而知，五月的石榴花开有多么的繁盛啊。由于台阶较高且陡，我没有登临亭台，却也能够感受到当年台上风光的遗韵。据传，当年曹操体恤弓弩手的辛苦，而在台上广植松树，以使他们能在绿荫下学习射箭之术，这足可见曹操的爱兵如子之深情。当年曹操爱兵如子的传说并非空穴来风,而是确有其事,至少我宁信其有的。现在台上的松树已经不多了,也已经没有了当年的气势;但是,有关曹操广植松树的传说却历经千年流传了下来,且一直流传下去……

惜别曹操教弩台,我又马不停蹄地赶到著名的包河风景区游览。来到这里,也就是来到了"包青天"包拯的故里了,因为包拯是合肥人氏。

包河,原是合肥古城南墙外的护城河。经历千百年的风雨沧桑,终演变成了今日之包河。在我眼里,这包河呈长方形,河上水面开阔,碧波荡漾;河岸四周,杨柳依依;拂枝漂紫,竹梅水杉,相互映衬。一眼望去:花红绿茵,宛若西子;苍翠欲滴,览不胜收。行走在河畔林荫道上,朝碧水河面望去,但见河水明亮似镜;对面岸畔的树丛林荫之形,倒映在波光粼粼的河水上面,竟是那么的清漪涟涟,又是那么的悄然静谧。沿着略显开阔的河畔大道,我几乎围着包河绕了一圈,观赏着,寻找着它的美。尽管包河在我眼里并不是很大,但它有着自己所特有的景致与韵味。尤其是我站在南岸朝北岸看去,感觉它的景致无与伦比。它在精致中泛着秀气,而在妍丽中透着妩媚,真的是好一派江南天下景啊。河畔岛上居以亭台楼阁,小桥流水,显得妖娆素雅,十分幽静。

走出了包河岸畔大道,我就慕名来到了包公祠参观。

包公祠,亦称包孝肃公祠,是一座颇具徽式文化特色的祠堂建筑群,它坐落在包河公园中心的香花岛上。因此,它也是包河公园的组成部分。

来到著名的包公祠大门甬道前，我就看到甬道两旁林木森森，绿荫如盖，感觉很清凉。我朝前看去，却见包公祠那高大的白墙坐落在十几级的高台上面。它的门洞不大，门洞上方镶嵌了一方青砖雕匾，上面刻着"包孝肃公祠"五个大字。整个外墙都刷着白粉，彰显雅洁素白之本色，以衬托包公英明之高洁。望着这堵洁白的高墙，使人们顿觉有种肃穆之感，油然而生。

我缓步来到高台前，举目凝望着门框上方的那五个大字，竟然感觉到了一缕穿越千年的孝肃公威严的气息来。我脚步有些沉重地拾级而上，走到大门前，一脚跨进了祠堂的大门，来到了庭院里。我看到迎面而来的竟是一座鼎式大香炉。只见香炉里堆满了香尘，香尘里还插了不少的香烛，四周弥漫着缭绕的烟雾，气氛相当凝重。看着这些景观，我明白了，人们是在这里烧香祭祀包公，保佑天下太平、百姓安康呢。我在想，这里面是不是也包含着老百姓对时下腐败现象鞭挞的意思呢？我想，应该是的！

走进祠堂正殿，我看到殿堂正中摆放着一尊硕大的包公坐瓷塑像，他蹙眉平视地注视着门外的动静。整座塑像高大威严，气势凛然，使前来瞻仰的人们见到他都会顿生敬慕之情。我抬起头看到塑像的上方，悬着一块匾额，上面书写"包正芒寒"四个大字，此乃晚清名臣李鸿章所题；而在殿堂的诸多柱子上，都题写着各式楹联，颇有文化氛围。重要的是我还看到殿堂的东西两面的墙壁上各立着一块石碑，其中右壁那块石碑刻着的是"包拯家训",而左侧壁上的石碑则刻着包拯写的一首五言律诗。后来,我从书上知道这是他留下的唯一诗作。可由于殿堂光线暗淡,我也没有看清石碑上的字,便离开了。接着我辗转再次来到包公坐像前,再次瞻仰他那"色正芒寒"的清官形象;再次感觉他那执法如山、一身清正的思想光芒,以使自己的灵魂得到升华。

从正殿出来,我便来到左右配殿参观有关包公执法办案、铁面无私、廉政爱民、匡扶正义的历史事迹的展览。观后我感觉非常有教育意义,感觉当下的"父母官"们真的应该到这里来看看,接受思想教育。我想今天的干部会否像当年的包公一样"不带一端砚"呢?我不敢妄下判断。带着无数个疑问,我辞别了包公祠。走到祠堂大门外的甬道上,我再次回望了一眼包公祠的白墙和庭院里缭绕的烟雾,心中涌现出了太多太多的疑问,而我都是一脸的茫然,不知如何解答。我只能在心里问自己:包公祠?千百年来是屡建屡毁,可人们还是将它或重建、或修建,一直保存到今天。香火还是那么的旺盛。这到底是什么原因呢?值得今天的人们深思。尤其是当下的官员们,更应该加以深刻的思考!

之后,我就来到了离包公祠不远的包公墓园凭吊,再次接受包公精神的洗礼。墓园大门不大,可来到里面,颇觉乾坤巨大。走进墓园,首先看到的景观则是一座大型的照壁,上书"包孝肃公墓园"六个大字。绕过照壁,便是颇有古风特色的子母双石阙。就见石阙上爬满了青藤,为两座石阙穿上了"绿衣"，使人看去，颇觉有趣。之后我沿着宽阔的神道，来到了享堂前。我看到这座建筑颇具气势，它檐飞角起，黛瓦彤柱，甚为壮观大气。走进大殿，正中是神龛，供奉着包公。殿堂彤柱上、天幕上均有匾额和对联，颇显墓园的文化与肃穆的氛围。其中，悬柱在神龛上方的那块"为政者师"匾额，分量最重，也最切合社会现实。

离开享堂之后，我便来到了包拯墓前凭吊。接着，我就来到了包公墓的"地下宫殿"里参观。

后来，我从书上知道这座包公墓园是近20年来新造的，且原来的包公墓园并不在包河景区，而是后来搬过来的。

离开包公墓园后，我接着来到不远处的清风园游览。园里有清风阁、明月亭等建筑，显然这是包河风景区的重要景观。来到清风园，我只是重点观赏、浏览了这两座重要建筑物，并拍了几张照片作留念。园子不大。我在林荫小道间辗转徘徊，直到日头西下。唯恐公园关门，我便离开了清风园。从而，结束了我的这次合肥之旅。

桐城景物观赏记

在我家阳台的花架上,种植着数十盆各种花木。那景象如同花铺似的,可谓琳琅满目,美不胜收。其中有一盆兰花,是我的最爱。这就是我几年前,从安徽桐城带回来的当地特产——龙眠山野山兰花。说实话,野山兰刚到手时的确不耐看,叶子上黑斑点不少,还有些发黄。记得在回来的火车上,就有人说这玩意儿估计养不活。我窃思,管它呢,带回去死马权当活马医吧。没想到,这束野山兰竟没有夭折,反而越长越茂盛了呢。而且,年年开花,活到了今天。如此盛况,这也算是对我的一个高级回报吧。每当我在春天里看到这盆盛开的野山兰花,心里就会有种说不出的高兴与开心。而每当我欣赏野山兰花时,我就会想起在桐城游览的美好时光;眼前就会浮现出桐城那令人难忘的景物来。

高风仰止六尺巷

这是一个初春的早晨。火车经过一夜的长途奔驰,披着仆仆的风尘,将我带到了目的地——桐城。

来到车站广场上,我看见灿烂的阳光,不,此刻它还是红艳艳的霞光,正涂抹在这片充满生机的大地上,突显出了夺目的绚丽与奇妙。远处,一轮鲜红的太阳已爬上了楼顶树梢。它告诉万物:新的一天开始了。我有幸见证了一天时光最美的瞬间。看着大街上车水马龙、人声鼎沸的忙碌景象,使我明白了那句名言"一日之计在于晨"的深刻含意,让我从中得到了人生启迪,使我游兴大增,竟把刚才还有些儿疲惫的困乏,丢到了九霄云外,顿觉身体轻松了许多,心绪也好了起来。

我徒步走了没多远,就看到路边有一家宾馆。于是,我就闯了进去。一打听,尚有余房可住,便迅速办好手续,登上电梯,便来到了自己的房间。就见屋里干净、明亮,且设备也很齐全。说真的,我就喜欢这种环境。我想,但凡出门在外的游

六尺巷风光

子,大概都会有这样的感觉。真的是宾至如归啊。哈哈……

好啦,扯远了。还是说正事吧。

其实,来到桐城,就是去逛逛千古名巷——六尺巷。

六尺巷,位于桐城市区西环城路的宰相府。它长一百八十米,宽仅二米,是一条名副其实的小路。如若没有那段"礼让三尺"的历史传说,这顶"千古名街"的大礼帽子,想必是无论如何也戴不到它的头上的。它,就是一条普通的小路而已。然而,就是这条不起眼的小路,却承载了中华民族道德文化发展的重负。因此,在了解了六尺巷的前世今生后,这条小路,也就演变成为人们精神道德、民俗风尚的和谐之路了。我想,这样悠远厚重的历史盛名,同样也是出乎当年张、吴两家的意料的吧。

尽管,天上的云朵不少,却也遮不住天空的蔚蓝色。和煦的阳光不时地从白云的间隙,照耀在春天的大地上,到处都显得生机勃勃,春意盎然。万物都沐浴在这明媚的春光里,得到了复苏,得到了升华。

年轻的司机驾驶着小汽车,把我送到了一个巷子口,停下车子。对我说了一句:先生,六尺巷到了。

听闻此言,我心里一阵欣喜,心中竟有了种终于到家的感觉。从车上下来后,我站在巷口,朝巷里观望,竟被一座硕大的青石照壁所吸引。便急忙走过那条不算很宽的巷街,来到了照壁的前面。照壁坐西朝东,东面照壁刻画着六尺巷的来历与人物故事,人物刻画线条清晰,生动传神,生动反映了数百年前发生在这里的一段和谐佳话；而它的西面照壁上，则刻写着有关六尺巷数百年来的风雨历程，记录了六尺巷的前生今世。整座照壁建造得简约、古朴，颇有地方人文特色，是一座不可多得的艺术杰作。

告别照壁，我走到诗山旁。默诵着上面书写的那首著名古诗：一纸书来只为墙，让它三尺又何妨。长城万里今犹在，不见当年秦始皇。所谓诗山，其实，就是一块刻写着这首诗的大山石。这首古诗先刻在石头上，再用红漆涂抹其上，故显得十分醒目，是每个到六尺巷参观的人必到的景点。

离开"诗山"，朝前走了几步，我就来到了六尺巷口。

我看到，巷子口不大，也就二米见方。一米三尺，二米六尺。原来，所谓"六尺巷"之名，就是这么来的。

我站在巷子口，朝巷子深处看去，发现这里的环境不错。巷子两侧为砖砌的高墙，巷道则由鹅卵石铺就。而高墙内种植着许多高大的树木，一派绿意盎然、古朴雅致的景色。好在行人不多，偶有二三个谈笑着走过巷子。巷子两侧高墙的顶端，都饰以黑色筒瓦，很有些地方文化特色。不过，这条巷子都是最近二十多年仿造的文化遗存。据说，原来的六尺巷早已灰飞烟灭。好在遗址尚存，人们就在原址上修复了这条千古名巷，以弘扬先贤敦睦友善之精神，表彰先辈谦逊礼让之美德。看着眼前的这条环境普通的巷子，感觉这里的乾坤却无限广大。我的思绪则由近及远，想象着当年发生在这里的那段怡人情景。不知不觉，我带着无尽的思念，缓步走进了六尺巷。

大概时间还早，整个巷子显得格外的宁静。初升太阳的光芒透过茂密的树叶，洒在巷子的高墙上面，形成了一块块破碎的光斑。这些光斑随着风儿的吹拂，而不断地变换着位置与形状，看上去十分有趣。也许因为过于寂静，我走在巷子的鹅卵石小道上，脚下竟会发出"咚咚"的鞋底与石子的撞击声。传到耳朵里，竟有些儿怪怪的感觉。于是，我放慢了脚步，轻轻走过了这条千年古巷的石子路。

在六尺巷的尽头，我举首仰望着竖立在巷口的那座高大的石牌坊，就见牌坊门洞上方镶嵌着"礼让"二字的横匾，且正反两面都写着同样的字。与前面巷口竖立的"懿德流芳"石牌坊一起，形成了前后呼应的态势。可以说，在今天六尺巷的景观中，这两座石牌坊都是极具地方文化特色的，而这似乎弥补了六尺巷景观之不足。当年的张、吴两家的建筑物，早已随着历史的变迁而灰飞烟灭，难寻踪迹了。在石牌坊下，我沉思良久心说，今天若是重建当年的六尺巷，该有多好啊。其实，当地人也是这么认为的。毕竟，三百年的时间并不算长，若是恢复原样也并非难事。因为，除去这两座石牌坊，六尺巷的景观真是太贫乏了。仅凭两堵砖砌高墙和两座石牌坊，来反映历史现象，真的是远远不够的。说真的，我千里迢迢地慕名来到六尺巷，难道就是来看两座高墙和石牌坊的吗？作为一个著名的历史文化景观，理应做到名副其实。说真的，我真的心有不甘。

在"礼让"牌坊下面，我徘徊多时，深情凝望。末了，在无奈与惋惜的思绪中，带着一种莫名的遗憾，离开了六尺巷。

桐城文庙之风景

　　离开六尺巷，往东朝北方向行不多远，我就来到了热闹的桐城市中心广场。广场不大，却因坐落在市中心而相当繁华，的确是桐城市的商业中心区。同时，这里还是桐城市最著名的历史文化景观区。著名的桐城文庙和桐城市博物馆，就坐落在广场的北面。

　　来到广场时，天色放晴，已是阳光普照，一片辉煌的景色。看到此景，我的心情大好，游兴大增。广场周边，人来车往，人声鼎沸，氛围十分繁忙。只是交通有些乱。举首看去，路口处竟没有红绿灯，真够悬的。不过，人车还能相让，还算能相安无事。

　　穿过广场，往北走去。很快，我就来到了著名的文化景观——桐城文庙的大门楼前面的广场上。这个广场很有意思，一般的广场都比较空旷，以显得广大；而这个广场，却在通往文庙大门楼的道路两侧各种植着一排树木，宛如甬道一般。在广场南边的一排木椅上，则坐着一些老人正在晒着太阳呢。那景象，洋溢着温馨祥和的氛围。

　　我有意来到两排树木的中间。站在那里，环视眼前文庙的景色。我看到，文庙大门楼的左右两侧的围墙呈绛红色，东西两侧各有一座红色大屋顶，呈对称状，感觉十分养眼。而透过大门洞，可以沿着中轴线，一眼可以洞穿整个文庙，直到大成殿。

关于桐城文庙,史书上说,该文庙始建于元延祐年间,扩建于明洪武初年,距今已有近七百年的历史。数百年来,屡有兴衰。现存主体建筑为清代遗存。该文庙是元、明、清和民国时期,桐城地方祭祀孔子的礼制性建筑。同时,它又是一座学宫,是桐城县学和儒学学官的衙署所在,是座"庙学合一"的祭祀与文教活动场所。明清两代,桐城文庙作为教化学子的学宫,是著名的"桐城学派"的摇篮。

在浏览了文庙大门楼及两侧红色围墙的风光后,我就来到了大门楼的下面,举首端详起它的雄姿来。据说,这座大门楼为传统亭阁式建筑,造型为重檐歇山顶。且飞檐层叠,蔚为壮观。整座建筑为砖木构架,且呈正楼侧阁状。而门楼正面大门洞的上方则竖立着一块写着"文庙"二字的长方形匾额,是当今书法大师赵朴初的手笔。

走进门楼之大门,迎面而来的景观,便是著名的棂星门。该门为四柱三门石坊样式,通体为汉白玉材质。它的每根石柱的柱头皆雕以圆形云纹,并饰以扇形"云头"撑石。整座棂星门构架简朴,典雅古风,颇具艺术特色和历史沧桑感。

穿过古朴雅致的棂星门,我就来到了泮池与泮桥上。所谓泮池,就是旧时学宫前都建有的一个圆形水池。而在水池中间,建有一座石拱桥,将圆形水池一分为二,分成两个半月形,故称泮池,而拱桥则被称为泮桥。泮池与泮桥均建筑有漂亮的汉白玉栅栏;桥面及泮池周围则铺着整齐的青砖,看上去古色古香的,很有历史感。据说,泮桥还是明代遗存呢。整个泮池与泮桥，同棂星门一样，都很有艺术价值，值得游人观看。

离开泮池与泮桥，跨过大成门，便来到了大成殿的院子里。我看到，宽阔、平坦的石板甬道，直通大成殿前的月台石阶下面。一眼望去，就见大成殿气势宏伟、古朴壮观。而甬道的两侧则植有松柏树丛，以显庄严、肃穆。我感觉，整座院落彰显出浓厚的年代色彩。

所谓月台，亦名祭坛，亦是天下文庙所共有的建筑。月台呈两层石阶，周围设有汉白玉雕花栏杆，地面则铺着方砖。我看到，月台是一座独立的，却同大成殿相连接的砖石平台，而大成殿则接其后，吻接得十分紧密与巧妙。有意思的是，在月台石阶正中间的斜坡上半卧着一块冠名"陛"的龙凤戏珠浮雕石像，画面云蒸霞蔚，栩栩如生，颇有寓意。

看过"陛"石雕像，登上数级石阶，我就来到了宽敞平坦的月台上。闯入眼帘的景观则是一尊硕大的仿古铜香炉，香炉里的香火正浓，烟雾缭绕。我看到还有人正往香炉里插香柱，嘴里还念念有词呢，样子似乎很虔诚。

绕过香炉，我来到了大成殿门前。伫立观看，感觉这大成殿的巍峨与壮观。我看着，它那飞翘的重檐、雕梁的画栋，真的是无比的恢宏啊。的确不愧为桐城文庙的主体建筑，颇具历史文化价值。大成殿坐北朝南，面阔五间，进深三间，高达十七米，为砖木架构的宫殿式建筑。难得的是，大成殿颇具辽金时期的建筑风格。可以说，大成殿是一座不可多得的历史建筑，更是明清建筑中罕见的珍品。

那么，又怎么能看出这座大成殿的历史价值呢？导游和盘托出了大成殿所具珍品价值的"秘密"。

他告诉我说：这座大成殿最主要的建筑特征，就在于它的"斗拱"，这是其他文庙大成殿建筑里所没有的。而这座大成殿的建筑美，也就集中在这一建筑特色上。之所以说它具有辽金时期的建筑遗风，赞誉点也表现在"斗拱"之上。所以，这一建筑特色就被专家们赞誉为"美的旋律"。因此，这座大成殿就成为人们研究中国古代建筑史最直观的珍贵教材了。听他一席话，我弄明白了这座大成殿的"秘密"所在。无形中，也增添了不少的建筑知识。如此说来，这次到桐城游览，真的不虚此行啊。尤其是桐城文庙，则更是收获满满了。

走进大殿，我就看到大殿中央靠后墙处，置放着一尊硕大的孔子塑像。在孔子塑像的两旁边上，则置放着他的学生"四配"及"十二哲人"的塑像。这些塑像大都形神兼备、栩栩如生，很有艺术感染力。我还看到，有些学生跪在孔子塑像前的蒲团上，向孔夫子叩拜。在我看来，尊崇师道可取，跪拜则可免。关键在于你是否认真学习，这才是根本。而跪拜也就是形式而已，大可不必如此效法。试想，世间又有多少成功者，是靠着跪拜孔子像而成就的呢？当然，我的这些想法，也只能算作心语窃思而已，是不能宣之于口的。否则，就有些大不敬之嫌了。

就这样，我带着一些莫名的疑问，走出了大成殿。沿着中轴线上铺就的方砖甬道，原路再次来到大成门的石阶上，转身回首面北而立的大成殿雄姿,在心底里默默祝福它安康挺立,永固天地之间。就在我环顾大成殿的风光时,忽然看到东侧平房大门上方挂着写有"严凤英同志艺术生平展览"字样的标题横幅。见此,我心高兴,便沿着台阶,朝左面的平房走了过去。走进屋里,就见屋内空间很大,很宽敞。墙上挂满了严凤英同志的舞台艺术形象及生平照片,以展示严凤英为黄梅戏的艺术发展所作出的重大贡献以及作为桐城市的骄傲。最后一张照片,引起了我的极大关注。那就是在20世纪70年代末,安徽省委遵从人民意愿,隆重举行为严凤英同志平反昭雪的追悼大会。我觉得这个展览会,真正做到了实事求是,真实地反映了历史现实。因此,我觉得这是一个不同寻常的纪念展览会。使得我这次桐城之行,更增添了不虚此行的新内涵。

穿过大成门,跨过泮池上的泮桥,通过棂星门石坊,我走出了大门楼的门洞。至此,算是结束了这次桐城文庙之游。

站在大门前,我并未马上离去。而是,再次举首洞穿文庙那平直的中轴线甬道,再次浏览了文庙的棂星门石坊、泮池与泮桥及漂亮的汉白玉栏杆、大成门和那高大伟岸的大成殿的雄姿风光。我不禁自问道:下次何时再来桐城游文庙呢?

薪火相传桐城中学

作为文化之都的桐城市,除了六尺巷和文庙之外,它还有一处文化景观,值得一去。这一景观,就是著名的桐城中学。这是桐城所不同于其他城市的地方。

据史书记载，桐城中学原名桐城学堂，始建于1903年正月。由当地著名乡绅、清末杰出教育家吴汝伦先生创办。一百多年来，桐城中学历尽千辛万苦，为国家培养输送了成千上万的建设人才，为中国的文化教育事业的发展作出了重要贡献，先后培养出了黄镇、朱光潜、舒芜等栋梁之材。

桐城中学坐落在桐城文庙的西北方向，距文庙不远。出了文庙，往西北行走不远，我就来到了著名的桐城中学的大门前。

站在大门前，我举首端看着高大漂亮的大门楼。就看见大门楼的上方横梁上写着"安徽省桐城中学"七个大字，此乃当今书法大师启功的手笔。

走进大门，来到校区大道的路中央回首再看，就见学校大门楼的背面横梁上，镶嵌着吴汝伦先生书写的"勉成国器"四个大字，以作校训，激励学子。这条校区大道，宽阔平坦。它北起教学大楼，南止学校大门楼，并与校外马路相连接。大道两旁遍植花木，绿树成荫，乃园林之胜景也。

其中，大道右侧为碑亭展示区，而大道左侧则为真水假山景观区。其实，这两个景观区域，原本就是桐城公园。新中国成立后，人民政府将桐城公园划给了桐城中学，成为学子们晨读晚憩的佳地。

首先，我来到了碑亭区。第一眼所看到的景物，就是后乐厅的倩影。该亭重檐飞翘、精巧别致，十分典雅漂亮。后乐亭坐北朝南，重檐之间的横梁上悬挂着"后乐亭"三个大字匾额,系红军画家、新中国杰出外交家黄镇亲笔手书。所谓"后乐"者,出典于北宋名臣范仲淹在《岳阳楼记》里的名句:先天下之忧而忧,后天下之乐而乐。故此曰:后乐也。它昭示了桐城中学的育人宗旨,更折射出莘莘学子的家国情怀。而在该亭左侧空地上则竖立着一块写着"黄镇同志纪念碑"的硕大的石碑。此外,这里还竖立着不少的石碑,如"胡以智奖学金纪念碑""高峰入云清流见底"石碑、"捐赞助学功德碑"等纪念石碑。还有其他一些刻满了字的石碑,这里就不录入了。其实,这就是桐城中学有别于他处的地方。可以说,这些石碑正是桐城中学宝贵的精神财富。我以为,桐城中学能把这些善人善事刻写成石碑并竖立在校园里,是一个了不起的文化举措。在这里,我为桐城中学点赞。

辞别碑亭景区,我穿过宽敞的校区马路,来到了真水假山的园林景观区游览。我看到,这里的水面并不大,可是很有"料"。有卧波的石拱小桥,在水中倒影宛若真的虹桥落在人间,十分富于想象力。而更吸引眼球的景物是那些坐落在河畔、桥边的垒石假山。它们如同一朵朵云彩,飘忽在水边陆地,看上去非常养眼。放眼望去,一片园林景色。这里除去假山真水、小桥凉亭之外,河畔桥边都栽满了众多的树木花卉,可谓绿树成荫、繁花似锦。盛开的梅花和白玉兰,把整个园林装点得春色满园,一片盎然。我还看到,今天来园林游玩的客人,还是比较多的。

从园林景区出来后,我径直走到了校区大道的尽头,也就是教学大楼前面的广场上。在这里，我看到广场花坛里耸立着一座鲲鹏展翅飞翔的金属雕塑。整座造型新颖，极具抽象的艺术理念。而教学大楼不高，也就四层。可是，规模庞大。清一色的蓝色玻璃，看上去挺时尚的。

离开教学大楼广场，我沿着校园马路，信马由缰地在校园里游览起风景来。首先，我来到了学校的图书馆大楼的大门前，仔细端详着这座文化大楼的外貌来。这是一座二层大楼，一层大门上方悬挂着一块书有"图书馆"三个大字的横匾。因我喜欢看书和藏书，所以对图书馆格外地感兴趣。我时常想，有书的单位，才算是完整之单位。反之，就不算完整。而像桐城中学这样的百年老校，又怎么会没有一个像样的图书馆呢？我真心为桐城中学感到高兴，并再次为它点赞。接着，我登上了石阶。途中，我又看到了学校新建的一栋藏书楼，它在图书馆旧大楼的后面。就这架势，我想，桐城中学图书馆的藏书一定不少。

登上了平台，我发现那是一片宽广的开阔地带，学校体育运动场就设在这里。此时，运动场上已有不少学生，正在那儿运动呢。有跑步的，有踢足球的，更有不少的男女学子在休憩。在我看来，这里风光与春色并存，真是一派和谐相处的氛围。

从运动场上下来，我来到了学校的球类场上。看到有许多学生，此时正在那里打篮球、打羽毛球呢，热闹得不亦乐乎。在这里，我看到周边的各种教学楼林立，如科技大楼、气象大楼、教研大楼等。可见,桐城中学的教学环境及教学条件是一流的。应该说,这里的设施是很齐全的。像这样的水平,即便在全国来说,也是不多见的。然而,学校的钟楼墙上的那句话,却深深地感染了我。那句话是:桐中敲铜钟童男童女同上学。真是太有才了。而这亦是当年,吴汝伦先生为学校的学子们所题写的校训。

在校园游览途中,我来到了著名建筑——半山阁前的广场上。广场很小,正中央竖立着一尊吴汝伦先生的青铜胸像,台基上刻着吴汝伦先生的生平文字。铜像后面则是一座弧形的紫藤花架。而花架后面的楼房,就是半山阁。

半山阁,是桐城中学的旧藏书楼,原是计划中吴汝伦先生的私人藏书楼。可还未开工,吴汝伦先生就去世了。后来在他去世二十二年后,当年吴汝伦先生参与设计的这座藏书楼终于建成了。半山阁系两层砖木结构,抬梁式建筑。且由楼、阁两部分组成。阁依楼西一侧的山墙而建,故名"半山"也。阁面阔三间,进深一间,仿歇山式顶。屋面青灰小瓦、飞檐翘角,其造型十分美观雅致,是一幢中西合璧、风格迥异的近代优秀建筑。不过,对如此之美的建筑,我并没有涉足入内参观,这是十分遗憾的。待到下次再到桐城游览时,一定补上这一课。据有的文章说,半山阁所收藏的近十万册图书,竟毁在了"文化大革命"中。也不知是真是假?

我围着半山阁绕了一周,意欲感受一番这座藏书楼的那股子百年书香味儿。只可惜,书毁楼空,别无他念了。当我再次回首半山阁时,心里只有那无尽的惆怅与莫名的哀伤。

辞别半山阁后,我来到了学校的另一个著名景观,这就是坐落在校园西部的"二野渡江司令部旧址"。这是一座与半山阁结构基本相同的近代建筑物。它坐西朝东,筑于砖石垒砌的台基之上,四周设有回廊。外墙涂抹为黄色,屋顶为西洋式样,上面覆以青砖小瓦。一眼望去,十分洋气。旧址周围则停满了各式轿车。看那样子,这里闭馆已有些时日了。我只能在屋外瞻仰了一番,便无言地离去了。

桐城中学的建筑很有特色。譬如校园内的围墙,建造得就很不一般。其实,那就是一堵花墙。蛇形状的墙体,呈波浪式绵延数十米。在白色粉墙上,还开了形状各异的花窗。有圆形的,有菱形的,也有梅花形的,就连墙上的大门也是形状各异,美不胜收。看着眼前的花墙及各式花窗,我在想,一个学校的围墙都能设计建造得这么美观漂亮,这说明学校的干部群众是动了一番脑筋的。

还有学校的一座仿古建筑,我感觉,也是搞得古色古香、韵味十足。尤其他那漂亮的花窗、花门,再配以屋子外面的梅枝或绿树,那种感觉真的太美妙了。看着眼前的景物,我颇有些儿思古之幽情。其实,古人的生活离今天的我们并不遥远。要说精神享受,我以为还是古人会享受。生活在如此韵味十足的屋子里,还有什么放不下的?在这里,手机、网络又算得了什么?一本书,一杯凉白开,虽谈不上神仙的日子,却亦是优哉悠哉啊。睹物思景,我竟有点儿不想离去了。

终于,在太阳西坠之际,我还是离开了美丽如画的桐城中学。

清秀话桐城

在游览完了桐城的主要景观后,隔了一天,我便来到桐城的市区观光游览了。

首先,我来到了离下榻处不远的盛唐广场游览。广场不算大,但建造得漂亮美观。它一边是桐城市图书馆和桐城市科技馆,另一侧则竖立着十几根粗壮的圆形浮雕石柱。巨柱上雕刻的图案,线条清晰、栩栩如生。所呈现的全是当地名人贤士的事迹与传说,很有艺术之美感。在广场上,我逛了半个多小时,看遍了这儿的景致。随后,我便打车前往下一个景观——龙眠大桥游览。大桥因卧波龙眠河,故称龙眠大桥。这是一座连接城乡结合部的大桥。对桐城市来说,这座大桥极具战略意义。大桥桥面宽阔,而且还很长,少说也有百十米长吧。更重要的是,桥上还能做花木交易呢。昨天,我从桥上经过时,就看到在桥头上有人在做花木交易。当时,我觉得很好奇,便走过去看热闹,也看中了一些花木。可因手里已有货物,故只好作罢。所以,今天我来到桥上,就是冲着花木交易去的。然而,当我来到大桥时,竟没有看到花木交易。经我问询,方知要等到下午两点以后,大桥上才能有花木交易活动。真不巧,第一次就扑了个空。没辙,只能等到下午两点以后再来吧。

好在天无绝人之路。我从桥上下去,来到了漂亮的龙眠河公园游览。所谓公园，其实就是水景平台而已。望着这条起伏不大的龙眠河，我渐渐失去游玩的兴致。两岸的景色，除了高楼还是高楼，真的没啥观赏的价值。好在，我往前走，竟来到了一座冠名为"紫来桥"的砖石大桥上，总算看到了有点年岁的旧景观了。相传紫来桥系清代大学士张廷玉捐资重建的一座石桥。不过，今天人们所见到的石桥，则是同治朝重建的旧物。我走在斑斑古辙道上，眼前竟不时地飘过那一缕缕的历史云烟，尽情地感受那来自桥板的风采沧桑。

从紫来桥上下来，朝前走，就看见一座重檐城楼耸立在前方。那样子，似乎在向我招手呢。我心头一热，便快步走过巷道。终于，来到了那座重檐城楼的下面。举首朝高楼看去，打量着城楼的外貌。看见城楼大门上方墙中镶嵌着一块写着"东作门"三个大字的横匾。显然，这是新修建的仿古建筑。瞧这一砖一瓦、一木一柱，是不折不扣的新玩意儿。看过也就算了，这种假文物没有什么可留恋的。看了一会儿，我就离开了。

好不容易，等到下午两点半，我再次来到了龙眠大桥。看到大桥上人不少，他们正在进行花木交易。我走到一个花贩的货摊前，探询他的兰花。一问，竟是从龙眠山上刚采来的野山兰。我看中了一捆长势不错的龙眠山野山兰花。经过讨价还价，最终以五十元的价格，将那束野山兰收入囊中。花贩子高兴地把野山兰小心地放进了一个大的纤维袋里。见状，我高兴地向他表示感谢。随后，我拎着装着野山兰的纤维袋，兴高采烈地回到了宾馆里。

　　本打算再在桐城多玩几天的。可野山兰不能脱土脱水啊，故只好打消继续游览的念头。因此，我在第二天就买票，乘坐火车离开了美丽的桐城市，打道回府了。

　　总起来说，桐城的风光景物，给我留下了美好而难忘的印象。

韶山情深

我到过祖国的许多地方,游览过无数的锦山秀水。但是,没有一处风光能像韶山那样令我流连忘返;也没有一处景物能如韶山那般让我情思悠悠,怀念至今。

是的,我深深地热爱韶山,深情地怀念着韶山;我爱它的青山秀水,更爱从那里升起的红太阳——毛泽东!

因为热爱毛主席,我向往韶山;为了寻找毛泽东,我来到了韶山。

凝神巍巍韶峰,耳闻潺潺流水。我好像依稀梦见昔时虞舜大帝驾临韶山的盛大威仪,又仿佛听到那自远古传来的悠悠韶乐的仙音……

但凡到过韶山的人,都会对那儿的景物发出由衷的赞誉:"韶山,真美啊"。的确,韶山是一个山明水秀的形胜之地。这里青山含黛,碧水长流;风光瑰丽,景色绝佳,真可谓"人间桃源"。

然而,仅仅从山水之美来谈论韶山,似乎还不够完美。这里还应补上一句:"韶山的人更美"。何谓"人更美"呢?因为任何景物，倘若没有人的融入和参与，就没有内涵和失去了灵性，也就谈不上美。同时，也就没有生命力。所谓"江山也要伟人扶"，道理就在这里。所以说韶山的美景是因人而美；韶山的盛名则更是因人而闻名天下。而这个人，就是诞生在韶山的绝代伟人——毛泽东主席。因此说，韶山理所当然地成了当代天下第一名山。它虽然没有泰山的雄伟，也不如黄山之秀美，但却集思想、美德、人格、政治和民族精神为一体，成为一切追求真理、追求进步和光明、立志实践理想、改造社会、振兴中华的仁人志士心中的"圣地"。韶山深刻的内涵和意蕴的灵气，远远超出了天下所有的名山。

韶山毛主席故居留影

踏足芳草曲径，那一层层漫山的青松翠柏，郁郁葱葱，无不在颂扬着不朽的江山，无不在感叹着沧桑的巨变。那一簇簇遍野盛开的杜鹃花，宛如那些革命先烈用生命和鲜血染成的赤色风采，殷红凝重，鲜美芳华；那一朵朵清水塘畔的荷叶莲花，浸润着革命先烈的崇高理想与高贵品质，馨香芬芳；而那一片片无际的稻田麦浪，则倾吐出韶山之子毛泽东主席那"喜看稻菽千重浪，遍地英雄下夕烟"的诗人豪情，浪漫怡然。

伫立在毛主席故居前，久久地凝望着眼前那历经岁月沧桑的斑驳陆离的黄色土墙，我禁不住地发出了深沉的感慨，多么普通的农家房舍啊，同其他农舍没有什么两样。但就是从这里飞出了冲天的金凤凰，似乎有些儿不可思议。想想却越发地从心底里惊叹起这座农舍的神奇与这片山水的灵气了。

对每个到韶山的人来说，毛主席故居里的每一件陈列品，都是无比珍贵的革命文物，都是当年青年毛泽东学习革命理论、研究和探索中国革命发展及其胜利的道路、发动和领导广大人民群众起来同国民党反动派进行革命斗争的真实物证。尽管，这些珍贵文物离我们时间久远了。但是，当我们亲眼看到它们时，心里就会一种久违了的亲切感和深沉的历史感，更有一种神圣的使命感。

走进毛主席的卧室，人们就会发现屋里的家具竟是如此的简单，使人们很难想象绝代伟人毛主席，就是在这里诞生并度过童年及青少年时代的。看到摆放在书桌上的笔砚和油灯，人们就仿佛看到少年毛泽东在漆黑的寒夜里，秉灯阅读《三国演义》《水浒全传》《西游记》《隋唐演义》和《说岳全传》。又仿佛看到他正伏案疾书，激扬文字。

端详这些珍贵的革命文物，聆听着讲解员那抑扬顿挫的充满深情的解说，又怎能不激起每个参观者的感情波澜和思想共鸣呢？又怎能不激起每个参观者的心潮澎湃和万千感慨呢？是啊，在韶山，每个参观者的心灵都会变得纯洁无瑕；在韶山，每个参观者的情操和精神都会得到最美的升华。在韶山，人们像爱护自己的眼睛一样，爱护这里的一山一水；人们像爱护自己的家乡一样，爱护这里的一景一物。人们像热爱自己的父母一样，深情地热爱和怀念着自己最敬爱的领袖——毛泽东主席。

啊，韶山，我心中的"圣山"。纵有千言万语，也诉说不尽我对你的无限钟爱；啊，韶山，我心中的"圣地"。纵有千歌万曲，也颂扬不尽我对你的悠悠深情。

从岳阳楼到君山岛

从岳阳城归来，已有些时日了。然而，我的心思似乎还在那里呢。短短数日，巍峨秀丽的岳阳楼，天下奇观的君山岛和那浩瀚无限的洞庭湖水，给我留下了挥之不去的印象。时至今日，恍若昨天；清晰深刻，宛如眼前。

登临岳阳楼

从岳阳楼东站出来，的哥驾驶的出租车沿着笔直、宽阔的洞庭北路一直把我送到了宾馆的大门前。之后，付款走人。走进大堂，来到柜台前，经过一段程序，我办好入住手续，便乘坐电梯来到了所下榻的房间。打开门的一瞬间，我站在门口朝房内环视了一下，感觉环境还可以，便轻轻地关上了门。

走到窗前，将背包扔进沙发里，伸手拉开了白色的窗帘，顺手推开了紧闭的玻璃窗。这是我的一个习惯，进屋先开窗，以通风透气也。我认为这是一个好习惯，有益于身体健康。

站在窗台前，我极目前方，发现眼前竟是一个巨大的广场。广场上的人不是很多，也就三三两两而已，不远处就是著名的洞庭湖。原来，宾馆就坐落在洞庭湖畔。只是这天的天气不太好，湖面上笼罩着白色的雾气。从窗口望去，几乎看不到湖水，而尽是白雾了。不过，仔细看还是能看到一汪清澈明亮的湖水的，真所谓"天水一色"，绝非虚名所传，还真的有些儿"仙气"呢。凭窗望远，我依稀看到广场上的雕塑与游人、飘忽不定的云雾及忽隐忽现的湖水。这些充满仙气的景物，将我的兴致吊了个十足。于是，我便快步走出了宾馆，朝湖边的广场奔去。

很快，我便来到了广场上。

广场位于洞庭湖的东岸，环境广阔，颇具规模。广场西侧面，是浩瀚辽阔的洞庭湖。在广场的中央，矗立着一座颇大的后羿屠蛇塑像，艺术地再现了古代人民改造自然、不畏艰险的大无畏精神，使神话传说具有了形象再现。整座塑像由石头垒筑而成，形象刻画得生动传神，是一座不可多得的艺术佳作。

在广场的东面入口处，横卧着一段长条形状的巨石，上书"巴陵广场"四个大字，此为著名书法家欧阳中石的亲笔手迹。

走进广场，我一眼就看到了一座雄伟壮观的砖砌古城门楼矗立在广场的北侧。我快步走到了城楼下，仰首凝望着城楼的雄姿，就见门洞上方镶嵌着"瞻岳门"三个大字，题名是华国锋。这是继北京天安门广场上的"毛主席纪念堂"之后，我再次看到华主席的亲笔手迹。真的，太珍贵了。后来，我从一本《岳阳楼》的书里，知道了华主席当年为"瞻岳门"题字的趣闻。据说前些年，岳阳市有关部门在还没有扩建岳阳楼景区时，就建造了瞻岳阳门城楼。而在请谁为城楼门书写门名时，考虑再三，决定请华国锋同志书写城门楼的名字。原因是华主席曾在湖南工作了数十年，为湖南省的发展作出了巨大努力，确实造福了湖南人民。所以请他来为城楼门前题写名字，是最合适的了。于是，在经过了一番周折之后，岳阳人民终于迎来了华国锋同志的亲笔手迹。"瞻岳门"的手迹为颜书繁体字，华主席写得苍劲大气，且雄健潇洒，不愧为华主席的手书佳作。

瞻岳门城楼，坐落在一个 14 级台阶之上。重檐歇山样式，城墙由青砖垒起，显得古朴典雅。据说，瞻岳门为岳阳古城的第一座大门，亦称南门，是除岳阳楼之外的最高大的建筑，因此，瞻岳门的历史地位便可想而知了。

站在瞻岳门前，转眼朝西看去，古城墙绵延。巍峨秀气的

瞻岳门前留影

角楼屹立在城墙的两边角上，亦为岳阳古城的重要建筑。它与东南面的瞻岳门城楼连起来，确实是一个十分难得的古城墙组合。反正，我是这么看这两座仿古建筑的。

接着，我便来到了洞庭湖畔的台阶上。站在台阶上面极目远望，浏览尚在雾气笼罩下的洞庭湖面景色。我看到洞庭湖面开阔，而靠近台阶一侧的湖岸却没有水，显然这是旱季所致，露出了干涸的湖岸。而不远处则是湖水浩瀚，波光粼粼。湖面上游弋着不少舟船，估计是游览船或是捕鱼的小舟，星星点点地漂浮在湖面上，颇有些儿古代山水画里的景色呢。由于受雾气阻碍，在湖畔亦只能近看，而不能远观。我在欣喜之余，却也有些遗憾。

随后，我便来到了湖畔小道上，沿着小道朝北走去。从导游图上看，这条小道名曰：洞庭风韵诗廊。

这条诗廊很特别。它不是橱窗式的长廊，而是在一块块大小基本相等的花岗岩的石碑上，镌刻着古今诗家名人所作的有关洞庭湖与岳阳楼人文景观与自然风光的诗词作品。石碑之间则由上下两条粗壮的铁链子连接起来。看上去，真的很有创意，而这些诗人大多都是载入中国文学史册的著名人士，如屈原、李白、孟浩然等。的确，这条诗廊已成为洞庭湖畔、岳阳楼下的一道亮丽的文化风景线，为当地风光增色不少。

沿着诗廊小道行不多远，我就来到了岳阳古城墙下面。我仰首凝望着它那高大冷峻的城墙，被它那雄伟壮观的美姿所吸引。尽管，它是一座刚刚重建而成的仿古建筑群，却依旧是那么的古色古香、巍峨朴实。

随着游人潮,我也登上了岳阳古城的城楼的城墙。城墙平台上与北京八达岭长城平台相仿,只是不如长城规模宏大罢了。我看到,平台上放置着数门仿古大炮,以震声威。当然,平台上亦是商铺连连,尽卖些粗制滥造的所谓"纪念品"。

就在我刚要下台阶之际,我在无意之中,却看到了北面方向的一座橘黄色的大屋顶,眼前忽然一亮,心想,莫不是来到岳阳楼景区了?那个大屋顶就是岳阳楼。哈哈,近在眼前呢,我的岳阳楼!不过,从平台上是到不了岳阳楼的。只能从城墙的下面,沿着小道绕到北面的民本路上,就能来到岳阳楼公园的南大门了。

从古城墙上下来,我按图索骥,很快地就来到了岳阳楼公园的南大门。

南大门是岳阳楼公园的正门,为一平房建筑。单檐歇山顶,砖木结构。整座建筑通体画栋,金碧辉煌。正门上方悬挂着"巴陵胜状"匾额,古朴大气,凸显皇家气派。而南大门前的那片开阔地,就是民本广场。只是那儿停了许多大小汽车,俨然成了停车场。呜呼,汽车此时真的成了社会"公害",真的大煞风景。好端端的广场风光,竟被这些汽车弄得支离破碎,惨不忍睹。其实,这样的"惨状"又何止岳阳楼公园广场呢,其他地方景观亦是"公害"连连。

穿过大门,迎面而来的景观便是"五朝楼观"。我快步走到楼观前,举目环视着眼前的景观,发现整个"五朝楼观"错落有致地排列在绿树环绕的人工小岛上,与岛上的草木花丛交融,营造出了一个非常别致的楼观临水气势的清幽环境,显得是那样自然、和谐与精致。如此的精妙之深意,凸显匠心之独具。据说这是目前世界上唯一的、最大的铜艺缩微仿古建筑群,算得上岳阳楼新景区的首道美景。

所谓"五朝景观",就是在历史上五个朝代所建造的同一个"岳阳楼"的仿古建筑汇总的缩微景观。"五朝"是指中国历史上的唐、宋、元、明、清等五个朝代。这五个朝代都建筑过"岳阳楼",且每个朝代修建的"岳阳楼",无论形状、用材、高度都不尽相同,都体现了各自的理念与水平。可以说,"五朝楼观"如实地再现了当时"岳阳楼"的历史风貌,更是中国古城楼阁建筑艺术的完美体现。因此,颇具穿越历史的感觉。在这里,通过对"五朝楼观"的浏览观赏,走马观花,直接为即将登临的主景——岳阳楼,营造下了浓郁的兴趣与厚重的感知,为更加全面地观赏、了解岳阳楼的历史风采与建筑渊源埋下了伏笔。这也许,就是当年营造"五朝楼观"匠人们的初心愿景吧。

离开了"五朝楼观",我拔腿前行。途中,经过双公祠、新碑廊等景观。对这些景观,我只是粗略地浏览一番。尽管,这些景观也很有意思,却也没有留住我的步伐,因为时间有些晚了。所以,也只能"丢车保帅"了。不过,待回到家中,心里还是有些遗憾的。这只能待我游"岳阳楼"第二季了。届时,定将岳阳楼景区游个遍儿。

很快，我就来到了心仪多时的"圣地"——岳阳楼的面前。

我走到它正前方的观景平台上，举首仰望着眼前的这座三层楼的古建筑，用心感受它的典雅与古朴，用眼浏览它那沐浴风雨的历史风采。

对岳阳楼，但凡有点文学常识的人，大都知道它的来历。它的前生，就是著名的"鲁肃阅兵台"。成名于唐代，因位于湖南大岳山之阳，故名"岳阳楼"。从唐到宋，其间几经兴废。后至宋庆历四年（1044年），滕子京谪守巴陵郡，重修岳阳楼，并请大文豪范仲淹撰写了流芳千古的《岳阳楼记》。从此，岳阳楼美名远扬。而范仲淹那句"先天下之忧而忧，后天下之乐而乐"的名言，也成为千古佳话，为后人所谨记。据资料考证，岳阳楼前后经历重修达30余次，现存建筑为清同治六年（1867年）再建。迄今，已有150年的历史了。据专业人士考证，岳阳楼是江南三大名楼中唯一的一座保持原址、原貌的古代建筑。其建筑艺术价值是独一无二、无与伦比的。因此，岳阳楼理所当然地成为全国重点文物保护单位，更是国家5A级旅游景区。而武汉的黄鹤楼、南昌的滕王阁，都是在改革开放时期所重建的，显然，它们的历史价值是无法同岳阳楼相比的。岳阳楼在中国古代建筑史上的重要地位，也是无法撼动的。

岳阳楼坐西朝东，坐落在岳阳市西门城墙之巅，它西临烟波浩瀚的洞庭湖，北望滚滚东去的万里长江，其区域位置十分独特，素来就有"洞庭天下水，岳阳天下楼"的美誉。读了相关资料，使我倍感面前的岳阳楼的千年风貌，真的是名不虚传。而来到这里，亦真的是不虚此行。

我仰望着巍峨壮观、古朴典雅的岳阳楼外观，一步三叹地走进了一楼。只见，迎面而来的是一块硕大的《岳阳楼记》全文雕屏。相传，雕屏为清代大书法家张照所书。我略微浏览了一下，便随游人登上了二楼。映入眼帘的还是张照亲笔手写的《岳阳楼记》全文。关于这两块雕屏，坊间的传说是这样的：道光年间有个知县想把张照的手书据为己有，于是就命人仿造了一块同样大小的雕屏，陈列于大堂上。可是，在偷运那幅真品时，竟在洞庭湖里遇到了大风暴，顷刻间船毁人亡，真品雕屏便沉入了湖底，结果被渔民打捞了上来。而在民国重修岳阳楼时，当地一位名士用200元大洋购得，重新陈列于岳阳楼上。因此，岳阳楼的一二两层均陈列着《岳阳楼记》雕屏，其中一楼的那幅是赝品，二楼则为真迹。来到黑底金字的雕屏前，我饶有兴致地默读着《岳阳楼记》。读着读着，我便读出了声音：先天下忧而忧，后天下之乐而乐，竟惹得身旁的人笑出了声。可见，引起了大家的共鸣。

离开雕屏，我沿楼梯拾级而上，便登上了岳阳楼顶层，即三楼大堂。我习惯性地朝大堂中间看去，一幅龙飞凤舞的狂草法书的巨大雕屏，呈现在我的眼前。那字体真的是太熟悉了，原来这是毛泽东主席的亲笔手书，写的是唐代著名诗人杜甫的《登岳阳楼》诗。雄伟奔放的笔法，形神兼备，那雕屏金光耀眼，熠熠生辉，不失为难得的艺术珍品。

看过毛主席手书雕屏之后，我来到窗前，凭栏望远，将浩瀚洞庭与千里长江的湖光山色尽收眼底。真所谓洞庭天下水，岳阳天下楼，那感觉真的来到了眼前，确实有股儿穿越历史、穿越时光的味儿。

从岳阳楼上下来后，我再次来到楼的东侧平台，仰望着三层盔甲屋檐下悬挂的那块由现代中国大文学家郭沫若手书的"岳阳楼"匾额，笔法是那么的苍劲有力，凝重大气，为这座千年名楼增色不少，不愧为名家之作。

看过岳阳楼后，我又在平台上游览了北侧的三醉亭和南边的仙梅亭。这二亭与岳阳楼珠联璧合，是一个整体景观了。浏览岳阳楼，必定观赏这两亭。

告别主楼平台，我由北牌坊而上，经过数十台阶后，首先看到的景观是小乔墓。坟头呈圆锥状，底层是青砖垒筑，坟前竖立着一块大石碑，上书"小乔之墓"。此碑原在别处，后才迁来此地。旁边竖有一石碑，书写着"遥想公瑾当年，小乔初嫁了，雄姿英发"的诗句。以映衬小乔之墓，心感应之。

辞别小乔墓，向西不远，我便来到了香火盛旺的吕仙祠。我来到大殿，走过缭绕的烟雾，看到前面的纯阳大殿里人头攒动，人们或站着，或跪着，双手合于胸，嘴里念念有词，似乎很虔诚，却也很好笑。只是不知道，他们说的是否真话？

接着，我来到了著名的岳阳门浏览一番。其实，该门就在岳阳楼平台的下面。坐在这里可以望见岳阳楼的整个层面。由数十个台阶构成，而它的前门处就是波涛滚滚的洞庭湖水。不过，这天那扇小门未开启。所以，我就看不到洞庭湖水了，在台阶上拍了几张照，我就离开了岳阳门景区。

从岳阳门上来，走不多远，便看到一座造型秀丽的亭子，走近一看，上面的匾额写着"杜甫亭"三个大字，为敬爱的朱德委员长手书。

经过杜甫亭，朝上走了会儿，我来到了一座石制牌坊前，只见，横匾写着"南极潇湘"四个大字，这里平台宽阔，视野空旷，是遥望洞庭湖水风光的好地方。在这里凭栏远望，有种心旷神怡、心清气爽的感觉。

从"南极潇湘"牌坊下来，往前行。途中，来到了文化艺术中心的茶室。在这里，我喝茶品茗好不自在。一个小时后，我沿着来时的路，经双公祠和五朝楼观等景观，一路前行，再次来到了南大门。在门前，我向前眺望着远处的岳阳楼倩影，依依不舍地跨出了大门，结束了岳阳楼之旅。

入夜，我再一次来到巴陵广场游览。

我看到，夜幕下的巴陵广场上灯火辉煌，十分热闹。四周的景观灯光明亮璀璨，光明无限，将巴陵广场照耀得亮若白昼。不过，灯饰最夺目的景观，依旧是雄伟壮观的瞻岳门城楼和洞庭湖畔的巍峨角楼。明亮的灯火将它们照耀得金碧辉煌，璀璨夺目。同时，绚丽多彩的灯光还将矗立于广场中央的那座"后羿斩蛇像"雕塑，照耀得明亮无比，生动地再现古代人民英雄形象于艺术魅力。走到洞庭湖畔，我见远处闪烁着几点星光般的渔火阑珊，宛如星河里的几束星光，缥缈朦胧，令岸边游人倍感愁绪，而望湖兴叹。我站在湖畔平台上，倾听着湖水拍岸时发出"哗、哗"的浪涛拍岸声,品味着浪花从湖底深处带来的问候。

广场游人并不多,三三两两,三五成群,倒也热闹。不过,游人最多的还是瞻岳门城楼正门广场。因为瞻岳门城楼的大门,直接通往汴河街。可以说,瞻岳门前的游人是最多的。人们由此进入汴河街,并直接抵达岳阳楼公园的正门——南门,这里是必经之路。步行街是岳阳古楼商业步行街,街上高铺连连,生意红火。我随着游人,涌进了这条颇具盛名的商业街。街上的店铺,以风味小吃居多。而游人中,也以青年人为多。游人最多的店铺,就是小吃铺子。整条街上,吆喝声,欢笑声,此起彼伏,交织在一起,景象颇为热闹。这情景,倒也感染了我。于是,我来到了一个专卖湖南臭豆腐的铺子前,也买了几块臭豆腐边走边吃着,感觉好极了。不过,最使我感动的是在不远处的一个铺子里,看到了几幅毛主席的彩色画像。心说,到底是故乡人啊。当地老百姓,心里还是装着毛主席的。我便走了过去。在毛主席像前,看了又看。那感觉,宛如他老人家在世时那样的慈祥亲切。

接下来,我又游逛了几家销售当地工艺品的店铺。不过,我都没有破费。

冉往前走,就到了汴河街的尽头,即北大门了。我抬首往前看去,却见那灯火阑珊处,亦是岳阳楼公园的南大门。心想,白天咋就没有看到汴河街?忽然,我明白了。原来白天广场上停满了汽车,挡住了汴河街的北大门。所以,就没有看见汴河街，否则，我一定会到汴河街转悠一圈儿的。好在，晚上我来到了汴河街，要不，还真得留下遗憾呢。

我站在北大门口，看了对面岳阳楼公园大门的夜景后，便按着原路往回走。在步行了十多分钟后，我再次穿过了巍峨壮观的瞻岳门城楼，来到了灯火明亮的巴陵广场上。

我伫立在瞻岳门城楼的下面，抬首仰望这灯火辉煌的瞻岳门，再次深情地看着它，在那里沉思了许久。同时，我的目光在黑暗里寻找着数点光亮。忽然，心里竟油然生出了一股不可名状的思绪来。不，是一种物我两忘的乡愁。眼前，竟浮现出了数百年前一代大文学家范仲淹在这里眺望万里碧波的洞庭湖，书写《岳阳楼记》的历史画面；耳旁又响起了"先天下之忧而忧，后天下之乐而乐"的千古名言。

末了，带着无限之愁绪，我离开了广场，沿着笔直空旷的洞庭大道，朝下榻的宾馆走去。

上床后好一阵子，我都没有睡着，似乎还沉浸在岳阳楼风景区的绚丽风光中。那高耸云天的岳阳楼、巍峨壮观的瞻岳门、清秀挺拔的角楼、绵延数里的诗碑长廊、热烈喧闹的汴河街、宽畅闹猛的巴陵广场与笔直平坦的洞庭大道等景致，如同电影镜头似的，在我的脑海里——映出，使我欲罢不能。

夜深了，我方才进入了梦乡……

畅游君山岛

次日上午，吃过早饭，我便匆匆地离开了宾馆。

穿过宽阔的洞庭大道，来到对面一侧的公交车站候车，准备乘坐公交车前往洞庭湖里的君山岛游览。在吃早饭时，我就向服务员打听过去君山岛交通里程。获悉坐公交车去，要一个半小时。即使打的也要50分钟。看来，君山岛离岳阳市区还是有点儿距离的。

也不知怎的，公交车竟没有来。我干等着，就这样过去了半个小时。此刻，我心里有些着急了，竟有些儿灰心了。恰巧这时，我看到一辆出租车正朝公交车站开来，便扬手朝车招了招。还好，出租车直接停了我的面前。我心里一阵高兴，便上前打开车门，一屁股坐在了副驾驶座上。在经过一阵讨价还价之后，的哥便驾着车子，朝君山岛疾驶而去。

因路上车子不多，行人也少到君山岛，路上可谓一路畅通。结果路上只用了半个多小时，就来到了洞庭湖里的君山岛。据的哥说，若是在夏天，路程可就没有这么快畅了。因为，夏天雨水很大，湖水的水位会很高。到那时，湖水就会把君山岛到岳阳市大陆的公路全部淹没了，车子根本开不到君山岛，只能开到岸边，让游人换乘船儿摆渡到对面的君山岛上。所以，他说我这个时候来君山岛游览，是很幸运的。听他此言，我也在心里暗自庆幸呢。

从车上下来，我站在车旁，目送着绝尘而去的出租车，直到它消失在一片浓郁的树丛中。

我站在门口的甬道上，环视了四周的景色。发现左上方卧着一块硕大的石头，光滑而有些儿黄色的石头上刻着"君山岛"三个红漆大字，落笔是"莫言"。看后，我明白了自己已经来到了君山岛的大门前了。

看着那块大石头，我没有多想，就沿着宽阔的甬道，径直来到了大门前，然后打票入内，进入了君山风景区。幸亏我在大门口购得一份君山岛游览图，否则，偌大的君山岛，我还真不知从何游起呢。

我展开游览图，迅速浏览了一番，决定先从最近的景观，开始君山岛浏览之旅。关于君山岛，资料是这么说的，君山岛是洞庭湖中的一个小岛，与岳阳楼隔水相望。由大小七十二座山峰组成。神话传说不绝于耳，"舜帝二妃殉夫"和"柳毅传书"两个经典爱情故事经久流传，故有"爱情岛"之称。岛上名胜古迹众多，有36亭、48庙、5井4台之说。

怀揣着这么多的景致，我首先来到了离大门最近的景观——飞来钟游览。

就冲这名字，我就颇感好奇。因为，我只知道杭州有座飞来峰，从未听到还有什么飞来钟的。这次终于看到了，也算大开了眼界，大长了知识。据铭牌介绍，这飞来钟又叫"报警飞来钟"，是南宋农民起义军的遗物。相传南宋初年，钟相、杨么在洞庭湖区发动农民起义，并建寨君山岛。当地百姓热爱起义军，集资铸钟悄悄挂于大树上，警示义军。义军以为是神仙相助，从天外飞来，故名"飞来钟"。传说此钟灵敏，只要官兵稍有动静，便自鸣报警。

据载，飞来钟为青铜铸就。它高两米，重二吨，直径一点二米。仔细看，钟身上铸有"均贫富，等贵贱"六个大字，悬于亭内。此亭亦谓"钟亭"。钟亭置于平台之上，为仿树木状建筑物。亭子形状很有特色，并非一般意义上的亭子，而是双亭形状，颇具古朴、典雅之本色。

我围着钟亭转了一周，并走到青铜钟下面。仔细端详了一番飞来钟的神色，说它古朴典雅，绝对名不虚传。

离开飞来钟亭，又往前走了一段路，我来到了著名景观——柳毅井的跟前。

对柳毅，人们并不陌生。我小时候就看过越剧《柳毅传书》，熟知柳毅传书的故事。因此，来到柳毅井浏览，感觉有点儿似曾相识，倍感亲切。

柳毅井，又称橘井，是根据历史上的柳毅传书的故事，而改成现在这个名字的。柳毅井坐落在传书亭的前面，井下深不可测。传说此井与苏州太湖相通，井台后面的亭子就是传书亭。亭子造型新颖，一亭双顶，红砖绿瓦，古色古香，样子十分古朴。据说在明代就有传书亭了，可谓历史悠久。柳毅井台全部用花岗石垒砌而成，面积40平方米见方。为双层重叠结构，外方内圆。北面井壁镶嵌着"柳毅井"隶书红漆横匾。井口置双鲤对吻的石雕，形象十分生动传神。井口四周植有迎春、香樟等花木，青葱苍翠，景色十分宜人。我蹲在井口旁，端看着幽暗的井水，仿佛镜子那般清澈明亮，竟然映出了我的脸容，真是太神奇了。

告别柳毅井后，再转了一个弯，我便来到了著名的二妃墓游览凭吊。

二妃墓，坐落在君山东麓的青翠欲滴的斑竹林中，是君山岛的重要景观。二妃墓地在台阶之上，形状呈半圆封土堆，墓基为石砌，墓包前立着一块写着"虞帝二妃之墓"的青石墓碑。墓地四周环绕以石栅栏。整座陵墓古朴庄严，且小巧玲珑，很有些儿不事铺张之感。

登上墓地平台，我驻足环视着二妃墓的景象，颇有些问古千秋的意味。来到墓碑前，我低头吟诵着墓碑上的字儿，却思绪万千，穿越时光。似乎记起了当年，发生在洞庭湖畔的有关二妃献身君山的传说往事来。

站在二妃墓前的平台上，我放眼四周，却见墓地周围都植有茂盛的斑竹丛林，以衬托二妃墓应时之景色。我竟脱口出一句毛泽东主席"斑竹一枝千滴泪"的诗词，用此表达对二妃的祭奠之情。

从二妃墓平台下来，往前走，经过碑林景观，我进去粗略地游览了一番碑林景色，便匆匆离开。朝下一个景观，疾行而去。

很快，我就来到了一座石牌坊的下面，透过硕大的门洞，朝里面观望。我看到甬道之尽头的大平台上，建有一座具有地方文化特色的屋宇。屋门上方镶嵌着一块写着"湘妃祠"三个红漆大字的竖匾。原来我来到的景观，竟是那二妃墓的姐妹篇——湘妃祠。

我往后退了一步，便举首端详起了这座石牌坊的风采来。

我眼前的这座石牌坊，呈四柱三门状，即设有大小三个门洞。中门高大、宽阔，而二侧的小门则相对要小些。为山字形状，且三个门洞上方皆有顶。我看到它的中门洞顶端的左右两边，卧有对称的双龙口衔祥云。形象生动传神，颇具艺术范。仅就石牌坊而言，亦不失为难得的雕刻艺术佳作。其古朴典雅之风韵，极具地方文化的建筑特色。中间门洞上方顶上刻有"遐迩德馨"四字横匾。

穿过牌坊，经过一段松柏相簇的宽畅的铺石甬道，颇觉出一股庄严肃穆的氛围。我迈脚登上了数十级石阶，就来到了湘妃祠大门前的平台上面。

站在平台上面，我环视周边景色，一座富于地方历史文化特色的湘妃祠的大门雄姿，映入我的眼帘。整个大门建筑款式，如同前面的石牌坊那般，亦是山字头状。山墙下面涂着绛红色的漆，上面则绘着彩色图案。与石牌坊不同的是，山墙中间只开了一个拱形的大门洞。其上方的横匾写着"江南第一祠"五个大字。再上面就是前面看到的"湘妃祠"的竖匾。

走进大门，迎面便是由湖广总督张之洞撰写的400字长联的屏风，长联由君山入笔，重点围绕湘妃与屈原的身世际遇展开，尽写三楚风光人物，俨如一幅雄壮瑰丽的湘楚名贤风物图。

接着，我来到第二进，大殿里塑着两尊护法神，形象惟妙惟肖，且又古色古香。

离开护法神，我就来到了第三进大殿，即湘妃祠正殿，殿里塑着娥皇、女英二妃的彩色立像。形象生动，栩栩如生，令人动容。神龛两侧则分别写着"二妃斑泪，五渚暗踪，望断洞庭千层浪；九嶷素服，三湘金辂，招归蒲坂万里魂"的楷联，使人读来，不禁感慨万千，顿发思古之幽情。

从湘妃祠出来，我沿原路再次来到甬道前的石牌坊下，忍不住回首身后的湘妃祠。发现整个建筑依山而建，气势巍峨，古朴雄浑。望着湘妃祠，我微微点了点头，算是向它，不，是向不朽的二妃告别……

辞别湘妃祠，行不多远，我便来到了著名景观——秋月桥与云梦亭的跟前。

我先来到云梦亭前，抬首打量起这座著名的景观。这个亭子造型很有特色，它建筑在荷花池中的用石头垒成的台阶上面，造型为重檐六个角攒尖盔顶式。在我的眼里，云梦亭的重檐檐角高翘，曲线相当流畅。六根红柱将重檐亭顶支撑巍然矗立。云梦亭子并不高大，却凸显灵秀之美。我曾游览过许多亭子，可像云梦亭这类亭子还是首次见到。所以，云梦亭的壮美造型给我留下了深刻印象。

从云梦亭里出来，我就来到了秋月桥前。

秋月桥，就是一座单拱石桥。它桥面不长，拱孔却很高，造型十分漂亮。桥身两侧设置着大理石护栏，护栏石板上雕刻着精美的图案。站在桥下河畔，我被倒映在水中而呈现出来的那半月形的石桥倩影，深深地吸引了。感觉竟是卧波虹桥，一轮皓月那般的朦胧景色。真的有些儿物我两忘，飘飘然了。

我沿着石阶，登上了秋月桥。站在桥中间的最高处，眺望四周景色。我看见荷花池畔杨柳依依，柳丝飘拂，景色十分宜人。再看荷花池中水波荡漾，光明潋滟。只是有点儿遗憾，水中竟没有盛开的荷花。此何故也？原来眼下还是初春，还未到荷花开放的日子呢。很快，我的目光落在了石桥旁边不远处的云梦亭上。看着亭子，感觉比在桥下看它更有意味。如果说，在桥下看云梦亭形象巍峨高大的话，那么，在桥上再看云梦亭，那感觉就只有四个字来表达了，这就是"亭亭玉立"。在我的眼里，云梦亭与秋月桥，就是一对儿景观绝配。其实这对景观都来源于历史传说。尤其是那秋月桥，源于宋朝大画家米芾的名画《潇湘八景·洞庭秋月》。可以说，这对绝佳景观是来历不凡的，绝对称得上是"人在画中游"了。

离开荷花池，我按图索骥，就来到了岛上的重要景观——洞庭庙游览。

我来到洞庭庙前，首先映入眼帘的景观，就是雕有九条龙的石牌坊。雕刻的画面，是九条龙正在抢夺珍珠。据当地人说，九龙戏珠，寓意着吉祥繁荣。九龙坊取材于汉白玉石料。形制与湘妃祠前的石牌坊基本相同，都是四柱三楹，只是画面不同罢了。不过在我看来，还是九龙坊的雕刻更精美些，规模似乎也更宏大壮观些。

穿过九龙坊，越过数十级石阶，我登上了庙门前的广场平台。平台不大，却也干净、平坦。庙门前方正中，放置着一个硕大的香炉。我看到，炉里此刻香火正旺，缭绕弥漫。透过淡淡的烟雾，我举首打量着眼前的这座庞大的殿宇的外貌。

眼前的这座殿宇外形，呈重檐歇山式样，在重檐之间正中悬挂着"洞庭庙"横幅大匾。整座殿宇雕梁画栋、气势壮观。此大殿就是洞庭庙的正殿，亦称大殿。走进殿内，我发觉这里简直就是楹联的海洋，到处都是，可谓琳琅满目、目不暇接了。大殿正中竖立着柳毅的塑像。不过，面目有些狰狞。据说，这是根据民间传说塑造出来的。其实，洞庭庙就是柳毅庙。而那篇《柳毅传》，就镶嵌在大殿后面的土墙上。看上去洋洋洒洒，气势宏大。

接着，我又越过数十级台阶，来到了正殿后面的观音殿前的平台上。平台也不算大，可四周设置着石板栅栏，看上去环境十分幽静，是赏景观光的好地方。站在石栏杆前，我凭栏望远，整个君山岛风光尽在眼底。再往远处看，浩渺无垠的洞庭湖，波光粼粼，风平浪静，景色十分壮美。

走进大殿，映入我的眼帘的是一座反映柳毅夫妇恩爱生活的彩色塑像，生动地再现了柳毅与龙女耳鬓厮磨的幸福家庭生活，一派祥和温馨景象。据说观音殿原名叫凝碧宫，在前些年的改建后，才改成今天的名称。

从观音殿出来，我再次穿过正殿，经过数十级石阶，再次来到九龙坊的下面。我再次凝望着雄伟壮观的洞庭庙，神色竟然有些凝重、肃穆，大有一番睹物思人、观景思君的感慨。我看到，整座建筑群依山而建，气势恢宏，凸显威严肃穆之神韵，且四周树木茂盛，青山绿茵。而这座洞庭庙，宛如一块晶莹的碧玉，镶嵌在绿茵之中，十分耀眼夺目，真乃风景独好啊。

从九龙坊下离开后，我沿着弯曲的小路，就来到了君山岛上著名餐馆——秋月轩野生鱼馆就餐。

这家餐馆建造得也颇有特色，尤其大门造型也颇为大气。即便是在上海这样的大都市，也很少有这么气派的饭店。一看到秋月轩，我眼前一亮，大呼：好家伙，建得不错嘛。于是，便有了"吃饭"的想法。况且，此刻我那近似饥饿的小肚儿，居然也响起了"午餐铃"。于是，便抬脚走进了秋月轩鱼馆。

刚一踏进餐馆，就被几名服务员热情地招呼上了。见此情景，我心里一阵激动，便在窗前的餐桌旁坐了下来，点了几样当地的特色菜，以喂自己的老肚儿。当然，少不了君山银鱼之佳肴。我这边刚坐下不久，却看到服务员又带来了一位青年模样的男士，在我对面的餐桌旁坐了下来。从他与服务员的对话中，我知道那个男生也是独自一人到君山岛浏览的。望着那个男生，我觉得自己并不孤独。这世界上相似的经历并不少见嘛。想到这儿，我不禁在心里偷偷笑了起来。瞧，俺这是什么心态。过后，我居然有种莫名其妙的感觉呢。

等了好一会儿，我点的"大菜"总算来了。一阵风卷残云，我就将盘里的菜肴吃了个精光。因为，我觉得那盘君山银鱼，炒得相当对胃口，且是与鸡蛋炒在一起。油盐放得也相当到位。感觉是既不油腻，也不很咸。而那坛子银鱼羹，则烧得更是令人拍案叫绝。那口味喝下去，也不咸不淡，十分爽口。据说，来到君山岛，就要品尝这儿出产的君山银鱼。否则，就等于没有到过君山岛。末了，我又意犹未尽地喝了一壶君山银针茶，算是对银针茶的香味，领略了一番。只可惜，我并未品出它与别的茶有何不同。

时间过去得好快呀，又是两个小时过去了。我抬手看了看表，指针已斜到了下午两点多了。于是，便招呼服务员，付账走人。

在鱼馆纪念品小卖部，我在浏览了一番货架上的诸多商品后，便买下了几瓶当地名酒，其中有"岳阳楼""君山岛"和"汴河街土烧酒"等酒，将这些地方酒带回家去，留作纪念。然而，俺并非喜欢喝酒，此举纯属爱好而已。在我收藏的数百瓶酒里，有不少是我从外地带回来的当地名酒。没办法，俺就是喜欢嘛。

就这么着，我带着酒儿，离开了君山岛。

游荆州古城墙记

但凡有点历史文化底蕴的古城池，无论大小，一般都筑有城墙。所不同的无非只是城墙修筑年代的久远或修筑规模的大小而已。千百年来，能够保留至今的原建古城墙似乎并不多见。而湖北省荆州的古城墙，能够相当完整地保存到今天，纯粹是中国古代城墙建筑的一个奇迹。

在我多年的壮游生涯里，亦曾到过不少的古城墙遗址览胜。但像荆州古城墙保存得这么完好，还是第一次见到。北京的八达岭长城、南京古城墙、兴化古城墙等，都有今人修复的痕迹，而荆州的古城墙则没有如此的迹象。真可谓原汁原味、修旧如旧也。

其实，我对荆州古城墙的心仪与向往，还是源于几年前得到的那本《荆州百影》小画册。书中那壮观的城墙、雄伟的城楼、飞翘的屋檐和美丽宜人的景物，深深地吸引着我的眼球。由此，我就立下了欲往荆州，亲身感受一番的"宏愿"。

关于荆州古城墙，有资料显示：荆州城垣始建于西汉，是中国现存延续时间最长、跨越朝代最多、由土城演变为砖城最

寅宾门城楼

完整的古城垣。在国家建设部公布的全国现存七大古城墙中排名第二,被称为中国南方古城的唯一完璧。短短数语,就将荆州古城墙的历史文化价值、规模程度,全景式地展示在人们的面前。

  那天清晨,我怀揣着仰慕已久的心绪,打起背包,坐上火车;穿山越水、一路疾行,便来到了千年古城——荆州。而来到荆州游览的第一站,就是去登临那座闻名天下的荆州古城墙。

  次日,我起了个早。匆忙吃过早餐后,我便打的直奔古城墙而去。途中,我向的哥打探一番荆州古城墙的概况。的哥是当地人,对荆州古城墙的历史文化相当熟悉。所以,谈起古城墙,可谓如数家珍,娓娓道来。

游荆州古城墙记 | 155

的哥告诉我，荆州的古，就古在城墙上。很多游人来到荆州，目的只有一个，就是游览古城墙。荆州的城墙很早就有了。现在的这座城墙，还是在清朝顺治年间，仿明代式样重建的，距今也有三百多年了。这座城墙高九米，墙体厚十米，长十一公里。其墙体的外面则是用大小规整长条石和城砖修筑，而墙体内垣则由夯土筑成。缝隙间都浇灌着石灰与糯米浆。有的墙缝里还嵌入了铁屑。所以，荆州的城墙特别牢固，号称"铁打的荆州城"。

聊天中，小车载着我就来到了古城墙下面。

辞别的哥后，我疾步来到这雄伟且古老的拱形大门楼的下面。我举目凝视，打量着它。首先，映入眼帘的就是那苔藓斑驳、风蚀雨润的青砖墙壁。硕大的门洞上方则镶嵌着一块写着"寅宾门"三个大字的匾额。往上看去，就看到一座重檐歇山式的城楼，巍然屹立在城门平台之上，气势雄伟、古朴壮观。楼宇飞檐下方正中则悬挂书有"宾阳楼"三个大字的横匾，其字体比下面城门上方的"寅宾门"要大不少。在一层的屋檐下面则挂着八只硕大的红宫灯笼，显得喜气洋洋，古色古香，十分的喜庆。我还看到，在城墙垛口的正中下方墙体上则镶嵌着"荆州城"三个大字，十分醒目。算是提醒你：荆州城到了。

寅宾门，乃荆州古城的东大门，是古城的正门。其在整个古城的六座大门中，地位最显赫，十分重要。据说当年凡有重大事件或重要节庆，一般都走东大门，以示隆重。所以，一般游人及导游都将此门作为荆州古城游节目的首选。我也是这样按照的哥的指引，来到东大门，以此作为荆州古城游的首发之地。

千百年来，荆州的古城墙是屡建屡毁。而作为荆州古城正门的寅宾门及宾阳楼，自然也不例外。今天的宾阳楼就是在20世纪80年代末重新修建的。据说，此楼无论在建筑样式及规模、建筑材料等方面，都远超古代。

我踏着城墙侧面的青砖台阶，缓步登上古城墙的垛口平台。来到垛口前，我凭栏俯瞰墙外景色。就看见城外芳草青青、花红柳绿，一派春意盎然的美丽景象。而萋萋芳草之外则是一条宽阔平静的护城河，将那抹花草相间的绿色草坪，隔离成两道绿色的画廊，非常壮观。而河畔两岸，则点缀着红柱灰瓦的厅台与楼阁。在这里休闲的人们或坐在亭子里谈笑聊天，或站在河畔观赏美景，尽情地享受着这明媚的春光，表情是那么的从容和惬意。看到此等美景，我也被眼前的景象深深地吸引住了。就在我遐想之时，忽然，几只鸟儿从我的眼前飞掠而过，这才使我从景象里惊醒过来。

我转过身来，朝耸立于平台之上的城楼凝望着，打量着它的高度与广度，感觉好雄伟。二层楼堂围栏里不时地有人走动眺望，指指点点，好不惬意。

我几步便登上了台阶的最高一级。就迎面看见一尊全身武装的古代军人塑像，竖立在平台一旁，仿佛是警卫似的，威武雄壮。我在塑像前驻足看了一会儿，便走到城楼的侧门，一步跨了进去。

走进一层大殿，颇感别有洞天。其实，也与别的地方一样，殿内摆满了各式柜台，柜台里摆放着当地的工艺产品。不过，我看到最多的还是从三国故事中衍生出来的各式工艺品。在大殿正中间，则摆放着一幅硕大的三国故事人物青铜雕像，很显眼，不过，在众多的柜台包围下，这座铜雕像也似乎显示不出来它的威严来。而在另一侧的柜台上则放着一些图书。这些图书大多都是有关荆州古城的传说故事等。我欣喜地来到柜台前，精心挑选了几本有关荆州历史文化方面的图书，作为对这次荆州之旅的纪念。

接着，我顺着陡峭的木梯，登上了宾阳楼的二层大殿。殿内陈设同底层大殿一样，也全是柜台，满目工艺品。只是在大殿中央的上方，挂着一幅写有"忠义千秋"的横匾。其下面则竖立着一架有刘关张三兄弟的大画屏风。可想而知，刘关张等三国英雄在荆州是何等的家喻户晓啊。显然，三国故事成为荆州的历史文化名片。巧的是，这里也有图书柜台，我又买了几本心仪的图书。心里十分畅快，感觉颇有收获。我是个颇有些书痴相的爱书人。所以，我每到一地，总要买些有关当地人文历史和风土人情等方面的书籍，作为到此一游的纪念物。去年，我到山东聊城的光岳楼游览，也想在楼里买些有关聊城及光岳楼历史文化方面的书籍，可是竟无书可买。为此，我还遗憾了好长时间呢。相比之下，我感觉荆州不愧为历史文化名城。在文化传播方面搞得很好，值得肯定。

离开大殿，我来到殿外面的观景围栏，居高临下，凭栏远眺。刹那间，万千美景，直奔眼底，美不胜收。放眼望去，宾阳楼前面的九龙渊公园，芳草青青，花红柳绿。旖旎的风光，景色宜人。造型优美的九孔大石桥跨越护城河两岸，宛若长虹卧波，风姿壮美。我以为，其美妙之壮观不输颐和园的十七孔桥。

我看到九龙渊公园，西接古城墙，东依九龙柱，与金凤广场连成一片，是今天荆州市民与游人闲庭信步、怡情泛舟的欢乐之园。著名的龙舟赛场就坐落其中，是九龙渊公园的主体建筑。据说可容纳数十万的观众呢，其规模在全国都属罕见。在每年的端午节，当地群众都要在这里，进行浩大的划龙舟比赛，以纪念伟大诗人——屈原。

我以极大的兴致，围着城楼绕了一圈，尽情地观赏古城春色和都市风光。

从宾阳楼出来后，我沿着坚固的城墙环绕一周，仔细观览了寅宾门的瓮城及其附近的古城墙，并由城楼平台，沿着城墙大道往西行走了几座城门，力图能全面地了解这座古城墙的结构与作用。尽管，这些古城墙在现代社会看来，有些不可思议。可是，在当年它们确实发挥了重大的作用。看着城墙过道上飘扬着的三国龙字大旗，以及耸立在城墙各处平台上的三国将士塑像，我的眼前浮现出了当年蜀国将士在关羽的指挥下，凭城墙之险，居高临下地同来犯之敌进行激战的血腥场面。我在心里又想起了关羽在当年又何以大意失荆州的千古之悲。虽然，眼前的城墙青砖不会言语。但我的耳边却又响起了当年战鼓的擂击声和杀敌的呐喊声⋯⋯

告别东门城楼，我又打车赶往古城的另一个大门——拱极门。我之所以从寅宾门下来后,又马不停蹄地赶往拱极门游览,是源于寅宾门的一位工作人员的指点。他说看过寅宾门之后,还应该到大北门看看。那里,才是原汁原味的荆州古城门呢。于是,便有了大北门之行。

拱极门,又名大北门,位于荆州古城的北部。史书说,拱极门在古代曾为士人官宦或百姓北上中原的通衢。那时候,门前时常车盖冠冕,各以诗赋相赠、折柳话别,弥漫着儿女情长、依依惜别之氛围。所以,此门又被称为柳门。宋代大诗人苏轼曾在《荆州十首》中吟道:"柳门京国道,驱马及春阳。"诗中所写的柳门,就是拱极门。显然,这是一座充满着诗情画意的城门。城门建筑式样,如同寅宾门一样,亦有内外城之分。整座大北门由城门、城楼、箭楼及瓮城构成。始建于明代,清道光年间,在城门平台上重建城楼,名曰:朝宗楼。

同寅宾门一样,我也是从侧面拾级而上,来到了大北门的平台上。从城墙垛口朝墙外眺望,远处就是水光潋滟的护城河,其宛如一条白练似的环绕着古城墙。河岸周围绿茵花妍,风景秀美,使人看去,美不胜收。我看到众多的游人在绿荫掩映的城外小路上悠闲小憩、聊天散步,享受着大自然带给人们的盛情恩惠。

收住有些儿忘情的目光,我转身走到高峻巍峨的朝宗楼前,仰首凝视这雄伟壮观的城楼的雄姿。就见其楼宇高耸,气势恢宏,重檐飞翘,呈歇山式样。整座楼宇雕梁画栋,精美雅致。应该说,与寅宾门平台上的宾阳楼的形制基本相同。但是，朝宗楼却是荆州古城墙上唯一保留至今的当初建筑。一句话，此楼才是真正的古城墙遗物。因此，无论从历史文化及建筑工艺等方面讲，朝宗楼的文物价值都是无与伦比的。所以，到荆州而不来大北门和朝宗楼，实乃未到荆州也。

登上城楼的二层大殿，我来到大殿外的观景围栏走道上，观赏楼外风光。我凭栏远望，映入眼帘的是宽阔的护城河水，幽静地流淌着。而河畔两岸绿茵萋萋，芳草青青。若说水景多美，我以为此处的水景最美。你看：城墙下碧连天，护城河绿两岸。如此美景，在城市里是看不到的。即便是上海那样的国际大都市，也是如此。眺望着楼外风光，我竟有些儿陶醉了。那感觉仿佛进入了物我两忘的境界，从心底里发出了"古城的春色太美了"的感叹。

从城楼里出来，走到城门的平台上。我围着瓮城走了一圈，浏览了一番大北门的瓮城风光及城外景色。感觉这里的瓮城形制与寅宾门的瓮城如出一辙，看不出有何异样。其实，古城墙的建筑式样基本上都差不多。所不同的，只是规模大小而已。如南京古城的中华门瓮城的建筑规模，就比荆州古城的瓮城大了许多。如果说南京古城墙是"大家闺秀"的话，那么，荆州古城墙就是"小家碧玉"了。当然，每座古城墙无论大小，都有自己的特色。而荆州古城墙的建筑特色，就是小巧玲珑、经久耐用。不是吗？历经数百年风吹雨打的侵蚀，而没有坍塌，实属耐用也。

由于大北门及其城楼所具有的深厚历史文化价值与独特的

建筑艺术特色，这理所当然地引起了国家相关部门专家学者的高度重视。同时，也吸引了艺术部门的青睐，成为许多电影拍摄的外景地。诸如电影《小花》《路漫漫》和《战国钟声》等影片，都在这里取景。大北门与朝宗楼，也因此而闻名海内外。这也许就是荆州古城墙，能够吸引游人眼球的真正原因吧。

离开了大北门，我又以极大的兴致，打的来到了古城的南门外。跨过护城河大桥，便来到了御河广场上。沿着河畔便道，观赏起了河畔景色。我在这里与古城墙外的河畔美景，来了个亲密接触，深度领略古城墙外与护城河的美丽春色。其实，御河广场就是一个巨大的观赏古城墙和护城河景色的观光平台。在这里，无论你站在广场的任何一个角落，都能观赏或浏览到古城墙外面的河岸景色。

可能是临近中午时分，广场上的游人并不多。况且天气亦作美，万里晴空，湛蓝湛蓝的。阳光照在人们的身上，似乎也并不感到炎热。可以说，这种天气是最适合旅游的。

御河广场位于护城河的南岸，是观赏古城墙风光的绝佳平台。河岸两侧皆由石块垒叠而成，形成了河岸护墙。我看到，整个河岸修造得整齐、美观，十分惹眼。而河畔南岸的观景通道，也修造得很有特色，是我所见到过的最具气势的水景平台。整个观景通道宽约两米，河畔竖立着高约一米五的石栅栏。人们在这里凭栏观望河对岸的城墙风光，一览无余，尽收眼底。在眺望对岸景色时，我发现护城河的北岸并没有装置石栅栏。我想，这显然是景观的设计者有意而为之的。这样，可以使人们更完整地观赏浏览古城墙和护城河的风光,真可谓独具匠心啊。

在春日阳光普照的古城墙下,草长莺飞,花红柳绿,令人心旷神怡。你看它,晴川历历,芳草青青,风光无限娇美。再看那古城墙下的粗壮的水杉树,高耸云天。而它那吐露着鲜嫩的新芽,呈现出一抹淡淡的绿色,宛如春雾似的,十分养眼。它那挺直的躯干更像披坚执锐的士兵,警惕守卫着古老的城墙。透过那抹淡淡的绿色,我仿佛又看到了千百年来敌对双方在古城墙下面,展开的成千上万次的城墙争夺战的冲杀与硝烟,我还仿佛看到了当年关羽大意失荆州的无奈……

在绿雾的掩映下,我发现古老的城墙忽隐忽现,很有些儿神秘的色彩。我远远地看到城墙下的古道上,不时地穿行着来去匆忙的行人,而路边则是草木深深,碧绿连天,一派闲适的景象。我不禁望景兴叹起来:和平的日子,真的很好!望着眼前的绝妙美景,我竟然想起了毛主席的名句:"风景这边独好"。用它来形容这护城河风光,真的恰如其分。而我似乎真的在画中游了。

沿着平直的观光通道,我缓步而行,并不时地停下脚步,浏览着河畔两岸的怡人春光,沐浴着明媚春光的厚爱,细致而真切地品味着这自然美景与人文理念相互交融的佳景。然而,就在我深切感受古城墙美景的时刻,腹中却拉起了"胡琴"。原来我的"午餐铃"响了,它通知我要去吃饭了。于是,我十分不情愿地离开了御河广场,一步三回头地回到了城里……

洛阳行记一：白马寺

洛阳，是中国七大古都之一，是中国古老的千年古都。来到洛阳，通过数日的游览观光，我发现洛阳果然名不虚传，绝对是一座值得人们大游特游、大书特书的名胜古城。

几天来，我先后游览了白马寺、龙门石窟、洛阳博物馆、关林、小浪底、中岳庙、嵩阳书院、少林寺、民俗博物馆、汉光武帝墓、龙马负图寺、古墓博物馆等洛阳的名胜古迹。虽然是走马观花，却也是印象深刻、感受颇深，从心底里为祖国历史文化的灿烂辉煌，倍感由衷的骄傲和无比的自豪。

回到家里，已有数月了。可洛阳名胜古迹的美丽景致，还时常浮现在我的眼前。感觉还是那么清晰可见。而那感觉还恍如昨天，历历在目，令我记忆犹新，无法忘却。因此，我便诉诸笔端，将自己在洛阳游览时所看到的美景及随想写成文字，以纪念和重温这次颇有意义的游览之旅。

说起白马寺，那可是洛阳的第一名胜。其重要性，这么说吧，到洛阳而不去白马寺，就等于没去过洛阳。可见，这白马寺在洛阳诸景中的地位，是何等了得。

白马寺，位于洛阳市的东部，创建于公元68年，距今已有1950年的历史，是中国最古老的官府寺庙。在历史上，被历朝历代尊称为"释源"，是中国佛教的发源地。

　　它之所以被称为"白马寺"，是因为佛经、佛像最初是用白马驮载来的，故而名称"白马寺"也。

　　好了，在交代了白马寺的大概情况后，剩下的事儿，就是到白马寺里一探究竟了。

　　我从出租车上下来，穿过一片古玩市场，就来到了通往白马寺门前广场的甬道上了。其实，说是甬道，我看就是门前广场的一部分。因为，它与广场是连成一片的。故而说它是广场的一部分，也不为过。站在这里，可以望见不远处的广场。

　　我一边望着两边的风景，一边朝广场中心走去。途中，我看到白马寺的院墙是红色的，如同天安门城楼那般，感觉既熟悉又陌生，既庄严又肃静。心想，此地不愧是中国的佛教圣地啊。于是，原先的放浪，一下子收敛了许多，心中竟充盈着一种莫名的敬重与好奇的精气神儿。

　　我还看到右侧的树丛中、树荫下簇拥着许多游人。可能是阳光有些强烈，他们正在树荫下乘凉呢，亦算是优哉悠哉啊！

　　不一会儿，我就来到了白马寺山门楼前的广场上了。在阳光下，我看到白马寺外墙的赤色辉煌，却也实实在在地感受到了六月里那似火骄阳的火辣。不是吗？就在我环顾广场周边景观时的瞬间，也真切感受到了阳光的灼热。

　　那一刻，我也很想到树荫下面躲躲阳光。然而，我终究没

白马寺大门留影

有走去。毕竟,咱是来这里观景的。假期有限,时间宝贵啊。好在此时广场上游人不多,且大都集中在山门前,忙着拍照或观赏大红山门楼呢。

我呢,首先走到一匹被花木簇拥的大石马雕像的旁边,观赏着石马的雄姿。心想,这也许就是驮着佛经及佛像来到洛阳的那匹大白马吧。就在我遐想时,竟无意中又发觉在广场的左侧,也有一匹同样大小的石马,卧在花木丛中。我当时就明白了,这就是两匹为驮佛经,来到中国洛阳的大白马的形象雕像,以纪念它们的不朽功德。

告别大白马雕像,我来到了红山门的前面,驻足观看山门的巍峨壮观。这是一座牌坊式三门洞建筑,门额镶嵌着"白马寺"三个大字的匾额，系书法大师赵朴初所题。据史料称：此门系公元1556年重建，距今已有460年之久了。它的顶为主附形单檐歇山式，三门顶上皆以青色筒瓦覆盖。整个墙体均饰以红色，显得古朴与庄重。据导游介绍说，三个门洞均以灰砖和青石券砌而成。而有的券石上刻着工匠的姓氏名字。从字体上看，这种券石应该是东汉遗物，是白马寺内现存最早的文物。我半信半疑地听着她的介绍，走到门券下面，仔细地观察了一番，却啥也没看到。心想，大概是年代久远而湮灭了吧。导游也看了一番券石，脸上露出了尴尬的笑意。

就在我转过脸儿，回望山门外的景致时，却发觉白马寺山门两侧的红墙，修筑的样式也很有意思。其形状呈撇开式，且墙壁上都写着四个大字。东面墙写的是"庄严国土"四个大字；而西面墙上写着"利善有情"四个大字。两侧墙体齐整、对称。整个山门建筑形式独具匠心，不愧为寺庙山门建筑艺术的典范。

穿过山门左侧小门洞，我便来到了白马寺的院子里。放眼望去，我的眼前为之一亮。我看到，这里庭院开阔，树木繁盛，遮云蔽日。红墙绿瓦掩映在丛林绿荫之中。看到如此胜景，我不禁发出了"好一派秀丽的佛国景象"的感慨。看着此等美景，我特意走到中轴线上的一朵荷花浮雕图案上，从口袋里掏出手机，赶紧将白马寺的美景收入了镜头之中，以记录这一寺庙盛景。同时，我还录了一段影像呢。

我沿着中轴线上的荷花石雕图案，走到了寺内的第一座大殿——天王殿前。看见殿前的一座大香炉里，香火正旺，烟雾缭绕。透过烟雾，我打量起了天王殿的外形来。它面阔五间，为高台歇山式建筑。殿内所供之佛为大肚弥勒佛像。走进大殿，迎面看见的景象，就是弥勒佛那笑容可掬的形象。他挺着宽宏大肚，右手持念珠子，左手握袋子，表情生动传神，使人一看便就喜欢上了。

穿过天王殿，我随着导游便来到了寺院的第二进，即大佛殿景区。其建筑式样与前面的天王殿基本相同，亦为高台歇山式样，面阔亦为五间。据导游说，这里就是法堂，是每天僧人们早晚诵经打坐的地方；同时，也是寺院办理佛事活动的场所。殿内供奉的是释迦牟尼像。其左侧是文殊菩萨，右边则是普贤菩萨。走进大殿，我瞻仰了各座塑像，欣赏着塑像那浓抹淡妆的色彩，觉得天上人间是不一样的。天上超脱，人间则要经历千辛万苦。不过，我是一个无神论者。到寺庙也就是观赏其风光而已，没有这么多的感慨。

接着，我来到了大雄宝殿的前面，这里是寺院的第三进景区。大雄宝殿的建筑样式与前面两座大殿相比，基本上属于大同小异。只是它并不是歇山式，而是悬山式，比歇山式低了一个档次，导游这么说。

导游还告诉我：你看，这里的平台比天王和大佛二殿的平台大多了，而大雄宝殿的平台叫月台。这是别的大殿所没有的，里面供奉的是释迦牟尼像，东西两边则是十八罗汉像。

接着，我问她："既然大雄宝殿是主殿，为什么它的建筑档次不高呢？"

答曰：按理说，大雄宝殿应是寺庙中等级最高的建筑，面积也是最大的建筑，式样最起码也应该是歇山式，而现在却是悬山式样，这明显是不合规制的。据史料记载，这里的大雄宝殿原本建筑规模是十分宏大的。只是在明代变成了这副模样儿，由歇山式样改成了悬山式了。近代倒是有人想重修大雄宝殿，可由于抗日战争爆发，工程就此停了下来。直到今天，还是悬山式的样子。

听她一席言，我觉得似乎在理，便点头称是。虽是这般，可我只是觉得虚虚实实，真假难辨啊。当然，我只是在心里多了个问号而已，是不能宣之于口的。

离开大雄宝殿，我来到了庭院的第五进院落，即接引殿的景区。

来到景区，我最先看到的景观，就是坐落在中轴线上的一尊蒜头状的大铁球。铁球放置在一座一米多高的石头台阶之上，宛如宝塔形状，绝对称得上有趣佳品。我发现，可能是因为放置的时间久了，铁球的表面都被游人抚摸得十分光滑了。

看过大铁球之后，我随导游便来到了接引殿前。

"何谓接引殿？"我看着大殿问导游。

"接引殿，就是阿弥陀佛殿。阿弥陀佛，就是接引佛。这个大殿供奉的就是阿弥陀佛，也就是接引佛，所以叫接引殿。"

"哦，原来是这样的呀。"经导游点拨，我似乎明白了这个殿名的来历了。看来，出来旅游，不找个导游作介绍，根本是不行的。

"这个大殿，为硬山式，是档次最低一等的建筑。且规模也是最小的，面阔仅三间。可见，它在寺院建筑中的地位是最低等的。"导游又接着向我介绍道。

听着导游介绍，我似乎对接应殿有了一些了解。不过，也就是皮毛而已。

告别接引殿，我们就来到了白马寺院的最后院落——清凉台景区。

在我眼里，所谓清凉台，就是一座砖砌的高台。台高数米，且台上楼阁连连，颇显雄浑之气势。

我从导游那里获知，清凉台曾是东汉明帝读书的地方。因此，说它是汉明帝读书台，也不为过。

登上数十级台阶，我来到了清凉台上的最高建筑——毗卢阁游览。站在阁前朝下望去，前面的几座大殿，都在它的脚下，确实有一种居高临下的感觉。台上人来人往，香火很浓。看着人们从大殿里进进出出，相当拥挤，顿时，我没有了进殿的欲望。只在殿外看了几眼，便逃也似的离开了毗卢阁。

导游看着身后的毗卢阁说，它是白马寺最后的一座大殿，也是白马寺地势最高的一座大殿建筑。与前面几座大殿不同的是，它的顶是重檐歇山式。殿内供奉着毗卢佛、文殊菩萨和普贤菩萨三尊像。

听完导游的介绍，我下意识地回头朝毗卢阁瞥了一眼，顿觉它的形象立马高大了许多，觉得它的气势颇显巍峨峭拔、宏伟壮观。

从清凉台下来后,我沿着东面的甬道,朝南走去,再次来到了天王殿景区。再往前走,就走出寺院大门了。说实话,我有点儿不忍心就这么结束了白马寺之游。于是,我辞别了导游,自己在寺院里再次闲庭信步了一番。不过,主要是在天王殿景区闲逛而已。

首先,我游览了景区两侧的钟楼与鼓楼景观。不过,我没有上去。可是,我也没有见有人上楼啊!

钟楼与鼓楼,位于山门内东西两侧,两楼初建于元代。在历史上,亦是屡建屡毁。今天我所看到的这两座楼宇,则是20世纪90年代初新建的产物。东面为钟楼,西面为鼓楼。我看到两座楼宇,均为方形歇山顶双重檐两层楼阁式。它们的造型,都十分秀美壮观。其中,钟楼悬"马寺钟声"四字大匾,鼓楼则是"释源鼓音"四字大匾,均悬挂于一层屋檐下方。其中,"马寺钟声"传说为古代的八大景观之一。

赏罢钟、鼓二楼的景致,我又在寺内继续览胜了一番。终于,在中午时分,我方才依依不舍地跨出白马寺的大红山门,来到了山门前的广场上。

在广场上,我观赏了由江泽民题写的"中国第一古刹"四柱三洞大牌坊。接着,又浏览了放生池及荷花池等美景。之后,我就离开了广场,再次来到了古玩市场。在一古玩店里,购得一本名为《华国锋主席光辉的一生》的彩色画册。这是一本我想了许久的图书,欣喜之情无与言表。当时,我立马就在店里柜台上,一口气地看完了这本画册。然后,在欣喜之中,结束了白马寺之旅。

怀揣这本画册,我以为是这次洛阳之行中,最值得庆幸的事儿,觉得这次到洛阳值了。

洛阳行记二：关林

第二天上午，我来到洛阳的著名景观——关林游览。

所谓关林，就是三国名将关羽的墓地，它坐落于洛阳的关林镇。

据相关文字介绍，关林的建筑是按照帝王陵寝规制修建的。整个建筑布局严谨，雕梁画栋；且规模宏大，古色古香。

来到关林，你就会发现墓园内外，古柏繁茂，苍翠如云，环境十分的古朴清幽，可谓碧波重叠，犹如一片绿色的海洋。古代就有"关林翠柏"之说，被誉为"洛阳八小景"之首。

昨天夜里，洛阳下了一夜的雨。上午来到关林景区时，路上还湿漉漉的。不过，雨是不下了，但空气中弥漫着浓浓的水汽，还有些潮湿呢。而且，天还阴着。不过，气温略显些凉意。走在路上，颇显清新、凉爽。显然，这种天气最适合外出旅游造访了。

的哥驾车将我送到了关林景区边门的路口。于是，我就下了车。沿着潮湿的青石板路，经过一座四柱三门的石牌坊，便来到了关林门前的广场上。广场很大，颇具规模，比白马寺山门广场大多了。而且，广场形状也相当规整。

刚才在石板路上，我就瞧见广场中央矗立着一座古建筑，觉得它造型很漂亮，便先走过去看看。待我走近一看，原来这是一座古戏楼，建筑古朴典雅，戏楼上方屋檐下悬挂着一块写着"千秋鉴"三个大字的横匾。我围着戏楼绕了一周，品味着它的美妙。整座建筑雕梁画栋，重檐飞翘，精巧古雅，蔚为壮观。这是我第一次看到如此精美的古戏楼，可谓世间罕见。

告别戏楼，我转身朝关林的大门走去。可惜，大门正在维修，整个大门都被围上了安全网，只在中间留下了个门洞，以方便游客进出。不过，大门两侧的八字墙上分别写着"忠义"与"仁勇"的篆体大字，还能看得见。门前两侧还放置一对石狮子塑像。走到狮子像前，只见塑像雕刻生动简约，赳赳而踞，颇有些儿凛然不可侵犯的威严。而那八字墙上的"忠义仁勇"四个大字，集中概括了关羽忠君、义友、仁爱、勇武的一生。

穿过大门洞，就算来到了关林院内了。我站在门口朝院里看去，发现整个院落十分空旷，建筑物不多。院子的左右两侧，各建有一座古雅的美丽亭子，旁边还垒有假山。在路边上的一棵大树，枝干及叶丛中挂满了各色祈福卡，十分醒目。整棵大树都被染成了红色，看上去，十分喜庆。此外，院子里还种植了许多松柏古树，显得格外古朴清幽。

接着，我穿过院内的第二道大门——仪门，便来到了第二进的院子里。就在我走到台阶上，欲朝前走时，却被眼前的景色惊住了。原来这是一条长数十米的石雕栏板夹护的甬道。我站在仪门前的台阶上，一眼望去。就看到这条石雕甬道，竟一直通到大殿前的月台。我从台阶上下来，行走在甬道上，好奇地观赏着两边的石雕像。仔细一看，原来上面雕刻的都是生肖石雕像。它们的脖子上都戴着红色的祈福带子，如同小学生佩戴红领巾似的，十分惹人喜爱。我特意来到石猪雕像前，观赏着它那憨厚可爱的形象，想与它留个影儿，可一直没有找到合适的人。所以，也就没有如愿。

走到石雕甬道的尽头，我看见两座华表耸立在甬道的两侧，只是小了些，绝对比不上天安门广场上的那对华表。不过，放置在拜殿前，也算是威仪不小。

来到拜殿前的月台上，就见放在月台中间的长方形状的大香炉里，香火旺盛，烟雾缭绕。

拜殿屋檐正中下方悬挂着一块写着"关林"二字的横匾，十分醒目，殿宇上下雕梁画栋，古朴雅致。

所谓拜殿，就是当时祭祀关帝，官员僚属拜谒的场所，又名启圣殿。这似乎有些孔庙最后一进启圣祠的意味了。也是，谁叫他们分属"文圣人"和"武圣人"呢，级别跟不上去，又何称"武圣人"呢。

随着游人队伍，我来到了殿内观赏。只见殿内光线阴暗，四周挂满了各式各样的题匾和楹联。忽然，我抬头看到由清代乾隆皇帝御书的"声灵于铄"的匾额悬于殿内正中上方。我在心里暗想，这关林也是皇帝曾涉足过的地方。在今天看来，似乎就是国家级的文化遗产了。

同时,这拜殿其实就是大殿的前殿,两殿是连在一起的。也就是说,离开拜殿时,也就来到了大殿。

哦,忘了交代一句,著名的关林钟鼓二楼,全部立于甬道的东西二侧。听旁边导游说,这可是真宝贝啊,都是明代修建的遗物。

而引人注目的是,拜殿内有一块重达三千余斤的"关圣帝君之宝"的特大玉玺。据说,这是我国关帝庙中最大的关帝印玺,同时也是世界上最大的玉质印鉴。

从拜殿里出来,我便一脚迈进了大殿里。一眼就看见了坐落在大殿中央的关公及四弟子的庞大彩色塑像。我的目光落在了关公的塑像之上。只见他卧蚕眉,丹凤眼,红枣脸,长鬓须,身披锦缎绣龙袍,正襟危坐,一派威严气势。可谓栩栩如生,惟妙惟肖。其实,人们都没有见过关羽的真正形象,只是凭空想象罢了。能塑成今天这个模样,真的有些难为艺术家们了。

话说这大殿与拜殿相通相连,是关林的主体建筑。我看到大殿的顶端为庑殿式建筑。整座殿宇建筑是朱拱华丽,朱门雕窗,檐柱高耸;殿外四周回廊环绕,飞檐高翘,气势壮观。

再回到殿里,殿门之上悬挂着一幅书体端庄、大气浩然的四字大匾,上书"气壮嵩高"四字,乃清末慈禧太后亲笔遗物,颇有艺术价值。咱们再看大殿正门的门板上,还保存着画面精美的明代木刻关公故事的版刻遗物,十分珍贵。同时,画面还有刻着二龙戏珠、龙凤呈祥等吉祥图案。这些木刻图案无不刻工精细，构图精美，可谓精彩纷呈，不失为我国古代雕刻艺术的精品。

走出大殿，经过一段狮雕塑像甬道，我便来到了二殿前。我抬首朝上看去，只见殿门的上方悬挂着一幅清光绪皇帝亲笔匾额——"光照日月"四个大字。同大殿一样，殿内正中放置着一尊关公塑像，所不同的是这尊塑像，乃关公戎装像也。

随后，我走出二殿，来到了五虎殿前游览。得知该殿供奉着关羽、张飞、赵云、马超和黄忠五虎上将。该殿规模不大，香火也似乎不旺，可能不是主殿，游人也就显得稀少了。

很快地，我就来到了三殿，同前面两座大殿一样，殿堂中央依旧放着关公夜读《春秋》之塑像。我看这座大殿可以称作为"春秋殿"。因为，这里是他夜读《春秋》之地。这座大殿，又称"寝殿"。

稍后，我便走出了三殿，来到了一座写着"汉寿亭侯墓"五个大字的石坊前面。我举目观看，就见这座石牌坊乃四柱三门，每根石柱上都雕有望兽，昂首仰天，气势不凡。

告别大石牌坊后，我来到了一座石制供桌前，看到案桌上，摆放着许多香烛。此时，只是由于下雨，将其火苗浇灭了。再看其前面的石香炉里还有些儿烟火苗儿，正冒着淡淡的香火烟儿呢。

而石制供案两侧，则立着一架石坊，将石案夹在两柱之间。石坊为单门式，造型简约，横梁上刻着"中央宛在"四个红漆大字。我绕过供案，就来到了关羽的大墓前。墓前建筑有一座八角碑亭，亭子中央耸立着一块高大的林碑，高约数米，置于龟趺座上，上有雕龙碑首，额题九叠篆书"敕封碑记"四个大字。此为清康熙皇帝追封关羽为"忠义神武关圣大帝"时所竖立的。碑文叙述了关羽生平事迹和封号建庙之情况。不过，最漂亮的景观还是那座八角碑亭。

我深深地为它的构筑巧妙、斗拱勾连、角柱和亭顶连成一个和谐整体所折服。我由衷地佩服当年的那些能工巧匠，为子孙后代留下精美无比的建筑物，所奉献出来的聪明才智。

八角亭的后面，就是巨大的关羽之墓。此墓高十米，墓周围筑以八角形砖墙。我绕着硕大的关墓绕了一圈，以表达对关羽的崇仰之情。看着关墓的形状，总觉得与成都武侯祠里的刘备墓相似。这大概是古代名人墓葬的统一规制吧。在瞻仰关羽墓时，我感到了曹操的宽宏大量，为后代留下了这一历史古迹，成全了有关关羽忠君仁勇的千古传说。

辞别关羽墓后，我又在庞大的关林庭院里四处游览。游览了关林的后花园，观赏了著名的龙首柏、凤尾柏、结义柏等林中著名古树，并在关墓一侧的"关圣帝君灵应签碑"前抽签算卦，签文叙述不错，我也很高兴，至今我还保留着签牌呢。当然，我未必相信签文所言，只是觉得有趣罢了。抽签，在我看来就是一场趣味游戏而已，没有什么实际意义。

在假山前面，我走进了关林卖品部，欲买些相关小册子。可是，偌大一个卖品部，竟只有一册薄薄的小册子，我只好掏银子,以五元的价格买下了这册名为《洛阳关林》的小册子,总算没有白来关林一趟。

时值中午,天已放晴,阳光普照。因是六月,阳光洒在身上,就觉得火热难耐,背脊上沁出了些许微汗。

终于,我走出了关林那其貌有些不扬的大门,重又来到了广场上。便打电话给停在关林旁边的的哥,请他将车开过来,送我返回巴比伦大酒店。很快他的车就开来了,我心里一阵高兴,心说,现在各地的服务水平都提高了,人们出来旅游更方便了。打开车门,我一屁股坐了进去,在副驾驶座上,口中长长吁了一口气,感觉还是坐下舒服。

在车上,司机问我还要到哪个景点旅游呢?我竟语塞了,没有接他的话茬儿。在冷场几分钟后,我问他:你说哪里好玩呢。他沉吟了一会儿,便说:咱们下午到小浪底去吧,那里是黄河的"三峡大坝"。听他这么一说,我就来了兴致,便采纳了他的建议。再说,我也没有看到过巨型的水利大坝,心里很是好奇。于是,就有了下面的小浪底之旅。

洛阳行记三：小浪底

既然下一个游览目标已定，便也使我改变了原本先回宾馆的想法。的哥驾驶着出租车在驶过一段国道后，就开上了平坦宽阔的高速公路，朝小浪底疾驶而去。很快，不到四十分钟，我们就来到了著名的孟津县城。当然，也就是经过而已，并没有下车，更谈不上游览一番了。只是在车上隔着玻璃窗，浏览了一番孟津县城的市容景色。

大约在一个半小时后，我顺利抵达了小浪底景区。而此时，天气已经完全放晴，阳光十分灿烂，可谓阳光明媚，山河如洗。望着眼前这样的一片光明，我的心情好得可想而知，就两个字，陶醉。

来到小浪底景区，是中午时分，又到了吃饭喂肚的时候。先前在车上听的哥讲，到小浪底景区，必须吃黄河鲤鱼。否则，就等于没来小浪底。听他此言，我打消了随便就餐的想法，便决定邀他一起吃顿黄河鲤鱼筵。

的哥直接将车子停在了一家饭庄门前的空地上。从车上下来，我站在门前朝饭庄打量了一番。这家饭庄，坐落在景区大门处的马路旁,造型规模尚可,颇有点儿当地特色。不过,此处也仅此一家,别无分店。饭庄装潢也还入时,最主要的是它的环境很显干净卫生。于是,我走到一圆桌前坐了下来。刚坐下不久,只见一位服务员来到我的面前,示意我跟他出去,我随他来到屋外的一个大水池前。只见他操起一柄大鱼网,朝水池里搅动了起来。就见他两手一操,便将一条大鲤鱼捞了上来。送到我的面前,示意我看看,意思是这可是一条货真价实的黄河鲤鱼,且还欢蹦乱跳的呢。服务员告诉我,这条鱼有五斤重。看我没意见,服务员就把鱼儿送到伙房烧去了。

就在我与的哥闲聊不久,一盘红烧黄河鲤鱼块,就端了上来。的哥忙招呼我趁热吃。这样,才能品出黄河鲤鱼的美味来。我用筷子夹了一块热乎乎的鱼块,就放在了嘴里咬了几下,感觉鱼肉的味道的确鲜美。接连,我又吃了几块鱼肉,颇有些大快朵颐的味道呢。同时,服务员又端上了几盘当地特色菜肴。我尝了尝,感觉味道也很不错。心说,所谓山珍佳肴,亦不过如此呢。就在我与的哥边吃边谈的当儿,一盘油炸黄河鲤鱼块儿,亦端上了桌儿,黄澄澄的,还冒着油气泡呢。在的哥的提醒下,我伸出筷子朝盘里夹了一块油炸鱼块,放进了嘴里,合着一股油水细嚼起来,感觉味道好极了。

可是由于"任务"在身,不能久留于此地。于是,我便迅速地乱吃了几口饭,就辞别了饭庄。

的哥开车,把我直接送到了小浪底景区的大门口。

验票进门。经过一段林间甬道,我就来到了库区大坝的面

洛阳行记三:小浪底　　181

前。沿着河堤，行不多远，我就来到了观景平台，以观对岸的库区大坝之雄姿。只有到了这里，才算是真正到了小浪底。

在偌大的观景平台上，我凭栏远眺，坝区美景尽收眼底。

往正前方看去，则是一片碧波万顷的清澈明亮的黄河水。而黄河水的对岸，就是著名的小浪底大坝。我见它巍然屹立，雄伟壮观，宛若一堵治水的"凯旋门"，横亘在峡谷平湖之上。我以为，大坝本身就是一道靓丽的坝区风景线。我还看到，在雄伟壮观的大坝斜坡上镶嵌着"小浪底"三个大字。在阳光的照耀下，熠熠生辉，绚丽夺目。大坝的四周皆为绵延的青山所环抱，这绝对是高峡平湖之美景啊，充分显示了中国人民在中国共产党的英明领导下安排新山河的大无畏精神。

小浪底大坝的泄洪洞，就在大坝的下方，正对着湖水对岸的观景平台。当时，我并没有看到大坝泄洪的壮观景象，据说是相当精彩动人的。好在我曾从手机网上见识过该大坝泄洪的情景，真的是气势磅礴、惊心动魄，此乃天地间之壮观也。

朝左瞧，一架长数百米的铁索桥，飞跃黄河两岸，将两岸紧密连接了起来。铁索桥分成三段，每段都有百十米长，是参观大坝的必经之路。同时，它本身亦是观赏坝区风景的重要平台。在我的眼里，这条铁索桥本身也是坝区景观的一枝奇葩。

而朝右望去，映入眼帘的则是坝区风光，旖旎无比，一览无余。近看山水相连，青山秀水；远观山依云天，山绿天蓝。"这儿的风光，真的是太美妙了。"看着美景，我禁不住朝着这片青山秀水，发出了由衷的赞叹。

从观景平台下来，我缓步来到了铁索桥上。须知，这是前往大坝的唯一通道。由于是铁索桥，走在桥上颇有些儿不踏实。不过，桥板很平整，且桥的两侧下方均有铁栅栏保护着，所以走在桥上是相当安全的。而当我走到桥的中间段时，原先的那种有些害怕的感觉没有了，步伐似乎也比刚才自信了许多。我们国家类似于这样的悬桥有不少，我走过的也有几座，印象比较深的是四川都江堰二王庙前的岷江上的安澜桥。此桥亦为悬桥，与小浪底悬桥相当。小浪底悬桥为四墩三孔式，且每墩上方皆为单檐亭顶式建筑，远观近看皆为风景，颇具地方特色。

　　我走到悬桥中间亭子里，伫立许久。观赏着悬桥四周景色，感觉在画中游似的。四周的景色太美了。你瞧，桥下面的黄河水碧绿清澈；周边群峰碧立，幽壑纵横；森林公园郁郁葱葱，无边无际，宛若一条绿色苍龙，盘桓于黄河之畔，那感觉真的好极了。置身于如此幽美静谧的青山秀水之间，我似乎感觉到了人们所向往的"物我两忘"的境界，飘飘欲仙，心旷神怡。

　　而当我将恣意的目光，从远方的风景里收回来的那一刻，我忽然记起了这次到小浪底的最终目的，就是要到大坝上参观游览一番，亲身感受一番人定胜天的伟业。此刻，我的心已飞到了大坝……

　　很快，我便走过了悬桥，来到了彼岸的大坝区域。据相关资料说，这个区域包括纪念广场、花架长廊和滨河大道等景观。因这里属大坝后方，故这里又称坝后景区。

来到滨河大道，我感觉眼前为之一亮，一股舒适之感从心底里油然而生。整个滨河大道都用花砖铺地，大道边上的栅栏，亦用水泥构筑，将大道建筑装饰得洋气十足。而大道的东西两侧则是一座拱形花架长廊，廊柱都是用花岗岩筑就，显得十分牢固。花架上攀爬着绿色植物。在炎热的夏天，人们来到长廊里，倍感凉风习习，十分惬意。可能的话，都不愿意出去了。今天的天气就很热，太阳晒在人身上，感觉有些火辣辣的。

站在长廊的花架下面，透过树叶的缝隙，我眺望远处的蓝天白云，青山绿水。那份惬意，不要太舒服哦。那种惬意，绝对充满了小资情调，好浪漫呢。这份感受，也只有在这里可以享受得到。好了，不说感受了。还是先到大坝，游览一番吧。那里的景致，肯定要比坝后风光要美妙十倍、百倍。

从花架长廊的北面出来，就来到了纪念广场。我看了看广场上的几尊纪念物后，便沿着大路朝坝区深处走去。

这是一条通往大坝的主干道路，平坦且宽阔，行人稀少。我看到，道路两旁的绿化搞得很好，既有参差错落的树木，也有大片的草地，到处都是绿色的海洋。这里的空气十分新鲜，没有一丝污染，的确是一块修身养性的快乐圣地。

在行进途中，我看见在一些道路的转弯处，几乎都有售水点，使行人解渴十分方便。我就曾从售水点，买过几次矿泉水呢。

半个小时后，我来到了攀登大坝的石阶前，由此开始了真正意义上的攀登大坝的行程。

登临大坝石阶，是一段十分艰辛的行程。这段石阶路相当陡峭，有的石阶道几乎呈九十度，很陡峭，相当难攀登。而且，石阶之间的距离大小不一。相比于平地来说，这段道路行走起来，确实有些难度。好在石阶两旁边皆修有栏杆，行人可以扶着它向上攀登。而当我有些胆怯时，恰巧看到了几个女孩子一边说笑着，一边双手扶着栏杆，动作轻盈地攀登上了石阶。于是，我就向她们学习，也一鼓作气攀登了上去。的确，人是要有点儿精神鼓励的，这话一点也不错！

上来一看，这里竟是一个观景平台，我心想，看来距离大坝还远着呢。我看到有几个游客，正倚靠在金属栏杆上，以"小浪底"三个大字为背景拍照留念呢。见此情形，我也来了兴致。便伸手从背包里拿出手机，也请别人为我拍了几张照片，以作留念。我不失时机地向一个游人打听大坝距离这里有多远？游人告诉我，不很远了，再走二里地，就到大坝了。听他此言，我高兴极了，原先的劳累与困乏，似乎也不见踪影了，身体顿时轻松了许多。于是，我随着几个年轻人，一起向着大坝，发起了最后的"总攻"。

大概行走了40分钟后，我终于来到了大坝的门前。只见大门前集聚了一些游人。上前一看，大门居然铁将军把门，不让游客前行半步。据说是为了保卫大坝的安全，才关闭了大坝的游览之门。我与别的游人，只能站在大门外，望坝兴叹了。

洛阳行记三：小浪底

不过，想想也是，如此伟大壮观的大坝，确实必须保卫它的绝对安全。毕竟，这个社会还有敌对分子存在嘛。尽管觉得有些遗憾，可我的心里却也释然了，理解了。

我眺望着观景平台下方不远处的小浪底大坝的英姿，在心底里赞美它，呼唤着它的英名，感受着它的雄伟与壮观。同时，从心里由衷地祝福它：千秋耸立，万代永固！

在我的眼里，小浪底大坝是那么的平静与安然，而这也正是我的由衷之愿也。而能够亲身来到大坝前，游览它的雄伟与壮观，实乃我个人之洪福也。

在凭栏观赏了一会儿小浪底大坝的英姿后，我便回首看了一眼身后，发现此时竟一个游人也没有了。原来，他们都走了，因而没有了刚才的热闹与喧哗，偌大的平台上显得安静了许多。见此景观，我心里暗暗吃惊，便也有了离开这里的想法。于是，我双手凭栏再一次将目光投向了山间横卧的雄伟大坝⋯⋯

顷刻之后，我也离开了观景平台。毕竟，这里是荒郊野外，绝非久留之地。我沿着原路追寻而去，踏上了返回之途。

在经过一段山路时，我被眼前的美景所吸引。只见对面山上修筑着数栋大楼房，估计那里就是小浪底大坝的"心脏"所在。而映入眼帘的山色，则呈青黛颜色。再配上那几栋淡色楼宇，小浪底风光的美丽愈加绚烂多姿，且层林尽染，丰富多彩⋯⋯

而当我陶醉于大坝库区的美丽风光的同时，从心底里发出了"风景这边独好"的心灵感叹。

拐过一段弯路后，我沿着崎岖的山路，艰难地往前走去。在经过一段落差较大的石阶路时，真正感受到了所谓"上山容易下山难"的深刻含义。尽管，这段石阶路落差较大，而且相当陡峭，可我还是顽强地闯过了这段陡峭的石阶路。终于，再次来到了河滨景观平台上，再次来到了美丽的弧形岩石花架旁边的长廊里。在长廊里稍作休息后，我再次越过铁索桥，平安地回到了黄河的彼岸，回到了彼岸的观景平台之上，从而结束了初探小浪底大坝风光的攀登之旅。

紧接着，我马不停蹄地穿过一片茂密的丛林，走出了小浪底风景区的大门。在门口，我远远地看见自己租来的那辆"座驾"，此时正在路边等我呢。见状，我的心里一阵高兴，我赶紧上前几步，来到车前，伸手拉开车门，便"钻"了进去。刚坐稳，汽车就启动了。经过一路左冲右闯，小车载着我离开了小浪底景区。在车里，我还心有不甘地朝渐渐远去了的小浪底景区回望了许久，直到整个景区完全消失在苍郁的树丛中……

在车上，的哥问我，明天到哪儿去玩？我反问道，你说呢？

的哥不加思索地说，到龙门石窟吧。我答：行，明天就到那里去。

当天晚上，可能由于下午登山而困乏了许多，所以，晚饭后我便上床休息了。

洛阳行记四：龙门石窟

早晨醒来，扯开窗帘，却见外面正下着细雨呢，初见此景，我不由得有些恼怒。心说，天公真不作美啊！又下雨了。其实，这几日里，老天一直在下雨，只有到白马寺那一日，没有下雨。自那天后，洛阳就一直下着雨，这似乎故意与我作对呢。对于外出旅游的人来说，老天下雨，真是一桩扫兴的事儿。

不过，好在雨下得还不大，外出旅游也似乎并不怎么碍事。望着窗外那丛被雨水滋润的一片翠绿的树叶儿，我心说，春天洛阳的雨水也很大啊。看来，今年定会是个丰收年！此刻，我真的替古都洛阳感到了一丝欣慰。

想着马上要到龙门石窟游览，我的心里一阵莫名的兴奋，便马上起床，一番洗漱之后，就赶到餐厅吃早饭去了。

很快地，我就风卷残云般地将碗碟儿吃了个底朝天。

走到宾馆大门，老远就瞧见的哥已站在车旁等我了。见状，我快步走到车旁。同他寒暄了几句，便拉开车门，钻进了车里。随即，的哥驾着车儿离开了宾馆，调头朝龙门石窟景区奔驰而去。

一路上，雨水不止。我朝窗外看去，发觉这雨儿似乎没有停下来的意思。非但如此，且还有越下越大之势。见此，我有些困惑了。不知今天能否玩好呢，竟有些儿忧心……

不到一个小时，的哥就把我带到了龙门石窟景区的大门前。

"哥们，龙门石窟到了。瞧，前面的那个大门就是。"的哥语气热情地对我说。

"是嘛，这么快就到龙门了？"我还没从雨水中缓过神来，便忧忧地问他。其实，我正在为怎么游览龙门担忧呢。所以，此刻亦未动弹身子呢。

这时，的哥似乎看出了我的心思，便笑着说：这雨不算大，可以游览的。况且你也有伞嘛，参观石窟没有问题的。

听他此言，我的心里似乎也有了些底气。便对他说：行，就冲你这句话，我也要下去，行走一番。于是，我推开车门，纵身翻出车外，伸手朝车内的的哥挥了挥手，就朝景区的大门走去了。

在很早的时候，我就知晓洛阳龙门石窟的大名了。其乃中国三大著名石刻艺术宝库之一，是首批全国重点文物保护单位。

据相关资料介绍："石窟位于河南省洛阳市区南13公里处，始凿于北魏孝文帝由平成（山西大同）迁都洛阳前后，历经东魏、西魏、北齐、隋、唐、宋诸朝，400余年间雕琢不绝。据统计，东、西两山现存窟龛2 345个，碑刻题词2 800余块，佛塔50余座，造像十万余尊。其中，北魏洞窟约占30%，唐

龙门石窟大佛像

代洞窟约占 60%，其他时代的窟龛造像约占 10%。"

"龙门石窟，虽然是佛教文化的艺术表现，但它也折射出了当时的政治、经济和社会文化时尚。石窟中至今仍然保留着大量的宗教、美术、书法、音乐、服饰、医药、建筑和中外交通等方面的实物史料。因此，它堪称一座大型石刻艺术博物馆。"

上述录入的这段文字，委实有些长、却十分必要。否则，是说不清楚龙门石窟的前生今世与历史渊源的。况且，作为一个旅行人，要在走马观花途中，完全掌握与彻底了解每个风光景点，亦是不可能的。在这点上，旅行者似乎是永远的"外行看热闹"的。然终究还是多了解些景点的文化特点及历史渊源，对每个旅行者来说，还是颇有益处的。

好了，扯远了，有关旅游文化的话儿，这里就此搁笔吧。毕竟仁者见仁，智者见智，各有所得吧。

走进大门，我就看到这里四周开阔，芳草青青，伊河流淌，烟雾弥漫；两岸山峦起伏，青黛绵延。看到此景，我不禁"真乃大好河山啊"由心底里冲出了口外，竟脱口而出，大赞龙门风光的美丽。而那宽阔的伊河，则宛若一条洁莹的白练，飘舞在山谷之中，是那么的平静，又是那么的绵柔。此刻，只有一个字儿，可以表达我的心境，这个字就是"醉"。

往前行不多远，我就看见前面路旁草坪里，竖立着一块巨大的石碑。走近一看，碑上写着"龙门石窟"四个红漆大字，此乃中国当代大文学家、大书法家——郭沫若的手笔，苍劲飘逸，可谓书法杰作。石碑的右上方则刻着"世界文化遗产"的蓝色标记。整座石碑巍峨耸立，显得十分大气。看到这块大石碑，也就意味着真正进入了龙门石窟景区了。

因为是阴雨天气，且又非节假日，所以前来游览的人不多。景区道路上，行人三三两两，稀稀拉拉的，显得很空旷。与黄金周相比，似乎不成气候。然而，却也成全了今天来到这里游览的人们，使得他们游览起来，似乎更能从容不迫，更能悠然自得些了。

景区里的道路很宽畅，可以并开四部大卡车。道路两旁栽种了许多杨柳树，树木并不高大，估计栽种的时间不长。看着那绿茵茵的柳丝儿，感觉有一种莫名的兴致油然而生，竟使脚儿轻松了起来。而柳丝飘洒的外围,则是一排雕有荷蕾的石栅栏。远处则是一座巨大的拱形石桥,跨越伊河两岸,雄伟壮观,气势如虹。

走到景区的内门前,抬首就看见拱门上方书写着"龙门"繁体二字,此乃老一辈革命家、诗人——陈毅元帅的手笔,心里颇感亲切。于是,就请人为我拍照以留念之。

走进内门,才算是来到了石窟文物区。可是,看到的第一个景观,非是石窟,而是一座清水池。名曰"禹王池",池中养着许多的红鲤鱼。我看到这些鱼儿不算大,却很多。朝水池里看了几眼,我没有停下脚步,就往石窟文物区走去。

经过禹王池,朝前走了没有几步,我就来到了心仪多日的龙门石窟文物区。

在石窟前,我伫立凝视这满山洞窟石像,深深被它那恢宏的气势所折服。

仰望眼前这密密麻麻的石像洞窟,我的思绪似乎进入了时光隧道,竟然穿越到了千年之前的古代,而亲眼看着这些石像洞窟的开凿与雕刻的情景,也仿佛感受到了工匠们当时的艰辛与欢乐的气氛。遥想当年,人们在开凿与雕刻这些石像洞窟时,是多么的虔诚与敬业,又是多么的艰难与无畏。想到这里,我的心里肃然起敬。是的,人们今天到这里来,不仅是参观这千年的文物,而且也是对那些千万个古代工匠创造的这些千古不朽的石像洞窟的充分肯定。同时,更是对古代劳动人民杰出工匠的深切感念。我想,我也是怀着这颗感恩的心,来这里瞻仰这些千古不朽之文物的。

我来到的第一个洞窟，就是潜溪寺立像石窟。它建造于7世纪，属唐高宗时期的作品。据身旁的导游介绍，洞窟的形状为马蹄型，顶为穹隆状。窟内有五座石雕像，正中间的那尊石像是阿弥陀佛，其左右两侧分别是迦叶、阿难，还有大势至及观世音。

我走到洞前，仔细观赏了一番，发现中间的阿弥陀佛像，塑造得颇为形象，手法极为细腻，仪容仪态，可谓惟妙惟肖，的确是一件不可多得的珍贵石刻艺术作品。尽管有些儿缺损，然却无损于它的艺术光辉。

告别潜溪寺洞窟，我往前走了几步，便来到了另一个著名洞窟——宾阳中洞的门前。

据洞窟铭牌说，该洞窟建造于6世纪，形状亦是马蹄状，亦为穹隆顶。洞窟中间的坐像是释迦牟尼，两边则是其弟子及菩萨塑像。其实，它与前面的那座潜溪寺洞窟的形状，几乎是同样的。只是，它们所供的主神不同。潜溪寺洞窟供奉的是阿弥陀佛，而宾阳中洞则供奉的是释迦牟尼。再一点，就是它们建造的年代是不一样的。宾阳中洞建造于6世纪，而潜溪寺则建造于7世纪，显然前者要比后者早了一个世纪。

在门口，我朝洞窟里面使劲张望，尽量将更多的洞内景物收入眼眶里。我看到主像释迦牟尼面容丰润，形象生动传神，仿佛是古人的艺术再现。在我看来，这尊石像似乎比前面的那尊石像更具灵性。

离开宾阳中洞，经过宾阳南洞，便走到一座石窟群前，仰望起这大小不一的洞窟来，欣赏观看着它们的风采。

忽然，我看见有两羽白鸽飞起来，落在了石窟门前。顿时，引起了我极大的兴趣，便顺手操起手机，将鸽子的形象收入了镜头里。看那样子，这几羽鸽子显然是信鸽无疑。可能是长途旅行途中，到此歇歇脚而已。此时，我倒觉得这些鸽子是很聪明的。到这里来，既可避雨，又可觅食，还可以来趁机休息会儿，真的是一举数得啊。我真替这些鸽子高兴，并衷心地为它们祈祷，早日平安地返回自己的家。

接着，我又一路前行，就来到了龙门石窟最重要的景观——奉先寺的台阶下的广场上。这是一个值得大写特写的景观。这是整个龙门石窟最精华的部分。

有关奉先寺的资料，相关文字是这么表述的："奉先寺原名大卢舍那像龛，规模之大，属龙门石窟首位，也是中国佛教艺术的登峰造极之作。是唐代最具代表性的洞窟。立佛卢舍那像高17.14米，头高四米，耳长1.9米，位居像龛中央，丰颐秀目，嘴角略翘，稍含笑意，微微俯视的双目如同瞻仰者仰视的目光交汇，形象即庄严雄伟又不失睿智慈祥。"

在这里，我之所以要引用一段相关资料，来论述一番奉先寺卢舍那像的来龙去脉，完全是由于奉先寺卢舍那像深厚的历史底蕴和时代渊源。而这，绝对不是通过一次参观浏览，就能完全通晓和深刻了解的。而我也没有如此高的水平与能力，去诠释奉先寺与卢舍那像的历史意义及艺术水准。因此，只能老老实实地看些这方面的书籍文章,来充实自己,以加深印象。

在奉先寺平台下面,我仰首朝上望去,就见平台相当高。坡道也很陡,有近百级台阶,且呈倒丁字形。由于雨天路滑,游人只能小心翼翼登临湿漉漉的石阶。好在此时的人不多,攀登起来并不拥挤。我没费多少时间,就登上了卢舍那石像的平台。可能因为游人不多,所以,整个平台显得格外空旷。只是在卢舍那像前,围了数十人,正在那儿听着导游的介绍呢。而我并未上前凑热闹,此刻正在旁边忙着拍照留念呢。待我忙完,导游也快介绍完了。我只听到了卢舍那大像的样子,很可能是武则天的原形的话语……

我走到卢舍那像前,仔细端详着石像的面容,觉得也可能真的就是武则天本人的形象呢。

你看,卢舍那石像的形象,的确如同前面所录文字里说的那样:漂亮的柳眉杏眼,含情脉脉,饱含深情。鼻梁高挺,小嘴唇饱满圆润,唇角儿微翘,十分引人喜爱。那对大耳,长得垂肩,洋溢着福气万千。而它的颈项也塑造得秀气无比,完全是一尊美人像,活脱脱地展现在我们的面前。要知道,这尊美人像可是经历了千百年的风雨洗礼的啊。当年,它的形象一定比今天还要美丽壮观哦。我想,今天的人们真的应该感谢当年的那些个怀揣绝技的工匠们,是他们用智慧的想象和巧夺天工的双手,为子孙后代创造了这一登峰造极的艺术杰作。

再看卢舍那石像两侧的八座石雕像,技艺也是那么的惟妙惟肖,栩栩如生。只可惜,由于年代久远,且又深受风雨洗涤洗刷,致使这些石像也受到了不同程度的损毁,有的连头都没有了。真是非常可惜,令人扼腕。不过,虽然这些石像已经残缺不全了,可那是残缺的美啊,著名的维纳斯雕像,不是缺损了一条胳膊嘛,不是也很美嘛。说实在的,我也只能这样安慰自己罢了。

我在卢舍那石像前,走了好几个来回,就是不愿很早地离开它,而想再在这儿多陪伴她一会儿。我心想,要说艺术杰作,眼下又有谁的艺术作品能与它争锋呢?无论是艺术水准、雕刻难度、年代久远等方面,都是无可比拟的。一句话:独一份儿。卢舍那石像的价值,就是这么牛!

以前,我对石雕佛像的兴趣并不大。可通过这一次在龙门石窟的参观游览,我深深地被这些精美绝伦的石雕佛像彻底地征服了,真的爱上了它。

在细雨中,我踏着湿漉漉的石阶,漫步缓行,离开了奉先寺,告别了卢舍那大佛。

大同览胜记一：悬空寺与恒山

也许是今年上海的天气过于炎热，且高温的天数也比往年长的缘故，这对十分怕热的人来说，赶紧找个清凉之地避暑，似乎就成了暑假旅游的首选了。

那么，何地才是避暑佳地呢？我陷入了"艰难"的思量之中。在经过一番"缜密"的思量权衡之后，我就把我国北方名城、第九大古都——大同，选作了这次北上旅行之佳地。

然而，这已不是第一次选大同了。去年，我到山西交城时，就想到大同游览一番的。因为，我对大同风光已心仪多年了。可是，计划没有变化快，结果，却去了平遥古城和乔家大院及晋祠等景区，就与大同擦肩而过了。游览大同，也就成了我的一个没有完成的"课题"。

因题目所限，这里主要畅谈一下笔者游览大同、饱览大同风光时的心得与观感，为没有去过大同的朋友，"指点"大同风光的所谓"迷津"。

悬空寺，是大同之名片，坐落于北岳恒山金龙峡西侧，翠屏峰半山崖峭壁的凹陷处。来到寺前远处的观景平台上，我放眼望去，就看见山腰崖壁间悬挂着楼阁，而楼阁则紧贴着山崖壁间上。那气势形象，真是没的说，一个字："绝"了。所谓高高在上，亦不过如此吧。人们在平台上眺望着它的高耸、它的伟岸，欣赏着它的风采，都会从心底里发出"云中楼阁，巧夺天工"之赞叹。

都说人间有"云中楼阁"，此前，我不信。但这次到大同，来到悬空寺前，方使我始信人间有此物了。若说世上真有空中楼阁倒也罢了，可你见过"云中古刹"吗？这次来到大同的悬空寺，我算是开了眼界，长了见识。"云中古刹"的确是存在的。这就是展现在我的眼前、悬挂在对面山腰峭壁上的千年古刹——悬空寺。

关于悬空寺的前世今生，咱们还是听听研究专家的述说吧：

"悬空寺原名玄空寺，取道家之玄、佛家之空，形貌楼阁而得名。始建于北魏后期，到现在已经有一千五百多年的历史。一九八二年，被列入全国重点文物保护单位。它又称悬空寺，是由于玄与悬的谐音，或者是因为寺院悬挂在山崖峭壁间而悬空之故更名。"

"它集力学、美学、建筑学、环境学以及儒、释、道三教合流的宗教内容为一体，是恒山人文景观之冠，被誉为世界一绝。"笔者之所以要抄录上述几句话，是因为该文简明扼要地对悬空寺进行了介绍，文字不多，却从各个角度还原了悬空寺的来龙去脉，可谓立体之言，读之使人疑窦顿解。

去悬空寺的这天，天气很好，正所谓一路阳光，一路观景。我在出租车里目不暇接,浏览着车窗外的风光与景色。从市区来到郊区野外,一路走来,充分领略到了市井的繁华和城外的绿色。尤其是来到恒山周边,但见阳光沐浴下的恒山,绵绵不绝,气势磅礴,宛若苍龙横亘在辽阔的晋北大地上,巍峨壮观。观之,使人震撼不已。

从笔直宽敞的高速公路上下来,车子拐进了一条普通公路,朝恒山脚下急驶而去。在穿越了一座颇具规模的山洞隧道后,车子载着我来到了著名的悬空寺北侧的停车场上。

从车上下来,我站在车旁,驻足观赏四周的环山美景,脑海里竟浮现出了古人赞美泰山的几句话儿,形容这些大山的雄

大同悬空寺留影

姿：高矣、极矣、雄矣……环顾四周的高山，我是既兴奋，又有些儿害怕。说实话，还有点儿恐惧。看着眼前的大山，刹那间，我竟觉得自己的这些离奇想法，十分可笑，荒诞。心说：你太多虑了吧。

很快，我告别了的哥，迈着轻快的步伐，一脚便跨进了景区的大门，径直朝前面偌大的观景平台走去。由于我来到景区尚早，此时平台上的人并不多，也就三三两两而已。因此，整个观景平台显得十分空旷。我站在平台中间的空地上，朝山谷西侧的翠屏峰望去，就见悬空寺悬挂在山崖的峭壁上，那形状如同空中楼阁似的，十分抢眼。而在谷间河畔则种植着大片青草与花木丛，可谓草木森森，绿色满目，就像一幅青翠碧绿的屏风，洋洋洒洒地簇拥在悬空寺的山下，十分养眼。

就在我的目光扫描远方景观的当儿，忽然，我的眼眶里映入了一块大石碑的身影。石碑上书"壮观"两个红色大字，传说是唐代大诗人李白所题。据说，当年李白曾到此游览，惊叹悬空寺之绝美，山谷之壮观，以致使他居然没有了作文吟诗的雅兴，竟没有留下一句赞美之诗文。这在李白来说，是绝无仅有的经历；同时，也留下了千古遗憾。尤其是对悬空寺来说，更是遗憾千载。不过，李白终究留下了赞美悬空寺风光的题字"壮观"二字，高度概括了悬空寺的绝妙与雄伟。遥望着远处那座悬挂在半山腰上的悬空寺，我想李白当年之所以没有为悬空寺撰文吟诗，大概是由于悬空寺之美、之险，令他无法用诗文来表达自己的感悟吧。大石碑前面是一大块整齐的长方状的巨型草坪，草坪中间植有"古寺无量"四个大字，看上去很有气魄，可谓气势如虹，颇具震撼力。

在欣赏了一会儿山谷风光后，我将目光收了回来。趁着这个难得的空旷，便请人为我照了几张以悬空寺为背景的照片。刚拍完照片，我正要离去，忽然身后一阵嘈杂声，便转脸朝不远处的大门口望去，就看见那里涌进了许多人，人们在小黄旗的引导下，迅速朝平台中间涌来。原先有些寂静的平台广场，顿时人潮涌动，人声鼎沸了。再看整个观景平台，比刚才要热闹多了。一句话，人气相当旺盛啊。看着越来越多的人来到平台广场，我只好选择避开。当我走到平台一侧时，在不经意中，发现路边有一书摊。我满怀惊喜地来到书摊前，便选了几本介绍悬空寺及恒山风光的书籍，买了下来。价格还算便宜，不过那本《恒山与"和文化"》则是按原价买下来的。应该说，这本书还是有些学术价值的，所以，摊主是按原价卖的，说明他还是识货的。能在悬空寺景区淘得此等好书，亦不枉此行也。这亦可算是我的旅行佳话了。

翻过一座小山岗，我就来到了山谷河畔。关于这条河的名字等情况，还是在回到家里阅读有关悬空寺景区文字时才了解到的。原来此河在历史上就叫恒水，同时，亦名唐峪河。这是一条非常有来历的大河。据说，每年一到雨季，峡谷南端的各条沟谷的流水全部汇集于此，惊涛骇浪，怒吼咆哮，似乎在张扬着悬空寺的无限威力。

而今天，我看到的景象是河道齐整，河水清澈，平静的河面在阳光的光照耀下，显得波光粼粼，一派山青水秀的景色。

很快，我就来到了一座规模不算大的桥头上。伫立在那儿，朝四周环望起来，周边的美景直奔眼底，感觉美不胜收，目不暇接。叹道：这儿风光，真的太美了。感觉是在画中游似的，爽极了。再看桥下的河水，流淌得十分平缓，似乎被人们驯服了，完全没有了书上所说的那种惊险情形。虽谈不上"人定胜天"，却也显示了劳动人民改天换地、重新安排旧山河、改造大自然的伟大力量。

跨过宽敞平坦的大桥，就来到了翠屏峰脚下。我抬头朝半山腰的悬空寺看去，感觉它犹如一座华丽的琼楼仙阁雄踞于半空中，十分雄伟壮观。也许只有这里才是观景最佳的地方。沿着河畔小道，我边看边走，便来到了南边的山脚下。我看到这里聚集了不少游人，他们正在排队等候上山游览悬空寺呢。我也加入了排队等候的行列。游人聚在一起，天南海北地侃起了大山，我也同几个游人聊起了话儿，很快地，我随着队伍登上了山岗，来到了悬空寺前面的观景平台上。

平台很小，平台之上就是大名鼎鼎的悬空寺。而平台里侧是一座石阶梯，登上石阶梯便是悬空寺了。

来到平台上，就看见有许多游人，并不急于登梯进寺，而是簇拥在平台上拍照留念呢。背景只有一个，那就是悬空寺。

驻足平台南侧，凝神观望眼前的这一人文历史的建筑杰作，我竟一时没有了言语，真的被它的雄姿所征服了。在这鬼斧神工的建筑艺术杰作面前，我只有惊艳，只有感叹，从心底里颂扬它、赞美它。我想,这大概是所有来到这里,参观过悬空寺的游人们的共同心声吧。

停留片刻,我便攀登那数十级石阶,来到了悬空寺门前的平台上。我看见门前一侧,立着一块黑色石碑,上面写着"悬空寺"三个大字。旁边放着几盆松树盆景,由于养护不力,松树的叶子都黄了,看上去十分刺眼,十足败笔。接着,我又走上石阶,来到悬空寺的门前。据说,这里就是悬空寺的山门。而我刚才还以为,悬空寺没有山门的呢。进了这座门,也就算来到悬空寺了。山门很小,进门宛如山洞似的暗廊,里面有一座大肚弥勒塑像,坐落在暗廊的北门口。那开怀大笑的形象,似乎在欢迎我的到来呢。看着笑意盈盈的弥勒佛像,原先的紧张顿时释放了许多。走出暗廊,豁然开朗,便来到了寺院里。我发现,院落不大,很小,是我所到过的寺庙里院落最小的一个。院落呈长方形状,寺院楼殿坐落在背崖处,系一砖木二层殿宇建筑。据说,下层为僧人食宿的禅房和念经的佛堂。走进佛堂里,我看见佛堂正中放置着一座木雕观音龛,雕像莲花围坐,飞龙盘顶,充满了慈祥和温暖。只是雕像上落满了灰尘,看上去颇有些沧桑的感觉。从佛堂里出来后,我站在院落中间,再看寺院的南北两端,各耸立着一座方形阁楼,这就是著名的钟楼与鼓楼。楼殿的上层分别是三佛殿、太乙殿、关帝殿。其中,脱纱三世佛像和明代铁铸韦驮像,是悬空寺的珍贵雕塑,可谓"镇寺之宝"了。

穿过院落,走进钟鼓楼,沿楼梯而上,我来到了伽蓝殿、送子观音殿、地藏王菩萨殿和千手观音殿。我走马观花地浏览了诸殿的外观，就随着众游人迅速地离开了，依次来到楼梯处，向着更高、更险的三层大殿进发。所谓三层大殿宇，就是悬挂在寺院北面断崖绝壁上的两座宏伟的三层九脊飞楼。其楼体大部分悬空，就岩支撑的木柱仅碗口粗细。两楼南北高低对峙，中间断崖数丈，以飞架栈道相通。据说，这里是悬空寺最为惊险之处。每个游人来到这里，大都神情紧张，惊慌体颤。当然，笔者也不例外，也是紧张得不行，不敢看一眼栏杆之外景，一心想着早些返回地面，以图安全。最可笑的是，我看到一个走在我前面的游人，在前往最高处的那座飞楼时，竟紧张得迈不开腿，也不敢站着走。而是弯腰蹲着往前挪步，更别说观景了。我相信，此人什么景也没有看到，真是活受罪。尽管我也很害怕，却还是壮起胆子，朝山下看了几眼，的确有些儿居高临下的感觉。在上面看得最清楚的是山下的那块硕大的草坪，像一块绿色锦缎似的，十分养眼。其他的风景，我就不敢多瞧了，的确太高太险了，且只靠那几根碗口粗的红色木柱支撑着。走在栈道上，仿佛亦能感觉到晃动似的，想想心里着实有些后怕。小腿肚子也有些打颤了，真的不敢再往山下看了。于是，随着拥挤的人群，沿着栈道木梯，慢慢朝前移动着，经过了释迦店、三宫殿、纯阳宫、观音殿、三教殿等建筑，我终于又回到了悬空寺的山门外的平台上。原先那颗久悬着的心儿，也随之落了地。那感觉仿佛完成了一项天大的任务似的，有一种凯旋的感觉。

在平台上，我找人为我拍了几张照片，以作留念。其实，刚才在飞楼之上，我也想拍几张，可是，却没有人在此拍照。所以，我也只好作罢。毕竟，出门在外，安全是第一位的。而在平台上留影，也是为了弥补在飞楼上没有留影的遗憾的。在我看来，这不仅仅是留念，更是对这次旅游经历的真实记录。

从平台上下来，经过了几十级台阶的上上下下，又来到了河畔桥边。我举目遥望那挂在山间的悬空寺，深情地看着它，朝它行注目礼，向它作最后的告别。

离开悬空寺景区，的哥驾车一路疾驰，大约半个小时，就把我送到了恒山主峰——天峰岭半山腰上的停车场里。

刚从车上下来，忽觉肚子"咕噜噜"地叫了几声，原来是"午餐铃"响了，要进食了。好在停车场边上有几家餐饮店，我与的哥忙走过去，点了几个当地农家菜，找了一张空桌儿坐下休息。不一会儿，店小二就将热气腾腾的饭菜端了上来，我同的哥端起饭碗，操起筷儿，一阵风卷残云，吃了个肚儿圆。这顿吃，是既填肚又解饿，尤其是那盆恒山木耳菌菇蛋花汤儿，不仅解渴，还能提神呢。刚才的困乏劲儿竟然一扫而光，似乎又精神百倍起来。其实，出门在外，无须山珍海味，只要能在大山里吃到当地农家菜，就算没有白来。

放下碗筷，我一抹嘴儿，便起身朝着恒山道儿走去。

关于北岳恒山，咱们还是先从相关的文字里了解一下它的概况吧。

"恒山乃北岳是也。它以奇峻著称，与东岳泰山、西岳华山、南岳衡山及中岳嵩山并称五岳，遐迩闻名。"

"恒山亦名大恒山，又名'镇岳''云岳''紫岳''主岳''恒岳''大茂山'。号称'塞外第一山'。海拔两千余米的山峰，号称一〇八峰，叠嶂拔峙，气势雄辉，又有'人天北柱，绝塞名山'之称。"

之所以笔者要抄录这段有关恒山基本概况的文字，主要是弥补笔者对恒山知识之不足。同时，也是为读者提供正确的恒山之介绍。

好了，闲言少叙，咱们还是回归恒山之旅吧。

走出停车场，我遇到的第一个景观，是真武庙，其山门规模不大，且为牌坊式建筑。然它门前的石阶，却坡陡且长，足有数十级之多，望之令我胆怯，故没敢在庙前造次。而是与它擦肩而过。前行不止，走了数十米，便来到了恒山景区售检票处门前。由于是中午时分，来这里的游人不是很多，显得有些冷清。同眼下炎热的日头相比，这里门前确实清凉许多。不过，游人少了，也有好处，那就是浏览起来似乎能更从容些。

穿过门房，眼前便是一片绿色世界。

我拾级而上，登上平台，回望身后风光，但见景区大门乃一平房也。其样式，与山下的农舍没有什么两样。然而，我却觉得这很符合山区特色。如此看来，这里还是刚开发出来不久的新景区。

在转过一个小弯后，我就开始了正式的登临恒山之旅。

山道，由花岗岩长石条铺就，道宽二至三米不等，相当平坦。走在这样的山道上,感觉稳当、踏实。展望山道,就见它曲折通幽,蜿蜒向前,直到大山深处,掩饰于浓郁的丛林之中。而这山道修造,也颇见功力。一路上并非全是石阶,中间不乏平坦的平台与小径。而且,山道路边总有一两个石条长凳,以供游人歇脚休息,感觉相当人性化。笔者倒是未坐过,却看到确有不少游人坐在石凳上,长吁短叹,大呼小叫,显得十分惬意。

不过,最让我心醉的还是那长满山坡、浓得化不开的绿荫树丛。我登过不少大山,可是像恒山有如此令人陶醉的绿色,还是不多见的。尽管,那些大山名山也有不少森林绿丛,可在我的眼里,还是比不上北岳恒山的。站在山道的平台上,我举目环顾四周景色,觉得无论山上山下,或者山前山后,满山遍野都是绿油油的山木森林。尤其以各种松林、柏树为胜。我以为,这正是恒山景观的风光特色。举目远望,十分养眼,倘若仔细眺望的话,你就会发现,在绿色丛中掩映着星星点点的红墙绿瓦的寺庙建筑群,那形象隐隐约约的,煞是好看,宛如绿景上的美丽点缀,是那样的美妙,洋溢着大自然的迷人神韵。

再看那远处的群山,形势险峻,蜿蜒起伏;叠嶂拔峙,气势雄辉,被薄雾环绕着,显得有些儿云遮雾罩似的,颇有些神秘之感。而阳光则透过那层云霭,将光芒洒在了曲折万端的群山上,似乎涂了层银光。看上去青幽幽的,仿佛苍龙摆舞,充满了勃勃的生机。

就这样,我一边观景,一边过岗地走到了衡山的重要景观——"山人北柱"牌坊的台阶前。牌坊为四柱三门样式,顶端覆盖以黄绿琉璃瓦,为木质建筑。整座牌坊看上去,庄严大气,颇具皇家范儿。经打听,我方才知道,"山人北柱"四个大字,为清道光皇帝所题,难怪牌坊有点儿皇家气派呢。

走到这里,也就意味着已来到了恒山古建筑群的外缘了,算是踏进了恒山古建筑群的大门。穿过牌坊,经过大殿的红色拱形大门,我便来到了同样红色的接客厅前。

这接客厅,乃一红墙飞檐的二层仿古建筑。它面阁五间,二层楼上环以围栏。一楼正中上方悬挂着一块写着"接客厅"三个大字的金字黑匾。至于为何叫"接客厅",似乎没有什么文字痕迹。至少,眼下我还没有看到过相关的记载。不过,我也懒得去打听。整体建筑还算有些特色,而游人似乎并不怎么待见它,包括笔者亦是如此。我发现它的门前没有什么游人,有的也只是些路过而已。能真正引起游人注意的是它旁边的那口"苦甜井"。据介绍,这口古井是有些历史来头的。限于篇幅,这里我就不展开了。不过,我还是喜欢古井上方那座硕大的亭子。这座亭子最大的看点,就是此亭为长方形状,而别的亭子则是正方形的,这也许就是该亭子的特色之所在吧!亭子的特色还在于它的雕梁画栋之美,既显喜庆,又显那么古色古香,颇具艺术的美感。整座亭子,彰显出浓厚的文化底蕴与历史的张力,是恒山的一处重要文化景观,值得人们一看。有关它的历史文化之传说,就更值得游人玩味了。

看过苦甜井,我便往恒山古建筑群的深处走去。在经过了几座仿古建筑物之后，就来到了著名的道观——九天宫景区。

所谓九天宫景区，就是以九天玄女庙为中心，附带周边的斗姆阁、山神庙、纯阳宫、太乙殿等庙宇，而形成的祠庙建筑群。其中，以九天宫为大。我看到这些殿宇祠庙，宛如众星拱月地环绕着九天宫的院落，可谓星罗棋布，气象万千。

在经过了诸如山神庙、纯阳宫和太乙殿之后，我便来到了山崖里侧的一座红墙大门前，它就是著名景观——九天宫。它的大门，并不十分高大，是一座典型的北方大门楼子。门洞呈拱形，由方方正正的条石垒筑而成。其顶端为一黑底黄字拱形石匾，上书"九天宫"三个大字。此为今人所写，并无古人韵味，只是起了个指路的作用。在门外看，整座门楼似乎并无特色可言。可是，进门来到庭院里，放眼四周之景物，却觉得这里别有洞天，十分有料。整座庭院，殿宇错落有致。门前屋后，古木参天，绿荫如盖，望之心情顿觉畅快舒适。

绕过放置在大殿门前广场中间的硕大香炉，我走到大殿门前的台阶下，仰首凝视这恢宏的殿宇，从心底里感受着震撼。过了片刻，我拾级而上，来到殿宇门口，朝大殿内张望。就见殿内摆放着九天玄女圣母的彩色雕像，雍容华贵，栩栩如生。旁边墙上还挂着画有阴阳八卦符号的拓帖。此外，还竖立着一些塑像，分立玄女圣母娘娘塑像两侧，可谓主仆分明。在门口看了几眼大殿景物后，我便站在平台上，转过身来，环视着庭院景物，感觉就八个字：庭院深深，枝繁叶茂。非但如此，院内建筑结构还十分对称，如大殿两旁建有耳殿，它的东西两侧还建有配殿，而大门两边则建有漂亮钟鼓楼。据说，九天宫的建筑规模仅次于恒宗殿。因为，当年皇帝敕谕恒山主持道士的圣旨，就存放在这里。由此可见，当年九天宫在恒山诸庙中的地位，是多么的崇高与重要。

不过，尽管大殿是九天宫院内最重要的建筑物，可我还是最喜欢它的钟楼与鼓楼。在九天宫的红墙外，我所看到的院内景观，首先就是高耸的钟楼与鼓楼的身影。我觉得它们就像两个哨兵似的坚守在大门的两侧，居高临下地注视着九天宫的周边，护佑着人们的平安。

钟鼓与鼓楼，分别竖立在庭院东西配殿临街的屋顶之上，在楼上可以俯瞰街面及山下美景。两座楼宇小巧玲珑，简约美观，雕梁画栋，飞檐翘角，如同飞燕凌空那般生动美妙，彰显出迷人的灵气。在钟鼓两楼下面的红色围墙上，则分别镌刻着一副阴阳八卦的立体画案，十分醒目，给人一种近似神圣的感觉。其实，简单就是它的特色。

九天宫，就是这样一组简单、舒朗的道观古建筑群。

等我走出九天宫的大门洞，来到前面的观景台时，火热的太阳已经挂在了正南方的天幕上了。正所谓：赤日炎炎似火烧，游人心里如汤煮。望着雾霾弥漫的山林美景，我不禁大吼了一声：老天真的好热啊……就这一声吼叫，仿佛把积藏在身上的那一股子燥气，猛地迸发了出来，顿时觉得身体轻松了许多，好像清凉了不少。显然，这是山风吹拂的结果。

我凭栏望远，极目四周美景，那感觉仿佛要陶醉其间似的。我眼眶里的山景是千峰竞秀，崖壁峭立；而远处的山峰则层峦叠嶂，烟雾缭绕，宛若人间仙境一般。应该说，在九天宫大门前的平台上，观赏恒山风光是最合适的，视角亦最为开阔。

终于，我离开了九天宫风景区。在经过了关羽庙和文昌殿后，沿着山间小道，踏上了返程之路。

走在步云路上，我蓦然发现上山浏览的人似乎多了起来。人们谈笑着、追逐着，快乐地朝山间深处涌去。看着这些快乐洋溢的人们，我亦被他们的快乐情致感染了。

我一改逐级而下的步子，而是连奔带跑地一路风行而去。不一会儿，我就奔到了山下。都说"上山容易下山难"，其实不然，至少在我这里在恒山上就颠覆了这句所谓的"千古名言"。由此上溯到四十年前的那次黄山之行，亦是如此之感觉也。

走出恒山售检处大门，我便来到山道右侧一个硕大的露天商场。却看到货架上琳琅满目，令人眼花缭乱。当然，也真假难辨了。面对着热情招呼的商贩，我看中了几样所谓的"恒山纪念品"，随即付款走路

来到等候在这里的的哥面前，见他一脸的困倦，我知道他刚才正在睡觉呢。可由于俺的到来，却使他所谓的"红楼春梦"被无情地打断了。

很快，的哥的车子载着我离开了恒山停车场，拐了一个弯后，便奔驰在宽阔平直的高速公路上了。

在车上，的哥问我刚才在山上都去了哪些景点？又是从山

上怎样下来的？我如实"汇报"，是从山上"连奔带跑"下来的。他听后便说：爷们儿真行啊，快六十的人了，居然能从山上"连奔带跑"地下来，且毫发未损，不容易啊！这说明你的"身体定力"很好。一般这个年纪的人，是不能这么下山的。听他这么一说，我的心情及刚才下山时的劳累也觉得好多了，身子骨也似乎轻松了许多。

接着，的哥问我：下一站去哪儿？我一见天色尚早，心说这么早就返回宾馆，太浪费时间了。于是，我就问他，应县木塔离这儿远不远？的哥答道，大概四十公里左右，可以去那儿看看。得到的哥的支持，我立马决定到应县木塔去。

的哥一踩油门，朝着应县急驶而去。

大同览胜记二：应县木塔

大约在一个小时后，的哥驾驶着出租车一路狂奔，风尘仆仆地来到了著名的应县木塔下。

所谓应县木塔者，乃应县佛宫寺释迦塔也。有文字显示，此塔乃中国及世界现存的最古老、最宏大的纯木结构建筑。据说，应县木塔与法国的埃菲尔铁塔、意大利的比萨斜塔齐名，被世人称为世界三大奇塔，堪称国宝中的国宝。

从车上下来，我朝着气势恢宏的木塔，深情地凝视了一番。算是向这座举世闻名的千年古塔，默然致敬吧。这是一种油然而生的敬仰之情感，这感情来自它那屹立千年搏击风云的神威，更发自于我内心深处对它的崇仰之情愫。其实，我对应县木塔并不陌生，还在读小学的时候就通过集邮，从邮票上看到过它的倩影。也就是说，从那个时候我就知晓了应县木塔的大名，然而，在数十年后的今天，我方才见到它的真身仪容，真可谓漫长的"旅行"。"好事多磨"一词用在这里，似乎恰如其分也。

应县木塔据专家考证："建成于一〇五六年，高 67.31 米，底层直径 30.27 米，平面呈八角形，纯木构造。结构上没有使用一颗铁钉，全部是卯榫咬合，其卯榫形式，多达 62 种，真可谓鬼斧神工。斗拱形式多达 54 种，用巧夺天工来形容一点也不为过。木塔雄踞于四米多高的台基上，六檐五层，高耸入云，巍峨壮观。""塔呈八角形，塔身为阁楼式。层层斗拱，八面勾栏，层层叠叠，如莲花盛开。真是，远看擎天柱，近视百尺莲。"

我一边走一边看地来到了释迦塔景区的山门广场上。却见整个广场宽阔、平坦，规模相当宏大。试想一个县城，竟然有如此宏伟壮观的广场，这在全国来说，都是十分罕见的。细想一下，我以为这全赖眼前的这座著名古塔的神灵所赐。应该说是这座千年古塔，给古城的城关建设所带来的巨大变化，也反映了当地人民在党和政府的领导及支持下，为建设家乡、弘扬传统文化所做出的努力。作为一个旅游者及外乡人，为当地的历史文化古迹能得到如此好的保护而颇感欣慰。是的，若是全国各地的成千上万个历史文化古迹，都能像这座千年古塔而得到至爱关注，那该有多好啊！

好了，不多遐想了，还是迈开步伐，认真观赏这座瑰丽光鲜的千年古塔的风采吧！于是，我并没有朝广场南边的四柱牌坊走去，而是转身向佛宫寺的山门走去。

我看到，因不是节假日，来这里的游览人并不算多。整个广场及山门前的景象，显得有些空旷。然而，这却是游览景观的最佳的时候，而这似乎已成为游览景观的一般定律。试问，有谁喜欢拥挤呢？至少我不喜欢。见到此景，我心里颇感欣喜。心说，可以在这里仔细看个够了，而无须招惹身边客了。

走到山门前，我并没有马上进去，而是在门前站了一会儿，仰面朝天地打量着这座造型颇为壮观的建筑物。

山门建筑为单檐歇山顶，红墙青瓦，古色古香，很有些气势。整座建筑面阔五间，中间正门洞里放置着金色灿烂的大肚弥勒佛雕像，非常醒目。而门洞上方屋檐下则悬挂着一块写着"佛宫寺"三个大字的蓝底金字的横匾，系大书法家赵朴初亲笔书写，古朴苍劲的字体，为佛宫寺增添了不少色彩。

来到山门大殿，即天王殿，我看到彩塑的四大天王神像，耸立在大殿东西两侧。在弥勒佛神像的背后，是韦驮的塑像。这些塑像神情严峻，持器肃立，极具神界威严。我到过许多寺庙，每个寺庙几乎都有一座天王殿。所以，类似的神像也见过不少，似乎有些"老相识"的感觉。只是这里的神像身上积了不少灰尘，看上去很是不爽。不过，倒是有些年代久远的韵味，似乎达到了一种古色古香的范儿。我在想，天王殿里之所以要让这六座神像耸立于此，大概是为了护佑前来祭祀的芸芸众生吧。

辞别天王殿，告别"众天王"们，我便来到了木塔的庭院里。站在塔院的最南端，即天王殿后门前面，就看见崛地擎天的千年古塔，巍然屹立在寺院的中轴线上。我仰望着这座耸立云霄、雄辉古朴的千年木塔，不禁惊叹，大呼"高矣""壮矣""神矣"。之后便无语了。显然，我被眼前的千年木塔的神韵镇住了。望着木塔，过了好半天，我方才缓过神来。这时，我的目光在无意中落在了中轴线东侧的一个纪念品售货亭上，便快步走了过去，在那儿买了有关应县木塔之类的书刊若干册，以纪念这次难得的木塔观光之旅。就在我拿着这些书刊时，脑海里萌生一个想法，即请售货员帮我照几张木塔相片。于是，我便对他提出了自己的这一请求，售货员当即同意了我的要求。接着，我就走到中轴线上的石道上，请售货员照了几张以木塔为背景的相片。

随后，我朝他道了声"谢谢"，便转身进入了前来观光木塔的人潮，朝着不远处的千年古木塔缓步走去。

来到木塔的下面，我仰目凝视着巍然耸立的木塔。就见它层层斗拱，八面勾栏，皆为木材，煞是古朴。再观它的塔身倩影，可谓层层叠叠，宛如莲花盛开，颇为壮观。在我眼里，尽管木塔高达六十多米，可看它的外表，却是粗犷中见玲珑，古朴里具典雅，整座塔形十分优美。而且，同别的古塔不一样的是，应县木塔的多层之间挂满了数十块大小字匾，看上去很有气势。尤其是那块挂在第一层外檐下的"百尺重开"大匾，就是木塔形象的真实写照。那句"远看擎天柱，近视百尺莲"的话儿，用在木塔身上，我以为是非常贴切的。我虽然不懂建筑，但当看到眼前耸立的这座造型繁复、年代久远的大木塔时，就不得不从心底里钦佩老祖宗，为我们留下的这份珍贵文化遗产及其高超的建筑工程技术水平。

睹物思情。此刻在我的心灵深处，油然升腾起了一股浓烈的爱国主义情感，并且瞬间转化为热爱祖国、崇仰历史文化遗产的思想，给我以学习与感悟，让伟大的爱国主义精神永驻吾心。

在浏览了一番木塔的外貌风光后，我便将惊异的目光从塔身上收了回来。随着众游人，一起来到木塔底层的门洞里面。就看见里面很宽敞，只是光线不足，有些暗。门洞正中间竖立着一尊硕大的释迦牟尼塑像，它端坐在门前，接受人们的瞻仰。据说，此像为全国最大的室内塑像。它高达11米，绝对是一个庞然大物。我被它的威严及尊容所感动，在门外对着塑像拍了一张照片，以作纪念。瞬间，耳边便传来了工作人员的禁止拍照的话儿。我有些不好意思地朝他笑了笑，就悄然离开了门洞，重又走到了塔前的广场上。

我再一次翘首仰望着这座已屹立千年的木塔，深深地为它的千年风采所折服。而在浏览木塔全貌的同时，我对那些悬挂于塔檐下面的众多木质匾额发生了兴趣。

关于这些木制匾额，有相关资料称："应县木塔原有57面，新中国成立前丢失一面，刚一解放，即被群众砸烂烧毁一面。'文化大革命'中，又丢失两面。于2002年5月新增挂一面，现共有54面匾额。"当然，这些资料是我回到家里，才从有关书籍中知道的。通过阅读相关书籍，使我对应县木塔的前身今世，有了更多的了解。

看着眼前耸入云天的千古名塔，浏览着那些映入眼帘的匾额，感觉这些匾额问世千百年来，已深深地融入了木塔之中，成为一体，简直就是塔文化发展的典范。我见过许多宝塔，可像应县木塔身上有这么多的匾额，还是第一次见到。可以说，应县木塔就是中国匾额文化的集大成者。我想，如此赞誉应县木塔是不为过的。

你看，一层塔檐下悬挂着"万古观瞻"与"天柱地轴"匾；二层平座下方悬挂着"正直"匾；二层塔檐下方悬挂着"天宫高耸"匾。这些匾额无不高度赞赏了应县木塔的雄伟壮观，为木塔的千年神韵添色不少。然而，最引人注目的匾额当属那块悬挂在木塔第三层塔檐下方的"释迦塔"的巨型竖匾。这块木匾悬于塔上，已有800多年了。其价值，则是木塔数十面匾额中分量最重的一块。这块木匾对人们游览木塔，起了画龙点睛的作用。再往上看去，第四层塔檐下悬挂着"天下奇观"大匾。与别的匾额不同的是，此匾的左右两边又分别悬挂着"金城"和"雁塔"两块小型竖匾，看上去颇有特色。而那块"天下奇观"横匾，为明武宗朱厚照所书，难怪此匾会多两块小匾额呢。

再朝上，我的目光就落在了木塔的第五层了，也就是木塔的最高一层了。就见塔檐的下方悬挂着一块写着"峻极神工"四个大字的匾额，这是明朝永乐皇帝朱棣的亲笔。有趣的是匾上的那个"极"字，居然是今人模仿补写而成的，可谓古今合成之佳作也。在这里，我所写的都是悬挂于木塔正南面塔檐下的那些匾额，而一些悬挂在木塔别处檐下面的匾额，由于篇幅所限，这里就不一一罗列了。

在看过木塔正面上方悬挂的匾额之后，我便绕到木塔的北面，即塔身的背面，走进了中轴线上的最后一座建筑庭院，继续览胜探幽。这个庭院，就是大雄宝殿景区。

所谓大雄宝殿景区，其实，就是一座有主殿、有配殿、有厢房和围墙的自成格局的四合院。

走到院落门前，却见大门很小，是一个造型很精致的砖砌门楼。门框上方蓝底黄字"第一景"。门口两侧围墙上写着一个"佛"字。不过，字体硕大，很是壮观。

走进门楼，即是一片开阔地。前面是一条宽阔的通道，直通大雄宝殿，通道的两边是大小相等的大花坛。花坛里种植着大树及各色花草，是躲避阳光的好去处。

我径直走到花坛中间的通道上，边走边看着两边花坛里的树木花草，一时竟贪图起了清凉来，站在通道上不想走了。要不是忽然看到不远处的青铜大香炉，我可能还想待在清凉的树荫下面。

来到香炉前，我朝香炉里看了一眼，却没有看到有香火燃烧呢。我心想，这大概是因为游人不多吧！

在浓密的树荫下面，我望着前面的大雄宝殿，仔细地端详起它的外貌来。

我眼里的大雄宝殿，坐落在一个砖砌的平台上面。据考证，平台所用的青砖乃辽代遗物，颇具历史文物之特色。

大雄宝殿，亦称七间殿。我看到，它坐北朝南，为单檐庑殿式样。而它的两侧，分别是观音殿与地藏殿，像哨兵似的拱卫着大雄宝殿的威严。有意思的是，虽然大雄宝殿是佛宫寺的主殿，可由于木塔巍峨壮观，雄伟庞大，因此，在佛宫寺诸建筑中就成为第一主殿。而这座大雄宝殿退居其次，成了第二主殿了。这是佛宫寺有别于其他寺庙的独特现象。

我走进殿门，迎面而来的便是一排耸立在大殿里的众多鎏金佛像。正中间是毗卢舍那佛像，佛像后面上方的横幅上写着"南无毗卢舍那佛"七个黑体大字。佛像披着红色袈裟，双手合十地盘坐在莲花座上。他面容慈祥，法相庄严，形象十分传神。在大殿的东西两侧耸立着韦驮和吕驮的塑像，还有涂在墙上的壁画，图中人物神采奕奕，栩栩如生，颇具震撼力。我在高大宽敞的大殿里，围着众佛像走了两圈儿，粗略地浏览了一番众佛的风采，深切感受到了佛国的庄严与神秘。

在游览了殿内的众佛塑像后，我便离开了大雄宝殿。

走出殿门，我再次来到花坛中间的甬道上，将目光瞄向了前面高耸的大木塔，深情地端详它那雄伟壮丽的身影。我缓缓地又一次将目光朝木塔的四周景望去，心里颇觉震撼。原来木塔的身影在佛宫寺里无处不在。而整座寺院，就是以木塔为中心而精心布局的。真可谓：匠心独具，中心突出啊。仰望着木塔那壮丽的雄姿，我的耳边再次想起了那句"大哉，壮哉，奇哉，雄哉"的千年名言来。而它的英姿，无论在寺院的任何角落里看，木塔都是那么的巍峨、挺拔、雄伟、清晰，充满了诗情画意，使人不忍离去。这就是我在游览木塔及佛宫寺的真实感受。

走出山门，就算离开了木塔与佛宫寺。

这样，我再次来到了宽敞、庄严的山门广场上。整个广场规模庞大，气势磅礴。而又因为与木塔为邻，两者交相辉映，更显其庄严、美丽。站在广场中央的汉白玉观音全身雕像的前面，朝远处的南面望去，偌大的广场风光尽收眼底。我看到广场最南端屹立着一座三楼四柱悬山顶的清代牌坊，它是佛宫寺中轴线上的第一座建筑，其后分别是木塔与大雄宝殿。据说，牌坊原不在中轴线上，后在改扩建山门广场时，才从别处迁移过来的。

而在广场的东西两侧，皆为草坪绿地。花木丛中，掩映着红柱青瓦的亭树楼阁与观景长廊。广场中间，则是宽敞的铺石甬道。甬道两侧竖立着颇具民族特色的灯饰，既漂亮，又对称，放眼望去，十分养眼。在甬道两面的石铺路上，竖立着两座石幢柱子，上面雕刻着多式花纹与人物图像，画面十分精细，惟妙惟肖，感觉非常壮观、大气。

我沿着石板甬道，朝牌坊缓缓而去。很快，我就走到了牌坊的下面，仰起脸儿端详着它的雄姿。它给我留下的第一个感觉，就是古色古香，极具文物价值。看了一会儿牌坊风貌，我便穿过门洞，来到了牌坊前的大街上，回首仰望着它。就见牌坊中间门洞上方，镶嵌着一块硕大的横匾，上书"浮屠宝刹"四个黑体大字，书法苍劲有力，潇洒韵致，十分耐看。再看牌坊里面相同位置上，同样嵌入一块硕大横匾，上面写着"千仞玲珑"四个大字。据说这正反两面的题字匾额，均由当时的书法大师傅登荣一人所题写，足见其书法水平相当高，也为木塔的千年文化增了光，添了彩，留下了一段历史文化的佳话。

从牌坊出来，我就来到了一片贩卖古玩的地摊前。怀着好奇，探看这些所谓"古玩"之虚实。看了一会儿，也没有看出个所以然来。虽说有几样物件造型颇喜人，也很想买下来可一想到真伪，便立马打消了念头。毕竟，眼下假货实在是太多了。一旦买下来，吃力费劲、舟车之累不说，若是买个假货带回千里之远的上海，就不太值得了。想到这里，我觉得此地已无探看之必要，便径直离去了。由此，告别了心仪多年的木塔景区。坐上出租车，跃上宽阔畅达的高速公路，向着数十公里以外的名城——大同，疾驰而去，从而结束了在大同游览的第一天。

一个小时后，我终于回到了大同的宾馆里。

此刻，已是黄昏时分。不过，天幕上还挂着太阳呢。阳光还是那么的明亮灿烂。大同的秋天是很美妙的，天是蔚蓝色的，云儿则是洁白无瑕的。天空就像一块硕大的碧玉，晶莹剔透，像水晶似的。在这样的天空下，你想不快乐都不行。

回到宾馆里，我马上洗了把脸儿，力图将一天的尘土洗涤而去。完毕后，一看离晚饭时间尚早，且肚子也不饿，便一屁股坐进了漂亮的罗圈沙发椅里，从包里取出今天在悬空寺、恒山及应县木塔等景点买来的十几册相关景点图书，粗略地阅览起来。我觉得只有在这个时候，人才是幸福的。而我对上述景点的认真了解，在很大程度上是书本的功劳。因为，仅仅走马观花，是不能全面深入了解相关景点的全部来历，以及它们的历史文化价值与意义的。因此，只有将景观与书本相结合，方能真正了解相关景点的前世今生。这也许就是汪曾祺先生为何总在游览景观时，要先阅读该地方史志的原因之所在吧。

等我看完《应县木塔揭秘》后，窗外大街上已是华灯初放。原先有些空旷的街市，此时又热闹了起来。我趴在窗台上，看着熙熙攘攘的大街，顿时来了精神，将手中的书朝床上一丢，推开房门，一溜烟似的冲上了大街，来到一座名叫"同和"的大饭店里，叫了几个菜，便狼吞虎咽地吃了起来。

从饭店出来，我沿着灯光辉煌的大街，逛起了大同夜市来。发现大同城区相当繁华，饭店里坐满了吃客，商铺里也是人头攒动。人们提着大包小包，来来往往，喜笑颜开，好不热闹。看来，有钱哪里都一样。咱们国家真的富强繁荣了许多。走着、看着，我便走进了一家规模颇大的夜市商店闲逛。在浏览琳琅满目的货架时，我看中了一坛杏花村名酒。一问价不贵，便爽快地掏银子付了账，抱着酒坛子离开了商场。好在坛子不重，玩儿似的怀抱着它，回到了宾馆里。

大同览胜记三：云冈石窟

清晨，我从睡眠中醒来。在朦胧之际，耳边传来淅淅沥沥的下雨声。我立即从床上跳下来，冲到窗前朝外看去，就见马路上湿漉漉的，树的枝叶上也挂着水珠儿。不过，雨还不算大，顶多也就是小雨而已。见此情形，我的心里似乎也好了些。在宾馆的餐厅吃过早饭后，我便下楼，走出了宾馆的大门，在路边叫了一辆出租车，直奔云冈石窟景区。

坐在向前疾驰的车里，我朝窗外浏览着飞逝而去的路边景色，却惊奇地发觉雨儿竟时有时无，且雨量也不大，正是游览的好时候。大约在一个小时后，的哥将我送到了云冈石窟的大门前。

说起云冈石窟，我其实并不陌生。还在"文化大革命"时期，我就知道了它的芳名。那是1973年9月15日，周恩来总理陪同时任法国总统的乔治·蓬皮杜先生米到大同，参观云冈石窟。从此，我便在心里记下了云冈石窟的名字，后来，又知道云冈石窟为我国仅存的三大石窟之一。另外两个分别是甘肃省的敦煌石窟和洛阳的龙门石窟。

据史料文字记载：云冈石窟，始建于公元460年，分早、中、晚三个时期。公元494年，随着北魏迁都洛阳，云冈石窟的大型洞窟的开凿工程基本结束。但是，民间造像依然盛行。

云冈石窟，作为中国第一处由国家经营的大型石窟寺，它的造像，从题材到技法等诸多方面，都必然受到当时流行艺术形式的影响。

好了，在简要了解了云冈石窟的由来情况后，咱们还是先到景区，一睹石窟的千年芳容吧。

从车上下来，一座古色古香的阙门建筑，横亘在我的眼前。尽管不算如何高大，却也有些儿绵延长卧似的。我看到中间的阙楼明显高大，而其两侧的阙楼则显小了些，形成了整座阙门中间大、两侧小的漂亮形状，使人一眼望去，颇感雄伟、大气，相当壮观。那感觉，似乎有些儿置身于古代的意味儿。面对着如此精美绝伦的阙门，我的心里只有两个字：感叹。趁着此时门前游人不多，便请的哥为我拍摄了几张照片，将秀美大气的阙门倩影，永远留在了镜头里。

走进阙门，经过一段还算空旷的大道，我就来到了景区的第一座建筑里。这里，就是著名的云冈石窟的游客服务中心。走进一楼大厅，环顾四周，我看到大厅里灯光辉煌；再往中间看，竟是一座高大端正的四方佛雕像，在柔美的灯光照耀下，显得熠熠生辉，庄严肃穆。且造型生动，惟妙惟肖。据说，此雕像系为香樟木材质，高约六米。佛像每天在这里，微笑着迎接来自四方的宾客。而一旁墙壁上挂着著名的"虢国夫人游春图"（复制品）。这里如此隆重的陈设，颇教四方宾客置身于精美豪华的氛围之中。在这里，我手持漂亮的石窟门票，通过检票门闸后，就来到了景区的第一站：昙曜广场。

所谓昙曜广场，是为纪念北魏高僧昙曜而建造的。就云冈石窟而言，昙曜可是个了不起的历史人物。传说，当年正是他向文成帝建议在武州山开凿石窟，才由此揭开了云冈石窟开凿的历史篇章。昙曜当年不仅亲自主持开凿了云冈石凿，而且还组织佛教文献的翻译工作。同时，他还创立了寺院经济制度。

来到广场，我第一眼就看到，那尊屹立在广场中央的昙曜全身塑像。我满怀虔诚地走到塑像前，在默然之中，抬首瞻仰着昙曜塑像的神采。我看到，整座塑像已被雨水浸润得漆黑漆黑的，更显得庄严肃穆，透显出缕缕之千年古韵。

望着昙曜那广袖轻舒的风采与那透出超凡脱俗的微笑脸庞，我的心灵顷刻间感受到了强烈的震撼。而那股强烈的感觉犹如电流，由眼前穿越到了千年之遥的北魏古国。

辞别昙曜广场，朝西行不多远，就是著名的佛光大道。

站在大道起点的石阶上，我极目远望，浏览着眼前金灿灿的佛光大道的景色，颇感雄伟壮观。尤其是树立在大道两侧的13对粗壮高大的"大象驮塔"石雕造像，气势不凡，栩栩如生。这些石雕造像左右两边为一对，皆对称地树立在大道两旁，为大道风光增色不少。此亦为云冈石窟景区的独家之特色也。人们行走在大道中间，往两侧看，那感觉犹如置身于佛国风光之中，心中颇感庄严神圣。

走出佛光大道，我来到了一座环状扇形浮雕石壁前。伫立石壁面前，仔细地端详石壁上的浮雕画儿。就见整座浮雕石壁画面清晰，场面宏大，且生动传神，气势不凡，颇具艺术价值。我看到整座石壁，分为南北两个部分。其中，北侧石壁上雕刻的画面是北魏皇帝礼佛的情景；而南面雕刻的则是皇后礼佛图。我觉得整座扇形浮雕石壁，尽显出北魏的皇家气势，呈现出了其独具特色的高贵与神圣之风采。

离开了环状扇形石壁，我来到了七孔桥上。

站在桥头，我驻足回望那石柱林立的佛光大道，感觉到了有一种雨雾笼罩下的神圣与庄严。而那些屹立于天地之间的石雕巨柱，犹如挺拔的哨兵，守卫着这片佛国圣地的安宁。

跨过了七孔桥，就来到了坐落在湖心岛上的著名景观——灵岩寺。就见山门、腋门、角楼一字排开。山门额上面悬挂着"灵岩寺"牌匾，显得巍峨大气。

经过山门，我就来到了灵岩寺的院内。首先，迎面而来的景观，就是耸立于寺院中央的那座汉白玉佛塔的倩影。走到佛塔前，我仰望着粗犷的塔身，倍觉塔基宽敞，塔刹高耸。该佛塔共有五层，高20多米，且四面开龛造像，在塔身的下层，则刻有四相图，将释迦牟尼一生中最重要的四件事迹，用图像的方式表现出来。我绕塔一周，浏览了塔身上的浮雕图案，觉得整个图案线条清晰、刻画细腻、惟妙惟肖、生动传神。

告别了石塔，我朝前继续走去，就来到了一座重檐庑顶式大殿的门前。看到殿内空间十分宽敞，正中央放置着一尊木质三世佛塑像。他们个个都是面相庄严,神态安详。有意思的是,在大殿四周墙壁上都刻着浮雕四相图、佛教故事图及装饰图案,颇具佛国意味。而大殿内的三面墙壁上则绘满佛教故事。这些画面立体突出,色彩厚重,显示出佛国世界的慈悲与曼妙,极具震撼力。

从灵光寺出来,经过观赏桥,我便来到了一座仿古四合院里,方知此地为历史上的"写经院",即所谓墨客抄写经书的场所。看过之后,我觉得此地的建筑特色不大,可用一个字表达,就是一个"新"字,与所谓的"古迹"相差甚远。

离开写经院,穿过汉白玉牌坊,拾级而上,我就来到了昙媚石壁前。而来到这里,就算是真正来到石窟景区了。再由这里向左折转,经过写有"入佛知见"四个大字的匾额的山门,迎面而来的景观,便是石窟的第一、二号洞窟门前的平台了。

显然,这里是"千年窟龛"的起点。站在这里朝西远望,映入眼帘的是石窟栉比相连,绵延千米,洞窟气势,巍峨壮观,那感觉,简直就是一座巨大的雕刻艺术的露天"陈列馆"。其实,谁说又不是呢?

随着游览的人潮,我首先走到了第一和第二号石窟门洞里参观,因有栅栏木门挡着,游人只能在门外朝洞窟里张望浏览。由于光线较暗,我只能隐约地看到洞窟四周的墙壁上雕刻着一排排的小佛像,感觉相当精美。洞窟中间则竖立着一座佛塔,规模不大,塔身上满是雕刻的小佛像,十分的古朴形象。不过,佛塔风化相当严重。我看见佛塔的底座已不是当初的模样,而是今人所为也。即使这样,也难掩破旧之状,感觉有些儿揪心。

我告别了这里的洞窟,追随着一群游人,朝西面的另一个洞窟走了过去。

从洞窟指示牌上,我知道此洞窟是云冈石窟的第三洞窟,俗称"灵岩大阁",为原灵岩寺之所在地。后来从相关文字介绍中知道,此窟为整个云冈石窟中规模最大的洞窟。而且,还是一座并未完工的洞窟,也就是如今人们所说的"半截子"工程。

走进高大深邃的洞窟里,我就被里面的壮观景象给"镇"住了。

首先,是洞窟的宽敞。走到这里,我举目环顾这幽暗的厅堂"风物"。那感觉,就像进入了悠远的时光隧道,竟有点儿"穿越"历史的神奇感觉,非常震撼。

接着,我循着洞窟里的幽光,仔细浏览着洞窟里的景观。最后,我的目光落在了那尊高十余米的石雕佛像上。由于近在咫尺,更是惊叹于佛像的顶天立地、崇高伟岸的壮观气势。这时,耳边虽传来导游的介绍话语,却因我只顾观赏眼前的佛像风采,那些入耳的话语,亦就云里雾里随风飘走了。

看完第三窟,我便朝西走去,很快就来到了两座四层建筑面前,这就是传说中的第五、第六号洞窟。仰望着高大巍峨的碧瓦红柱之楼阁,我心顿生崇仰之情。显然,我的目光被深深地吸引住了。

走进楼阁外缘，就见东西两侧的石壁上画着十六罗汉像。据介绍，这些壁画都是清代初期的作品。我看到东侧墙上的壁画，因受雨水的漏浸而受损。相比之下，西侧墙上的壁画景观要好些。墙角处竖立着两块石碑，据说是记录重修佛阁的过程。由于年代久远，石碑上的字也已看不大清楚了。

接着，我就来到了洞窟里。就见一尊巨大的佛像耸立在我的眼前，那架势顶天立地，崇高无比。我禁不住惊叹道：哇塞，这座佛像太高大了吧！不错。听导游说，这座佛像有17米高，是云冈石窟中规模最大的一座，而这第五洞窟则是典型的大像窟。

我举目向上看，就看到大佛端坐于洞窟中央，面容安详，双腿盘坐，形象惟妙惟肖，十分有神，是难得的艺术佳品。后来，我从相关书上获知，此窟是孝文帝为纪念父亲而修建的。所以，才修建得如此宏伟壮观，亦为后代留下了这一千古佳作。

看完第五窟，我来到其西侧的第六洞窟参观。

关于这第六洞窟，文字是这样描述的：第六洞窟开凿于北魏孝文帝时期。整座洞窟富丽堂皇，雕饰精美，堪称云冈石窟之最。有学者认为，此窟是孝文帝为其祖母文明太皇太后冯氏所建。

我看到楼阁的外观，亦为四层五开间木构建筑物。这两座楼阁式样基本相同，一样巍峨壮观，一样碧瓦红柱，雕梁画栋，十分美观漂亮。其实，这两座楼阁本身也是宝贵的历史文物。它修建于清代初年，至今已有近四百年的历史了，你说能不珍贵吗？

走进楼阁的大门，首先映入眼帘的是墙上的壁画，内容是十八罗汉画像。画上的人物形象细腻生动，虽说是清代初期的作品，却保护得不错。

告别壁画，我便走进了石窟大堂。首先看到的景物就是一座巨大的中心塔柱。我仰首端详着，直到它的顶端，倍感心灵的震撼。据传说，这座佛塔是云冈石窟中规模最大的一座，它有14.4米高，整个塔柱分为上下两层，且四面皆为佛像，形象十分精美、华丽。

我以虔诚的心绪，仔细观赏着洞窟里的所有景致，捕捉那动人的瞬间美妙，努力寻求着时光的穿越。

从五、六号洞窟出来后，一路向西，我又观赏了几个洞窟。最后，我来到了著名的"露天大佛"石像前面的广场上。这也是我到云冈石窟景区游览的终极目标。换句话说的，来云冈石窟，就是观赏这"露天大佛"石像。

好在此刻，老天正下着小雨，而来这里观赏游览的人不多，全无节假日的拥挤样儿。大佛像前，只有一个两个老年游客正在拍照留念。受到此景的启发，我也抓拍了几张大佛像照片。同时，也请别的游人为我拍了几张照片，以纪念这次游览与观赏。

一阵子忙活，末了，我方才安定下来。站在大佛像的跟前，我仔细打量起它来。

从相关材料上，我知道了这尊大佛像的前因后果。原来此尊大佛，乃释迦牟尼之雕像也。它通高将近十四米，在云冈石窟雕像中算得上庞大了。我看见大佛面相方圆，广颜丰颐，整尊佛像造型凝重，庄严慈祥，气势恢宏壮观，不愧为云冈石窟的代表作品之一。据导游介绍说：此窟为昙曜五窟之一，亦为云冈石窟的第二十洞窟。由于前立壁在石窟开凿初期就已经崩塌了，所以，致使佛像显露在外面了，成为名副其实的"露天大佛"。

根据画面，在大佛的东西两侧各雕有一尊立佛，与大佛共同形成三世佛的造像布局。可是，西面的立佛竟被前立壁砸坍塌了，仅存赤裸的双足和脚下的莲花。而东壁立佛还存在着，也算幸运。今天的人们还能看到数千年前的遗物，此乃大幸也。

由于我对那个时代了解不多，不可能完全了解云冈石窟的全部意义，只来一次，就能全部了解石窟意义，那是痴人说梦。不过，来就比不来要好。至少，有了些感性认识，也算这次没有白来一趟。不过，我以后还会再来石窟游览的。

离开大佛像，我沿着礼佛大道，浏览了一番石窟景区的雨中风光。

途中，我来到一幢造型别致的歇山顶的平房前，见路旁指示牌上写着"周恩来纪念室"。见此，我就走到屋前，朝屋里望了望，就走进屋里。原来，这是为纪念周总理在20世纪70年代初，陪同法国总统蓬皮杜到大同云冈石窟视察参观而专门布置的。在屋里，我看见桌上、柜里都摆满了周总理陪外宾参观活动的相关照片、报纸及书籍。而摆放在屋中央的大长桌上的物件，还是原样保留着，使每个参观者能够触景生情，更加怀念敬爱的周总理。我觉得，相关方面在石窟景区建立"纪念室"景观上，是下了大力气的。真的，由衷感谢云冈石窟干部群众的所为，使游客在此能够重温那段令人难忘的史实。真的，我为他们点赞。

  随后，我沿着小路离开了云冈石窟景区，结束了在云冈石窟的游览活动。

大同览胜记四：大同古城

来到大同游览，已有些时日了。总算将其外围的景观，走马观花地看了个遍。今天终于把接下来的游览重点，转移到了著名的大同古城景区。

关于大同古城的历史，相关文字说：大同古城起源于公元前三百年，由赵武灵王修建而成，取名平城。秦汉时期，大同一直是国家的边陲重镇。秦始皇数次出巡，都是经过平城；而汉武帝到泰山封禅后返回长安时，亦是经过平城。可见，那时的平城（今大同）就已经是闻名天下的旱码头了。

然而，大同真正的辉煌时代还是在北魏。当时，平城（大同）就是北魏的首都，时间长达九十七年，是当时中国北方的政治、经济、文化和军事中心，更是一座国际性的大都市。

在这座规模浩大的千年古城里，历朝历代的建设者们，都在这里留下了许多灿烂文明的遗迹。诸如华严寺、善化寺、九龙壁、关帝庙、鼓楼、府文庙、纯阳宫、清真寺和古城墙等。这些文化古迹，千百年来，历经风雨沧桑，不仅彰显了大同古城蕴藉千年的历史文化价值；同时，也奠定了作为千年古城，它在中国古代文明中所具有的崇高的历史文化地位。这也是它，之所以能够成为中国首批二十四个历史文化名城之一的根本原因。

这天的气象很好，蓝天白云，晴空万里，正是外出踏青的好时光。看着这么明媚的天气，我的心里自然开朗了起来，便在出租车里同的哥聊个不停。我同他从悬空寺、应县木塔，再到云冈石窟，一路闲聊。那神情犹如细数家珍那般，畅快地叙说着览胜的感受与心得……

不一会儿，车子就穿过了高耸巍峨的古城大门，在转了几个弯后，终于在清远街上停了下来。

"瞧，那里就是华严寺的大门。"的哥指着路边不远的一座建筑物，笑着对我说。

闻听此言，我的心里一阵激动。心说，终于来到了华严寺。我忙不迭地从车窗里，朝他手指的远处看去。就看见前方的不远处，是一个硕大的广场。周围的建筑大多为平房，建筑式样则是仿古的，放眼望去古色古香，颇具古风色彩。

从车上下来，我快步穿过一座大牌坊及门前的栅栏，便来到了广场上。却见广场上游人稀少，显得冷清空旷。

走到售票处，看了看告示，原来，开门时间未到，要到上午九点才开门呢。我抬腕看了一下手表，此时才八点十分呢。心里说，怪不得游人不多呢。

而就在我望门兴叹之时，听闻身旁有人说：现在可以先到九龙壁去浏览一番，那儿已经开门了，且离这里不远。

于是，我就随着这几个人，一起有说有笑地离开了华严寺的门前广场。沿着清远街，朝不远处的九龙壁景区走去。

片刻之后，我便来到了九龙壁景区的大门前。这个大门很小，就一扇门板的模样儿。可是，走进门洞朝院儿里看去，却觉得这里"乾坤"很大。由于是刚开门不久，游人自然也就不多。我怀着幽古的心绪，径直朝横亘在前面的九龙壁，走了过去。

关于眼前的这座九龙壁，有文字说它坐南朝北，是我国现存三座琉璃九龙壁中时代最早、体型最大、最具艺术魅力的一座单面九彩琉璃画壁。是明朝代王朱桂王府门前的影壁。它建

大同九龙壁

于明洪武二十五年（1392年），迄今已有六百多年的历史了。

数百年来，九龙壁历经风雨与战乱，却屹立不倒，这实在是它的造化。同时，亦可称为人文之幸也。

走进院门，迎着初秋阳光的灿烂光芒，我朝仰慕多时的九龙壁走了过去。

在一片铁栅栏前，我停下了脚步，举目朝眼前的九龙壁望去。尽管，此时有些儿背光，整座九龙壁呈现出一片深蓝色的光彩，看上去相当震撼。凝视着九龙壁的雄姿，竟让我有些穿越时光的感觉。在这当儿，我仿佛看到了数百年前，代王朱桂每天打这儿进出王府大门，在这边硕大的九龙壁前停步端详、扪心深思的情景。

而就在我遐想于穿越之时，忽听耳边传来导游介绍的话儿：这九龙壁上是有九条龙。其中，正中间的那条黄颜色的大龙则是九龙壁上的主龙，是代王朱桂的化身。但这条龙塑造得还算规矩，不是那么地张牙舞爪。据说是象征着朱桂先要把身子坐正，摆正自己的身份，要安于自己的藩王位置。听过导游的话，人们也只能听听故事而已。不过，这九条龙塑造得形态飘逸，神韵逼真，且各有不同的说法。

看得出来，当年在塑造这座九龙壁的时候，匠人们是花了不少心思的。

这座影壁上，不仅塑造了形态各异的九条大龙，而且它的建造外形也相当豪华。整座建筑分三部分构成，即壁座、壁身和壁顶。无论你从何处看它，九龙壁的外形都是那么的协调和谐，美观大气。

看罢九龙壁，我的目光便落在了铁栅栏之后围绕着的一泓池水里。据说，这就是传说中的龙池，其实就是倒影水池罢了。

倒影水池的四周为石砌栏板环绕，石栏板之间则由石雕塑柱相连接。塑柱上雕刻着许多图案，十分精美。而倒影水池东西两端的腰部，还各有一个石雕龙头，造型十分精美。在我的眼里，整个九龙壁景区都显得古色古香，漂亮，美观，令人流连忘返。站在门口，我回首再次看了这座明代遗物一眼，算是同它的告别礼吧。

很快，我再次来到了华严寺门前的广场上，就看见此时广场上的游人也比刚才多了，估计他们都是到华严寺游览的。佐证是，他们此刻正在广场上与寺门前纷纷留影呢，那神态可谓是不亦乐乎。看得我也忍不住地请人给我拍了不少照片。之后我便走到广场上一侧的售票处购票，由边门进入了千年古寺的院里。

来到寺院里，我就被眼前的景物深深地吸引住了。就见寺院内的广场面积相当大，因此时游人不多，广场上显得十分空旷。幸好，广场周边坐落着众多巍峨壮观的殿宇建筑。它们将广场衬托得宏伟壮观，成为这座千年古寺的第一景观。如此壮观的寺庙广场，在我的记忆里还是第一次见到。

关于这座千年古寺的前世今生，有关文字是这么描述的：

华严寺，依据佛教十大宗之一的经典而建。坐落于大同古城清远街南侧，是一座坐西朝东、殿宇巍峨的辽金建筑群。因其历史价值、建筑价值、艺术价值突出，在1961年公布为全国重点文物保护单位。

据《辽史》记载，辽清宁八年（1062年）道宗皇帝巡视"西京"，遂建华严寺，并奉安诸帝石像、铜像。现存的华严寺南北分有两条中轴线，北以山门、普光明殿、大雄宝殿为中轴线；南以观音殿、释迦道藏殿、木塔为中轴线。一座寺庙居然有两条中轴线，这在中国乃至世界寺庙史上，都是十分罕见的。这也充分体现出华严寺在中国佛教寺庙建筑史上，所占有的独具特色的重要地位及其重要价值。无论从建筑价值、艺术价值和历史价值上讲，华严寺都称得上千古经典、国之瑰宝。当然，华严寺也同别的寺庙一样，在历史上也是几经兴废，终成今天的模样儿，亦算幸运。而今天的人们，也算有眼福。

走到广场中央，首先映入我眼帘的景物是著名的普光明殿。大概是因为广场太大了的缘故吧，我眺望它的时候，竟没有感觉到它的宏伟与壮观来。看外形，总感觉有点儿东海扶桑国的某座相似建筑的范儿，心里颇觉好奇。心想，这儿怎么有点儿异国风采呢？而这种建筑式样，在别的寺庙里是没有的。看着眼前的普光明殿，我觉得这倒是华严寺的一大特色呢。

来到这座面阔七间的大殿前，却见整座建筑巍峨壮观。它屋檐双层，皆为歇山顶，可谓形制漂亮美观，十分大气，尤其是大殿前面的那座硕大的抱厦，建筑精巧玲珑，为普光明殿增色不少。

看完外貌，我就来到了大殿里面观赏。

一踏进殿门，一组金碧辉煌的佛像便映入了我的眼眶里，这就是著名的华严寺三圣塑像。三座塑像坐落在莲花台上，他们面容饱满，神态安详。据说，这些塑像都是继承了辽代造像风格，并沿袭唐风"以胖为美"的既定形态。所以，我在这里所看到的这些佛像，都是身材高大、彪悍壮硕，而且面部轮廓丰满圆润的形象，颇具艺术的意味。因此，印象十分深刻。

在看过这些金碧辉煌的塑像后，我的目光又落在了大殿四周墙上的一幅巨大的环壁图画上面。听旁边导游介绍说，整幅画面有一千多平方米呢。壁画的名称是：善财童子五十三参。描绘的是善财童子在文殊菩萨的教诲下，发菩提心，游历一百一十八城，南下参访五十三位老师，亲近侍奉，承受教诲，从而求得善知，终成正觉的故事。

全幅壁画由中国中央美术学院壁画系的师生共同创作绘制。壁画以文殊普贤和观自在菩萨的造像为中心，分为三大部分。在空间上分别为两侧山墙与佛像背屏三大布局，整幅壁画场面宏大，气氛庄严，色彩丰富，情景交融。

由于我对佛教了解不多，所以，对殿内的佛像及壁画的观赏，感受不深。从而，对殿内的佛像及壁画的观赏，也只是粗略地看一下。最后，在绕场一周之后，我便走出了普光明殿的大门。

从高耸的月台上来，我绕到大殿的后面，意欲前往大雄宝殿参观。然而，当我来到大殿后面景区时，却看到了树木成林、花果累累的一幅花园丛林景色。花园四周的殿宇掩映于树木丛中，景致十分雅静。

在经过一连串的景致后，我终于来到了大名鼎鼎的景观——大雄宝殿那高耸的月台下面。

有文字说，华严寺的这座大雄宝殿，是中国目前单件古建筑中规模最大的大殿，它占据面积达一千五百五十九平方米，且建筑在高达五米的月台之上。整座大殿面阔九间，进深五间。与众不同的是，它的屋檐不是双层，而是单檐，是名副其实的"大屋顶"。仅它的顶脊琉璃鸱吻就高达四点八米，是我国早期殿宇建筑中规模最大的屋顶构件。历史上，大雄宝殿亦是屡建屡毁，早已不是远代的模样儿。传说，今日之大雄宝殿乃金代建筑、明代塑像与清代壁画也。如此看来大雄宝殿能够保存下来，真的不容易。咱们后来人真的要倍加珍爱，认真保护。毕竟，这是祖国珍贵的文化遗产啊。

在高大的月台前面，我环顾它那伟岸的外貌。有趣的是，我发现在月台的左右两侧的墙壁上，镶嵌着大块的刻着汉字的砖雕，字面皆为佛教大师的语录。传说是清代大师的杰作，气势相当不凡。而这种景象在其他丛林里是看不到的，这也许就是华严寺的独特之处吧。

看罢月台墙壁上的砖雕，我缓步逐级攀越有些儿陡峭的石阶，登上了华严寺硕大的月台。来到平台上面，我放眼环顾平台，就见平台宽阔平坦，再看四周景物，一片佛国景象。著名的大雄宝殿就坐落在这浩大的平台之上。有意思的是，在大殿前面的左右平台上还各耸立着一座木制建筑，即钟楼与鼓楼。它们的建筑式样简约、新颖，其顶部覆以青瓦，下面则竖立四根木柱，分别吊装着一面鼓与一尊钟，看上去令人觉得小巧玲珑，灵气十足。当然，说它们小巧玲珑，是相对于其后面的那座雄伟高大的大雄宝殿而言。在钟鼓楼之间竖立着两根高高的木制旗杆。同样，在大殿门前的平台上，还摆放着一座铁制宝鼎与一座辽代八角石经幢。在我的眼里，这里就是真正的佛国，你看，这宝鼎、这石经幢，还有那两座简约的钟楼与鼓楼，以及那两根简单的旗杆，所有这些景物，无一不显露出浓郁的佛教丛林的文化气息。

看过殿前这些景物，我便来到了大雄宝殿的门前，停下脚步，举目观看门框上方悬挂着的两块大木匾。据说这两块木匾皆为明代遗物。这两块木匾分别写着"大雄宝殿"和"调御丈夫"等大幅黑体汉字，木匾古色古香，古朴大方。尽管，我不怎么了解书法技艺，但这两块木匾还是让我感受到了艺术震撼力。看罢木匾，我抑制不住内心的激动，一脚迈进了大雄宝殿的大门，径直走到大殿中间。迎面而来的景物是一组明代雕像，共有数十尊之多。我沿着宽阔平坦的大殿甬道逐一观看，好奇地观赏着这些精美绝伦的雕像，并一一数着，从一端走到另一端，这些雕像共有三十二尊。据导游说，这些雕像的材质既有木雕，又有泥塑。这些雕像雕工精美，形象生动，惟妙惟肖，十分传神。在看完这些精彩纷呈的雕像后，我的目光又被那大殿四周墙上绘就的彩色壁画给吸引住了。听旁边的导游介绍说，整座大殿四周墙壁上共有二十一幅巨型绘画，据考证是清代画匠的画作，迄今已有数百年的历史了。随着导游的指点，我移动着脚步，仔细地端详着眼前这一幅幅精美的历史画作，心里充满了崇拜与敬意，颇有点儿肃穆庄严的仪式感。我从导游口中获知整幅壁画面积将近一千平方米，绘有人物达五千多，全面展示了释迦牟尼从出生到成道的过程。同时，我仰面观赏了大殿那美丽漂亮的天花板，那阵势是一样的震撼人心。

从大殿出来后，我再次站在那宏伟的月台之上，深情地环顾着大殿周围的景色。就见其周围布满崇楼杰阁，花红柳绿。大雄宝殿就置身于楼丛与花红柳绿之中，更显其众星捧月之中心地位。站在平台上，我看到了巍巍高耸的华严寺木塔的倩影，巍然屹立的文殊阁、普贤阁的丽影。我还看到了掩映在树丛绿荫之中的亭台楼观的隐约瞬间。真的是一片佛国景象，令人神往。

离开大雄宝殿，沿着绿荫如盖的林间小道，我先后来到了著名的华严寺木塔、释迦教藏殿等景观游览观赏。

来到木塔下面，我仰视着它那巍峨的塔体，竟觉得它像个大胖子。并非别的塔那般苗条、高耸，这也许就是木塔的独有特色吧。只见塔体上悬挂着不少匾牌，如底层正面屋檐上方的"仰酬洪泽"，第四层屋檐下方的"凌处思远"，顶层屋檐下挂着的"蔚如昆峰"。显然，这是今人的书法杰作，读来朗朗上口，的确为木塔添色不少。据导游介绍，这座木塔通高四十三米，号称是大同古城内的最高建筑之一。整座木塔为明三暗二的五层建筑，颇具唐、辽的建筑风格。其中取用料皆为大件，外观巍峨壮观。在蓝天白云下面，我竟品出了它那浓郁的古色古香味儿，是那么的醇厚，又是那么的清晰，胜过了所谓的"心灵鸡汤"。

告别了华严寺木塔，穿过一片丛林绿荫，我走出了上华严寺边门，来到了下华严寺的院内，继续浏览着华严寺的美妙景色。

很快，我就来到了著名景观——释迦教藏殿前，根据有关文字介绍，该殿系华严寺的藏经殿，亦是该寺的藏经资料馆。

大殿面阔五间，进深四间，规模比上寺的大雄宝殿小了不少，但却在华严寺占有重要地位。可以说，是游人参观的重点景观，下寺最主要的建筑。我发现，这座建筑的外观式样，几乎与大雄宝殿一样，只是规模小了些。在我的眼里，它们都是那么的巍峨恢宏，都是那么的古朴壮观，不愧中国第一批文物保护单位的称号。

走进大殿，感觉这里的格局，几乎与大雄宝殿如出一辙，都是精美的佛像、漂亮的图案和美观整齐的双层阁楼式藏经柜。据身边导游说：这里的藏经柜，为海内之孤品。全部藏经柜依墙而建，总共排列着三十八件硕大的藏经柜。而它所谓的"双层楼阁"，是说其上层供设佛像及佛龛，下层则是存放经书的壁藏。它的栏板全都是镂空雕刻，看上去玲珑剔透、古朴典雅，十分的养眼。心里由衷敬佩古代劳动人民的聪明智慧与精湛技艺。

看罢释迦教藏殿里的景物，我便随着一队人马离开了该殿。一路上边观景边谈天，氛围十分融洽。其实，人们出来旅游，除观景外，交友亦是不错的选择。不过，在出了寺院大门后，众人皆作鸟兽散，各回各家了。

　　走出大门，我径直来到了门口一侧华严寺的卖品部里。我觉得卖品部挺大的，品种很多，只是我觉得图书少了些，且品种也不多。我在里面徘徊多时，终于买到了一册标明"华严寺"的画集小册子，价格不贵，三十五元一册，还算物有所值。令人高兴的是这里居然可以在书上加盖图章，以纪念参观活动。在一个放满各式图章的小木盒里，我果断地挑拣了两枚刻着华严寺风光的木质纪念图章，在书的扉页盖上了图章，感觉很有意义。要知道，当下这样的奇遇是不多见的。

　　我轻轻地合上书的封面，小心地将书放进店主送的塑料袋里，向他道过谢，便心满意足地离开了卖品部。本打算下一站到善化寺的，可是觉得带着书不方便。所以，在纠结了一会儿之后，便决定先回宾馆，下午再到善化寺游赏。于是，我便打的返回了大本营。

　　在饭店吃过午饭后，酒足饭饱的我，打的直接来到了著名的善化寺游览。

　　善化寺，始建于唐开元年间，当时称其开元寺，是国立寺院。同历史上别的寺院一样，善化寺亦是几经兴毁，而且亦是屡毁屡建，如今的善化寺是明代遗物，"善化寺"之名，亦为明代所起，迄今已有六百年的历史了。

来到善化寺大门前的广场上,我看到广场上种植了许多大树,为广场的空地遮阳蔽日,如同伞盖,十分荫凉。而在广场的南面,则竖立着一座建于明代的硕大的五龙壁。因其覆盖琉璃瓦的缘故,在阳光下不时地发出灿烂的光亮,看上去十分惹眼。

五龙壁,坐南朝北,五条龙面对着善化寺的山门广场。

同华严寺一样,这里的山门也是紧闭着。一对石狮子坐卧在大门两侧的平台之上,显得威武庄严。广场东首竖立着一座木牌坊,样式为两柱单孔。石座上又是一对石狮子,气度不同凡响。

很快,我从山门边上的小门,凭票来到了寺院内庭。来到庭院里面,就看见寺里殿宇建筑大小有序,房前屋后,绿树成荫,感觉十分清凉。

首先,我来到了三圣殿前。该殿建筑不算很大,亦为单檐式建筑。从外表看去,整座大殿巍峨壮观,亦为五进殿宇,平台上放置着一座金属香炉。不过,我看到香炉里并没有香火,估计来这里旅游的人不多,也没有游人烧香。所以,显得冷清不少。进得殿门,看到大殿中央耸立着三座佛像,俗称"华严三圣"像。同时,我还看到在大殿一角竖立着两通金代的石碑。其中,金大光十六年的那通石碑,尤为珍贵。

在穿过一丛花木后,我来到了大雄宝殿那高大的月台之上,平台上的景物与华严寺大雄宝殿几乎一样。唯一不同的是,这里的月台上植有花木,显得活力十足,充满了青春气息。

大殿门口上方挂着与华严寺一样的正方形匾额。上书"大雄宝殿"四个大字。只是下面少了一块木匾。不过，善化寺的大雄宝殿要比华严寺小了不少。但是，这里也有胜过华严寺大雄宝殿的地方，那就是这里的雕像比华严寺的大雄宝殿的雕像多了两尊，达到三十四尊。走进大殿，迎面看到的景观，就是位于大殿中央的硕大的莲花座上端坐着的五方佛。尽管，这些佛像的金色迦裟落满了灰尘，显得有些陈旧，然而，却依旧遮挡不住佛国的光辉。看罢这些雕像，它们那凝重的姿容、典型的姿势，无不一一留在了我的脑海里。同华严寺一样，善化寺的大雄宝殿里面的墙上，也绘有五彩的壁画，只是规模小了许多。来到壁画前，我仰面游览了一番，一脸的茫然。亏得从一旁的导游的嘴里，我方才知晓了这些壁画所绘制的佛教内容，主要是绘制了有关释迦牟尼、西方三圣及三大士的佛教传说。这些壁画人物众多，栩栩如生；且场面宏大，庄严肃穆，非常震撼地再现了佛国仙境。传说这些壁画绘制于清代的康熙年间，距今已有四百多年的历史了。我以为，这些壁画的本身亦成为珍贵的历史文物了。

随后，我游览了寺院里的其他景观，如文殊阁、普贤阁和山门寺等。觉得这些历史建筑，既保存了唐代遗风，还保有了辽金时代的建筑风格，因此，具有珍贵的历史价值与艺术特色。在寺院里，我尽情畅游，以极大的兴致，观赏了寺院里的湖水风光。我以为，这是善化寺最美丽的风光，更是善化寺有别于华严寺的地方。我来到湖畔，得益于一曲悠扬的唱歌声的吸引。循着歌声的引导,我沿着寺院内的林荫小道,行不多远,就来到了花木丛荫掩映下的水面广阔的湖畔。极目远望,就觉得眼前豁然开朗,水天一色。我禁不住在心里惊叹,真是好景致啊!我看到湖畔周围殿宇巍峨,布满了红木青瓦的造型别致的楼台庭院等建筑。有趣的是,在这些建筑中间有一座造型优美的花廊相连接,形成了一座美丽清幽的寺庙园林,这是华严寺所无法比拟的。沿着曲折蜿蜒的花廊,来到南岸水榭,凭栏观赏湖水北岸的水榭里的群众歌咏活动。这些演员都是老年同志,他们唱的歌是著名歌曲《歌唱祖国》。这曲唱完后,他们又唱起了《北京颂歌》。接着,他们又唱起了《让我们荡起双桨》,似乎是在追寻自己的青少年时代。听着听着,我也似乎入了迷。毕竟这些革命歌曲都是自己曾经学唱过的。所以,再次在异乡听到,心里倍觉亲切啊。

  终于,到了告别的时光,我依依不舍地离开了水榭,沿着长长的花廊,原路返回。二十分钟后,我走出了善化寺的边门,再次来到了山门广场上。

  站在五龙壁东侧的广场上,朝南面望去,就看见一座巍峨壮观的三重檐的城楼,屹立在雄伟绵延的城墙上面。城墙在城楼下面,向其左右无限伸展,蜿蜒远方。我看到,城楼的三层屋檐下方悬挂着三块横匾。其中,底层的木匾上写着"祥云长驻"四个大字;二层悬挂的木匾上写的是"飞阁凌空"四个大字;而第三层挂着的木匾则写着"大公永祚"四个字。

  看着眼前高耸壮观的城楼,更加激起了我对城墙及其古城里面景物的向往。应该说，我就喜欢这样的大屋顶式样的建筑。你看，翘起的飞檐、雄伟的楼宇、琉璃的黄瓦与青砖，无不浸润着深厚的历史蕴藉与悠远的文化价值。在我的眼里，这恢宏伟岸的大屋顶建筑，是那么的崇高壮观，尤其是它那四个翘起的飞檐，更令我激动不已，并由此而使我思绪万千，频发思古之幽情。尽管。眼前的这座古城的崇楼杰阁，并非当年的景物，却也是当年景物的现实再现，同样有着历史与文化的价值。

于是，我怀着极大的好奇心，匆忙走去介于城门与善化寺广场之间的宽阔的大马路，疾步来到城门下的售票厅前，立即买票，即刻登楼。就在我刚要转身离开时，忽然看到镶嵌在售票厅旁边城墙上的一块铭牌，铭牌是"城墙简介"。文曰："大同城墙，位于大同市中心区域，古城面积3.28平方公里，轮廓呈正方形。现存城墙是明代大将军徐达在汉、魏、唐、辽、金、元旧城基础上于公元1392年增筑起来的。城墙高14米，上宽12米，下宽18米，周长9.2公里。建有主城门四座。东曰和阳门，南曰永泰门，西曰清远门，北曰武定门，同时还建有护城河、吊桥、城楼、箭楼、岳楼、望楼、角楼、控军台等系列军事设施，是我国现存较为完整的一座古代城垣建筑。古城墙与护城河及环城公路，如今已成为大同这座千年古都一道亮丽的风景。"

我仔细地浏览完了这块铭牌上不长的文字介绍，心里对城墙的向往又更深了一层。告别了铭牌，手持门票硬是一步闯进了城墙的大门。我小心地攀登那有些险峭的石阶，举目望上看去，这才发现那石阶多得看不到头，真的似乎在登天呢。我脚踏实地地一步一个脚印地朝上攀登着，大概在十多分钟后，终于登上了巍峨壮观的大同城墙的平台。我快步走到了城墙平台的中间，以极大的好奇心观赏着大同古城墙的景物风光，由衷地感觉它就是一个"大"字。其实，一个"大"又如何了得？我曾见过几座著名的古城墙。在我的眼里，似乎也只有南京的古城墙能与大同古城墙相比，都是那样的高大宽阔。不过，大同的古城墙很完整。

我看到了高大宽阔的城墙，环城而建，蜿蜒四方。城墙四周建有高大巍峨的城门楼、箭楼等建筑物，一眼望去，非常之雄伟壮丽。而我所攀登上来的城楼，乃永泰门之前楼，我凭栏朝下看，两门之间为瓮池也。总之，感觉非常深奥。

初秋的太阳，还是相当炎热的。我顶着火热的阳光，在城墙上肆意浏览着它那独具特色的景致。

在朝北的城墙垛口，我远眺古城风貌，美景尽入眼底。我看到善化寺中轴线上的三大殿，标准的黄色琉璃瓦砖大屋顶，如同三块硕大的黄色地毯，铺盖在古城一角，非常大气。看着"大屋顶"，我遐想着它在雪色的景色中，会是何等的美丽壮观呢？答案肯定是有的，那就是白雪皑皑、一片银装素裹、分外妖娆的北国风光。

我还看到，大同古城眼下正在努力奋斗，积极地动起来，在古城里大展拳脚，修复如旧，努力恢复大同古城的历史风貌。我看到有许多历史建筑都得到了修复与重建。我看到著名的明王府正在紧张地修复中，整个工地都在忙碌着。从已看到的部分建筑的外观看，估计整个工程相当浩大，看样子不是一两年就能完成的。不过，我相当期待。等整个古城修复完毕，我定会再来拜访。

在城墙游览了部分景观后，我就按原路返回到了城墙根下，从而结束了大同古城墙的探访之行程。

离开城墙根儿，我沿着宽阔的马路来到了一座写着"云路坊"三个大字的牌坊前。驻足观看，这座牌坊造型独特，四柱三门，屋檐飞翘，雕梁画栋，精美漂亮。穿过大门甬道，朝前去，便来到了第二个牌坊。这就是著名的"大成坊"，是大同府文庙外景牌坊。来到这里，意味着来到了府文庙的大门前了。再往里走，就是府文庙了。在从"云路坊"到"大成坊"的道路两旁，挤满了各式各样的酒楼饭庄。市面十分繁华，整齐干净，颇有些儿古时模样儿。比较好的饭庄，有"大同府家宴""状元第""春盛隆"等酒家饭庄。此外，这条不长的街面上还有不少的茶庄和客栈。可以说，吃住一条龙，生活游览两不误，十分方便。我看到街道两旁的建筑物式样，极具地方特色，颇有些儿文化氛围。这真是：天上白云，地下街市。此乃人间乐园之景象也。

大同文庙，全称大同府文庙，建于明洪武年间。据说由原云中驿改建而成，起初为大同府学，迄今已有六百多年的历史了。同别的古代建筑物一样，大同府文庙在历史上，亦是屡建屡毁，兴废不衰。仅有大成殿还算是明代遗物，其他都是明代以后的建筑了。

穿过"大成坊"牌楼，再往前去，就是棂星门了。据说，整个府文庙的主要建筑物，都是沿着中轴线而建的。其实，据我的观察，大同府文庙的中轴线则是从"云路坊"牌楼开始的。因为，从这里一直可以走到棂星门。而且，亦是笔直宽阔的。走在这条号称"云路坊"的大道上，心里确实有些儿诚惶诚恐的，竟有些儿一步登天的飘飘然的感觉。

沿着笔直宽阔的云路街，我来到巍峨壮观、雕梁画栋的棂星门前，驻足观赏它那夺人的风采。其实，它就是一座木制牌坊而已。不过，这可不是一般意义上的牌坊建筑。它是府文庙中轴线上的第一座大门，是所谓的"天门"，具有圣门的政治功用。

不同于别的文庙，我眼里的这座牌坊大门建筑风格，独具特色。整座建筑式样呈六柱三间五楼通天柱带平拱状，且结构繁复，造型古朴大气，十分漂亮。可以说，棂星门是府文庙里不可多得的优秀建筑，颇具艺术与观赏价值。至少，俺是这么认为的。带着崇圣的雅兴，我迈上数级台阶，跨过了这座精美纷呈的"天门"，便来到了宽阔的庭院里。这里是府文庙三进院落中的第一进院落。来到院子里，我第一眼就看到前面耸立的一座石制大门，如同牌坊似的。这是一座别具特色的石牌坊大门，我看到其周围没有任何别的建筑，诸如墙垣式房屋之类。一句话，它是一座独立而耸的石牌坊。透过宽大的门洞，我一眼就看到其后面的大仪门。

这座石牌坊,又叫仪门。走到这里,也就意味着离大成殿不远了。仪门周围的景观很多,有坐落在东西两侧的屋檐碑亭,且树木花草丛生。最引人注目是,横亘在仪门北面的由汉白玉石砌的泮桥,其造型长长的一溜儿,由东及西,洋洋洒洒,气势相当宏伟;且三座石桥连接着宽阔的中轴线,景色十分壮观。不过,我看到泮池里并没有水。而它的石栏石柱上都挂满了游人们留下的红色布条,宛若一层红雾似的,数目相当可观,形成了府文庙所特有的一道风景线。

来到桥头,我极目四处张望,在心灵深处充分体味着泮桥的风采与韵味。遥想当年有多少文人士子从桥上走过,参加祭孔大典或学宫聚会的活动。可是,千百年过去了,当年这里所发生的一切,皆随着岁月的流逝而灰飞烟灭了。不知不觉中,在云舒云卷里,我陷入了沉思……

从泮桥上走下来,我径直朝前走了过去,来到了一座仿古平房建筑台阶前,仰首端看着这座建筑的外貌。大门上方的"大成门"三个大字映入我的眼帘。我急忙收起那漫游的目光,一脚踏进了大成门里。关于大成门的功用,相传在古代,大成门是一种身份的象征。而在当年祭孔时,只许有功名的国家官员进出这座大成门。因此,可以想见当年一般的士子学人只能由大成门两侧的所谓垂花门出入。由此可见,大成门在府文庙祭孔大典时,地位是何等的显贵,又是何等的森严。

穿过大成门,我便来到了府文庙的第二进庭院里。站在中轴线的南端，我举首看着前方的大成殿。虽说其规模不如曲阜孔庙的大成殿高大壮观，可看上去却也巍峨耸立，古朴典雅。院内甬道的旁植有青松古柏，郁郁葱葱，遮阳蔽日，绿荫清凉。绕过大成殿门前的大香炉，我就来到了大成殿的门前。举目上瞧，就看见殿门上方悬挂着一块写着"斯文在兹"四个大字的横匾，将个大成殿装饰得古朴大气，庄严肃穆。来到大成殿，也就意味着来到了府文庙的中心地带了。而大成殿是府文庙的核心建筑了，它是供奉和祭祀孔老夫子的殿宇。

我看到整座建筑坐落于一米多高的月台之上，坐北朝南，为单檐歇山式黄绿琉璃瓦顶。就其建筑样式而言，我认为似乎比不上曲阜孔庙大成殿的巍峨壮观，建筑样式也好像简单了些，建筑物的规模也小了些。不过，这也许就是它的建筑特色吧。

走进殿门，迎面而来的是位于大殿正中供奉着的孔夫子铜雕塑像。其上方悬挂着一块写着"圣集大成"四个大字的横匾，而在孔子像的两旁则放着十二贤哲的牌位。同时，在大殿里还陈列着仿制二千五百多年前的编钟、编磬。当我看到这些文化遗存时，心里颇有些古风的感觉，仿佛耳边又响起了"钟鼓之乐"和"琴瑟之声"的悠悠扬扬，挥挥洒洒，没有穷尽。听导游说，这座大成殿乃明代遗物，距今已有六百多年的历史。

离开大成殿，我便来到了府文庙院落的第三进庭院里。这个庭院给我的第一观感，就是高大，庄严。一尊高达数米的汉白玉孔子雕像，屹立在庭院的正中央，其后面的高楼，就是尊经阁，此乃府文庙藏书楼也。此楼是府文庙里最高、最精美的建筑物。在朝孔老夫子塑像行注目礼后，我仰首端详起了尊经阁的外貌来。这是我所见到的造型最漂亮、构造最繁复的藏书楼建筑。它是一座明三暗二造型、重檐歇山顶的楼阁式建筑，可谓别具一格，美轮美奂。整座建筑坐落在两米高的平台之上，高耸巍峨，雕梁画栋。显得格外的古朴、大气。据说，站在尊经阁的顶层。就可以凭栏阅览眼前景观，心里会顿生"一览众山小"的感慨。可是我没有高攀上楼，从而失去了从空中观赏府文庙胜景的时机，这多少为此次的大同之旅留下了遗憾。不过，我还在期待下一次的大同之旅。届时，定会再访府文庙，定将登楼观景。

望着这座屹立于天地间的雄伟建筑，看着蓝天白云下高耸的雪白孔子塑像，环视着庭院的四周景观，心中颇有些儿"风景这边独好"的感觉啊。

离开尊经阁，告别孔老夫子，我循着院中甬道，先后来到崇圣祠、青云楼游览。在这亭台楼阁与花木林丛之间，我充分感觉与体验这种沐浴千百年的浩荡文风与隆盛而久远的传统文脉，并仿佛浸润其中……

在穿过一段茂密的绿茵小道后，我来到了府文庙的重要景观——杏坛与五龙壁前。只见著名的杏坛，乃一正方形的重檐飞翘建筑物。它造型精美，小巧玲珑，是府文庙建筑中的精品。看着如此精美的建筑，我忍不住拍摄了数张照片，将它那美妙的倩影收进了相机里，以作永久的纪念。

接着，我来到杏坛南面的五龙壁前，凝视观赏了一番。心想，善化寺山门广场上的那座五龙壁，同这座五龙壁之间有何关系？府文庙里怎么也有一座五龙壁？看着眼前的这座五龙壁，我的心里竟然思想开了。但直到末了，我也未想出个所以然来。唯一搞清楚的是府文庙的这座五龙壁在规模上，似乎比善化寺前的那座五龙壁要大一些。

看完五龙壁和杏坛后，我就原路返回，走出了棂星门。从而，结束了在大同府文庙的游览。

刚走出云路街口，恰巧有一辆出租车驶来，我立即伸手招停，待车停后，我即上车。在同司机简单地说了几句话，出租车便上路了。很快的哥就将我送到了宾馆门前，待我下车后，再看出租车，已是一路疾驶而去。望着远去的出租车，我心里想：还是城市小点儿好。刚才俺还在古城里，瞬间俺就已回到了宾馆，真是太方便了。

由于一天都是徒步旅行，这时候，我腹内的食物早已消化得无影无踪了，此刻竟唱起了"空城计"。我急忙上楼回到房间里，稍事洗漱一下，便下楼朝一饭庄奔去。好在饭堂里食客不多，我拿着菜谱，随便点了两个菜。不一会儿，服务员就将热腾腾的饭菜，端到了我的面前。一顿风卷残云，我很快喂饱了自己那已饥饿多时的老肚儿，心满意足地走出了饭店。但我并没有立刻返回宾馆里，而是在马路的人行道上溜达观景呢。没过多少时候，大街上已亮起了灯儿，将整个马路照耀得火花银树，张灯结彩。再加上众多游人和各式车子，整个市面上人来人往，车水马龙，真的是热闹非凡啊。

次日，又是一个艳阳天。

我再次来到古城里游览。这次我慕名来到了古城里的著名景观——四牌楼和鼓楼游览。

来到四牌楼，就等于来到了大同古城中心。这里有四条大街交织于此，是典型的市区交通枢纽。这四条大街的名称分别是：东街叫和阳街，西街叫清远街，南街叫永泰街，北街叫武定街。看过四牌楼，我这才知道所谓"四牌楼"是由东、西、南、北四条大街上的四座木制大牌坊组成的。有意思的是，这四座牌坊呈四方形状，且连成一体，造型漂亮，雕梁画栋，十分精美。四牌楼横亘在东、西、南、北的大街上，看上去，十分巍峨壮观，古色古香，非常大气。

离开四牌楼，往南行不多远，我就来到了著名的大同鼓楼下面。

说到鼓楼，它可是大同古城的重要景观。它始建于明代，重建于清代，坐落于永泰街的中段。在我的眼里，鼓楼高达三层，是一栋过街楼阁式的建筑。我本打算登楼观赏其四周风光的，可是，我见楼梯太陡，几乎垂直九十度，我即打消了登楼的想法。毕竟，出门在外，安全是第一位的。这也为此次大同古城游，留下了遗憾。

我围着鼓楼，转了数圈，以尽览它那巍峨壮观的雄姿。我看到鼓楼的各层屋檐下挂着多块木匾，仿佛一座匾额博物馆似的，如东向上为"歌风"匾，下为"云开春晓"匾；南向上为"鼓楼"匾，下为"声闻四达"匾；西向上为"振德"匾，下为

"和声鸣盛"匾；北向上为"时雍"匾，下为"瞻云就月"匾。

　　环顾鼓楼外貌，我看到了三重屋檐，每层楼四周均有栏杆，且二、三层的四周都有门洞，均有回廊相连接，可谓建筑独特，布局巧妙。由于它高达二十余米，游人登上鼓楼之巅，凭栏远眺，整个古城风光，一览无余。只可惜俺老孟，没有这个眼福。

　　览过古城风光后，我出城来到了大同书城购书。同为书城，上海书城规模就大多了，且图书的品种也多了去了。

　　走进书城，我仔细地逛了逛一楼的诸多书柜，意欲寻找可心之书。结果，我只买了三本新书，一本是《文化古都大美大同》的画册，一本是《汪曾祺散文精选》，一本是《高崇武回忆录》。虽说所买图书不多，可价格也不菲，有二百多元呢。

　　离开大同书城，我沿着古城墙外围，继续漫游、览胜、观景……

晋祠纪游

如果说煤炭是山西的矿业特产的话，那么，太原的晋祠就是山西的历史文化名片。

俗话亦曰：到山西而不去晋祠览胜，实乃未到山西也。可见晋祠在山西历史文化中的崇高地位是何等的显赫。循着这个道理，我亦不能例外，便在初夏的六月来到了山西，来到了闻名天下的晋祠。

这天是个晴朗的日子，可谓艳阳高照，晴空万里。地面上刮着微风，是个适宜外出游览的好天气。

匆匆吃过早饭后，我便离开了卦山宾馆。在大门口跳上了出租车，沿着平坦宽阔的高速公路，一路狂奔。一个小时后，便来到了晋祠。

关于晋祠，史料记载很多，可谓史料丰富。而民间传说，更是丰富多彩，令人眼花缭乱。在一阵梳理后，我才从书中得知了晋祠的前生今世，亦仅为大概而已。

史料说：晋祠是后人为纪念周武王的次子姬虞，而修建的祭祀祠堂。因姬虞被封于唐，故称唐叔虞祠；又因其位于晋水的源头，故名晋祠。而晋祠的创建，最早可追溯至"剪桐封弟"的故事。一般认为当在北魏之前，以此推算，它至少已经历了1 500年的风雨沧桑。又经过历朝历代的重修和扩建，逐渐形成了今天以圣母殿为主体的建筑格局。晋祠风光秀丽独特，具有较高的历史文化价值和艺术价值，是中国文化遗产的重要宝库。20世纪60年代初，就被国务院公布为全国重点文物保护单位。它位于山西省太原市西南25公里处的悬瓮山下、晋水源头。整个园林坐西朝东，园内古树参天、满目苍翠；青砖绿瓦、星罗棋布。而大门外的那片园林则是新中国成立以后筑建的晋祠公园。它与晋祠的古建筑群近在咫尺，是一座规模宏大的人工园林公园，可以说是晋祠风光的重要组成部分。如今，该公园已成为晋祠的前院，是游客进入晋祠游览的必经之地。

从车上下来，我径直来到晋祠公园门前的广场上。站在小石桥上，向前方看去，远方的一座绵延起伏的青山，映入了我的眼帘。山峦下面就是著名的晋祠。在蓝天白云下面，这里是那么的静谧、祥和。前来观景的游人，迈着轻盈的步履，喜笑颜开地朝公园的深处走去。他们的神态是那么的惬意、和谐，这真是一派和谐幸福的景象啊。

从小石桥上下来，我边走边眺望着周边的美景。时而快、时而慢地饱览着远近的景色。有时还停下脚步，站在那儿忙不迭地举起手机，将这四周的美妙景色收入镜头里。

很快地，我便走到了一座大牌坊的前面。驻足观看，仔细端详了一番，得出四个字：雄伟、壮观。

大牌坊系四柱三楹形制，尤其是那重檐琉璃瓦的顶端，是那么的秀美雅致，让人看了，不动思古之幽情才怪呢。中间门洞上方则挂着一块写着"晋祠胜境"字样的匾额，系由前中共山西省委书记李立功同志亲笔题写。

就在我浏览之际，忽见大牌坊的右侧竖立着一块石碑，上书"芳林寺牌楼"五个大字。方知此牌楼大有来历，实乃昔时芳林寺所遗旧物也。

穿过牌坊，跨过十一级石阶。通过唐太宗所书"晋祠"门后，就来到了晋祠公园里。

走进园门，我就看见前方不远处，竖立着一尊硕大的宝鼎。但它不是用青铜器铸就成的，而是由各色花草编织而成的。它全身呈翠绿色，坐落在万朵吐翠的花坛里。它造型新颖、气派大方、十分养眼。这尊颇具创新意义的青翠"宝鼎"，我只在晋祠见过。也许就是它的独一份儿特色所在吧。

辞别"宝鼎"，往前方行不多远，我就走到了"唐园"大门前。发现园门为单檐琉璃瓦屋顶大门，规模也不算大，显得小巧玲珑。门前石阶的左右两侧各放置着一只铁狮子，看上去十分威风。

走进大门，站在大门台阶向前看去，我看见门口不远处，竖立着一座巨大的砖刻照壁。它起着隔景的作用，具有北方人家特色。整个画面刻着三个人物形象，技法精湛，惟妙惟肖，十分传神。不过，此物似为今人的作品。

晋祠大门外景

经过照壁,我就来到了"凌云阁"的门下。据说,此阁为晋祠公园的主要建筑景观。它坐落在高大的石台之上,为三层飞檐楼阁建筑。它高十多米,整座楼阁的造型古朴典雅。三层楼阁,每层都悬挂着一块匾额,且文字都不一样。其中,底层檐下挂着"飞龙阁"匾;二层上挂着"凌云阁"匾;第三层楼则挂着一块写着"观汾"二字的匾额。足见此楼宇的深厚的历史文化底蕴。

离开凌云阁,我一路前行,便来到了"唐宋遗风"景观的大门前面。抬腿迈上台阶,穿门而过,就来到了李世民君臣铜像前。就见李世民骑在高头大马上,尽显帝王雄姿,身边簇拥着徐懋公、尉迟恭等近臣。显然,这是一座造型巨大的群像铜雕。像中人物刻画得生动传神，十分逼真，是一件不可多得的铜雕艺术珍品。然而，无独有偶。类似于此的君臣群像铜雕，在武汉的楚天台公园里也有一尊。名曰：庄王出征。其形象也是那么的生动传神、英武霸气。这是我第一次看到如此巨大的铜雕群像。所以，印象深刻。

看过李世民君臣铜像后，我来到了一池泓水岸畔。就看到一座硕大的花草"钱币"，耸立在水池中央。人们通过中间硕大的方空，就可以看到远处晋祠的大红门。经过一番观赏，我发现这枚花草"钱币"四周边上写着"开元通宝"几个大字，感觉真是太神奇了。从前面的李世民君臣铜像，到眼前的这枚屹立在水池之上的"开元通宝"钱币，使我真正领略到了"唐园"历史文化的魅力。

离开"开元通宝"之后，在经过了"晋祠天下景"亭、雨花寺、宝墨亭等景观，我来到了晋祠大门前面的大广场上，算是结束了在晋祠公园的游程。在这里，我举目朝前看去，看到在广场的尽头，就是晋祠的大红门。等过了那道门，才算是真正来到了晋祠。而它还有一个学名：晋祠博物馆。

我从广场的东头，朝广场西头的晋祠大红门眺望。发现脚下的这个广场好大，气势十分壮观。我在心里估计，从东头到西头的大红门的距离大约有二百米。中轴线上建筑有两座漂亮的石材"金水桥"。至于，石材是不是汉白玉或是花岗岩，我就不得而知了。我觉得广场布置得很有层次感。尤其是那几座大小不一的石桥，竟使整个广场呈现出了起伏感。再加上周边的花木与小溪的陪衬,使我觉得整个广场的风貌,有了一种立体美的感觉,非常漂亮、大气。我看到,在中轴线的两侧,种植着许多高大的银杏树,下面则是茂盛的花草。而那些挺拔的银杏树,如同哨兵那样,站在广场道路两侧,守卫着广场的安全。它们是那么的威风,又是那么的精神抖擞,给人以天然的安全感觉。我还看到,在晋祠大红门的前面则是柳丝飘逸。看到如此美景,我感觉到整个广场的风光,可谓青山绿水、郁郁葱葱。

很快,我穿过一丛银杏树荫,跨过两座美丽漂亮的石桥,便来到了晋祠的大红门前面。

大红门,即晋祠大门,为新中国在 20 世纪 60 年代重建。"晋祠"二字原为康生用左手所题写;现为陈毅元帅亲笔草书。据导游介绍说整幢建筑为混凝土结构,屋顶则为单檐歇山式,并由琉璃瓦铺饰,其外墙都粉刷成朱红色。其正面的墙壁上,则开有三个拱形的大门洞。如今,成为人们进出的大门了。望着这座大红门,颇感其气势不凡。很有些儿古风之韵味,文化厚重感十足。

迈入大红门,行不多远,只见一座重檐古建筑闯入了我的眼帘。老远就瞧见二层屋檐下面正中悬挂着"三晋名泉"的横匾。我觉得这座建筑很有趣,宛如山神庙一样。它的大门两侧墙上,各开了一个硕大的圆形窗户。给人乍一看,犹如一对大眼睛,且正看着游人呢。而当我来到这座古建筑的后面,却发现这儿竟然有一个古戏台呢。屋檐下方正中,则挂着写有"水镜台"三个大字的匾额。我端详着古戏台梁柱上的绘画雕像，感觉非常有意趣。显然，这是一座造型美观、漂亮的古建筑精品。

又往前走了近百米，登上石阶，我就来到了著名的"金人台"景观。据说，所谓"金人台"，亦称"莲花台"。金人就是铁人或铁汉，故名金人台。来到金人台，我看到其四周分别竖立着一尊铁人雕像。最古老的那尊铁人雕像，铸造于1097年，距今已近千年了。而当时百姓之所以要铸造这四尊铁人，主要是祈求"风调雨顺"。同时，也是古代劳动人民的一种精神寄托之所在。

离开金人台，我来到了著名景观"对越"牌坊前。此牌坊乃是通向"圣母殿"的必经之路。

关于"对越"二字的意思，还是听听我身边导游的解说吧："对越"二字出自《诗经》中的《清庙》篇里"对越在天"之句。"对"是报答；"越"是宣扬，合起来就是宣扬报答之意。而晋祠要报答的则是圣母邑姜的神灵庇佑之功。同时，也暗含着对父母祖先行善积德的颂扬之意。眼前的这座"对越"坊，相传是明万历年间，太原县举人高应元出资建造，并亲笔题写了这块"对越"匾额。

"对越"牌坊，结构为四柱三楹，重檐歇山顶式建筑。其两侧建有钟鼓二楼，分列牌坊的左右，宛如牌坊之双翼，对称、大气。整座牌坊造型富丽堂皇，美观大方，颇具艺术之韵味。在其台基的左右两侧，各摆放着一只铁狮子的塑像，更是增添了牌坊的威严气势。

  站在牌坊下面，凝视它那巍峨之壮观，感受其庄严之肃穆，此时，我的心里油然生出了一股幽古之情怀。感觉这牌坊的昨天与今天，似乎有些儿现实之关联。当今的人们，真应该到这里来学习修行一番。因为，感恩与报答永远是人类社会进步的永恒思维。

  告别"对越"牌坊后，我就来到了晋祠里的重要建筑——献殿的前面。关于献殿，书上说：献殿是当初祭祀圣母邑姜的享堂，是晋祠的三大国宝级建筑之一。我眼里的献殿，面阔三间，进深二间，其屋顶为单檐歇山式。其四周没有墙体，明间敞通，为穿越通道。而它的四周则围着一圈直棂栅栏，感觉十分空灵。从远处看去，它如同一座玲珑疏朗的凉亭。据说在其建成的八百多年里，只大修过两次。可见，献殿基本上还是原汁原味，这在全国的古建筑中是不多见的。

  从献殿里出来，我的眼前出现了著名景观——鱼沼飞梁的倩影。

  这鱼沼飞梁，是晋祠的又一座国宝级的古建筑，是介于圣母殿、献殿之间水塘和桥梁的合称。听导游说：这里之所以称为鱼沼飞梁，是因为古人把方形的水池称为沼，而把跨水的桥梁称为飞梁；又因水池中有些许游鱼历历可数，上面又有十字形桥，所以称之为"鱼沼飞梁"。这也就是"鱼沼飞梁"典故的来历。

  我来到鱼沼飞梁的桥上，前后环顾，发觉它前接献殿，后连圣母殿，与它们形成一组不可分割的景观整体。站在桥上，我看到这里视野开阔，它的南北桥面左右下斜，直抵沼岸；东西桥面则明显高于地面，且比南北桥面宽阔不少。在桥下看，感觉桥的整体形状很像是一只展翅欲飞的大鸟，"飞梁"之名便由此而来。据说，有关飞梁的建造年代已不可考，估计为北魏所建。

导游还说：这种结构新奇的十字桥为世界孤例，可以说，它是当今立交桥的祖宗模式。我见她在说话时的神态，是一脸的自豪感。连我也受到了感染，觉得又学到了知识，真的为咱们的祖国骄傲，也为导游的解说点赞。

渐渐地，我缓步走到了"鱼沼飞梁"桥面的西端。而这里也就是圣母殿中间的前台，我仰首端看着圣母殿的建筑雄姿。心中竟有些儿激动的感觉，颇有些儿"千呼万唤始出来"的遐思。感觉太神奇了，好隆重啊。显然，我被它的雄伟与庄严，给深深地震撼住了。

在我的眼里，圣母殿的屋顶为重檐歇山式，上面铺着绿色的琉璃瓦，十分气派。殿宇面阔七开间，大门处有一人多高的红色木栅栏把关，游人只能在门前木栅间，观望殿内的景物。而它的进深竟达六间，宽阔为四间，呈正方形状，颇具建筑特色。可以说，这在中国古代建筑史上也是十分罕见的。我曾经观赏过不少此类古建筑，但像晋祠圣母殿的建筑风采，还是第一次看到，因而印象极深。而且，大殿四周都饰以围廊，使整座殿宇呈现出建筑的外观美与立体美，彰显出其所特有的庄严、肃穆之文化氛围。

更令人叫绝的是：圣母殿周围有二十六根廊柱，这些个廊柱都微微内倾，使大殿四隅的角柱明显增高，并形成较大弧度的前檐。从而，增加了大殿的稳固性和曲线的美。当时，我还饶有兴趣地围着殿廊，数点廊柱呢。在导游的指点下，我将整座殿宇仔细地观赏浏览了一番，跟它来了个亲密接触。

史称，圣母殿建于北宋天圣年间，距今将近千年之久。整个殿宇前临鱼沼飞梁，后依悬瓮山麓，是晋祠之主殿，更是晋祠最古老的建筑。人们来晋祠游览的主要目的，就是到圣母殿，一睹圣母塑像的芳容与风采。

越过汹涌的人潮，我挤到了圣母殿大门的木栅栏前。手扶着红木柱，透过间隙朝殿内张望，意欲一探究竟。我看到殿堂内光线暗淡，只能朦胧地看到端坐在神龛上的圣母塑像。高大的塑像表面为彩色，却因年代久远，而显得十分的陈旧和斑驳。据说这尊圣母塑像还是北宋遗物呢，迄今已有近千年的历史，是名副其实的国宝。

顺着那一抹从门外照射进来的自然光亮，我将目光聚集在了大殿内的圣母塑像上面。却看见圣母头戴凤冠，身着蟒袍，神态安详，显示出富贵的优雅与端庄的气度与神态。

而圣母塑像的左右两侧，分别竖立着二十一尊侍从群像，共四十二尊。相传，她们负责侍奉圣母的饮食起居和音乐歌舞。在我的眼里，这些塑像的体态或丰满、或纤弱；她们的脸庞或圆润、或清秀；她们性格不同，年龄有别，但都是比例合度，服饰艳丽，可谓眉目传情，自然逼真，婀娜动人，惟妙惟肖，十分传神。看到这些塑像风采，我以为：圣母殿里的宋塑群像，堪称我国古代雕塑艺术中的精品，不愧为我国古代文化之瑰宝。尤其是那尊歌舞侍女像的神态，给我留下了无比美好的印象。我看到她身材苗条，相貌清秀。她手拿绢巾，面色含羞带笑，颇具艺术魅力，是侍女塑像中的珍品，具有永恒的艺术价值。而在我的眼里，她似乎胜过了西洋名画《蒙娜丽莎》。

浏览过圣母殿的宋塑群像后，我带着心中的满意，告别了巍峨壮观的圣母殿，再次踱步来到了鱼沼飞梁的桥面上，回望着圣母殿前廊大柱上盘绕着的八条蟠龙塑像。据说这是我国现存最古老的木质雕龙遗物，它的作用如同山东曲阜孔庙的巨石龙柱，具有相同的文化意义，彰显出了圣母殿的神圣性。

离开圣母殿，在游览了著名的周柏后，我便来到了著名景观——"难老泉"观赏。

所谓"难老泉"景区，包括难老泉及亭子、不系舟及其亭子、真趣亭、人字堰等景观。

来到难老泉亭，我凭栏俯瞰那不算大的古泉眼，看着黑黝黝的泉眼，却也没有看出个所以然来。后听导游说，此泉早年水质清冽，白如碧玉。可惜，在20世纪的90年代枯竭。而它眼下之所以还在"喷涌"，完全是人工所致，已完全没有了自然喷涌的气势，着实令人遗憾。据说，都是由于人为胡乱采矿，截断了水脉而造成的恶果。

没有了水脉，难老泉亦就成了一口枯井而已。我举首仰望着头顶上的难老泉亭。忽然觉得它有些儿名不副实，感觉真是辜负了古人的环境理念。此刻，我真的有种欲哭无泪的悲怆感。

难老泉亭，始建于北齐天保年间，距今已有一千五百多年。而我眼前的这座亭子，是明代重建遗物，却依然保留着其初创时的风格，为我国北方亭榭建筑的典范。

我缓步走到亭子的外面，凝视着阳光下的千年古泉与古亭，心里充满了沧桑感，有种说不出的悲凉。

接着，我来到了不远处的"不系舟亭"前，观赏起它的景色来。尽管，眼前也有水流从"泉眼"喷涌出来，很像那么回事似的，却并没有提起我对这里景物的游兴来。所以，我在简单地浏览了一番此地景观后，就匆匆离开了难老泉景区。

之后，我按图索骥地游览了晋溪书院、子乔祠、舍利生生塔等景观，饱览了晋祠的美丽风光，留下了美好难忘的印象。

从十笏园到杨家埠

春节过后,大地回春,万物复苏。山河万里披上了青翠的绿色,一片光明景象。同时,也是人们外出踏青、观赏春景的美好时节。好动的我,来到地图前,指点江山。在端详了多时后,我就将这次远足的目的地,定在了山东省的版图上。在经过一番权衡,我把这次旅行目的地,放在了著名的齐鲁故地。心说:对呀,这次就到胶东半岛去看看。那里,才是中国历史文化的发源地呢。远足目标选好后,剩下的就是行动了。终于,在和煦的春风里,我踏上了北去的列车……

十笏园

现在的交通就是发达、便利,且快速、安全。真正做到了朝发而午至。

中午时分,列车准时驶进了漂亮的潍坊站。下了火车,我就来到车站广场上,即被广场周边的景色吸引住了。广场位于车站的北面,周围皆为高楼大厦。广场上人来人往,一片祥和景象。这时,我看到有不少人正在广场上拍照留念。于是,也请游人给我也拍了几张,到此一游留念也。几乎在这同时,我的"午餐铃"响了。原来,我的老肚闹抗议了。看着对面壮观的高楼大厦的倩影,我寻思着:我得先找个住处,解放自己。然后,再找个饭庄喂喂咱这老肚。

好咪,主意一定,俺便计上心来。于是,俺就拖起拉杆箱,朝广场的北边走了过去。利用红绿灯的间隔功能,我穿过繁忙的马路,径直来到了速八酒店大门前。我抬首朝大楼外貌望了一眼,感觉不错,便一脚跨进了酒店的大门。

来到前台,我迅速办好了入住手续。随即便登上了电梯,来到房间里。稍事休息后,我就来到设在二楼的餐厅里吃饭。

午餐用毕,我就走出酒店,一头钻进了停在路旁的出租车里,直接朝潍坊的第一景观——十笏园,疾驰而去。

很快,的哥就驾着车子,将我直接送到了十笏园大门前。

十笏园,坐落于潍坊市潍城区胡家牌坊街,由清代维县富绅丁善宝所建,迄今已有一百多年的历史。所以,十笏园又叫丁家花园。它不仅是北方著名的小型私人庭园,而且还是全国重点文物保护单位。

有趣的是,因十笏园规模甚小,被誉为"十个笏板",故其名也。据说,"十笏园"名乃清末状元曹鸿勋亲笔题写。

走近不算高大壮观的十笏园大门,经过一连串的曲径通幽,我便来到了一个硕大的院落里面。从外观上看,这是一座典型的北方乡镇四合院式建筑。来到庭院中间的花砖路上,环顾庭院的四周景物,感觉这个庭院似乎比一般的四合院大一些。堂屋居中，坐北朝南。门前的路边两侧，各摆放着一个青花瓷大缸，看上去十分养眼。门前台阶两边则种植着竹丛，而门框上方则悬挂着两只大红灯笼，显得十分喜气。整个庭院的景物布置相当紧凑，亦显得简约、干净、敞亮。至于这座庭院的名字，我在进门时竟忘了看，因而亦不知该座庭院名字之所云了。

离开该庭院，经过一个夹道，我又来到了一个新庭院里。院内布局同前面的那座院落大致相同。在堂屋的门前，亦种植着两堆竹丛。而在庭院中间，则摆放着一只硕大的石缸。不过，石缸里没有种植什么花草，显得有些荒凉。倒是在堂屋门框上方悬挂着的两只漂亮的宫灯与大红的飘带，颇显喜庆之景象。我看到有几个游客在门前照相留念，于是我也走向前去，请他们拍了几张照片，以作留念。接着，我就走到堂屋一侧的厢房门前张望，就看见门前被一丛木栅栏阻挡着。木栅栏后面竖立着一块木牌子，上面的文字告诉我，当年曾在这里拍摄过电视剧《红高粱》中的某些镜头。因此，这个院落的特色又似乎有些艺术的氛围，成为当下追星族一探究竟的好去处。难怪这屋里尽是旧中国北方农村景物的摆设呢。当然，这些旧式景物，俺都是在屋门外面朝屋里探看到的。这种感觉，确实有些年代久远的意境呢。

接着，我就来到了又一个小院子游览。

来到了庭院中央，我伫立环顾四周景色。发现这座庭院陈设简约、清爽。它的堂屋坐北朝南，东西两厢房，南屋即院门。整个庭院不是很大,相当紧凑,且亦简单。庭院中央有一个石墩子,上面摆放着一个大石缸,旁边则种着几丛修竹及十几个种着花木的大小不一的花盆。那景象,看上去宛如百草园似的,可谓春意盎然。

来到堂屋门前,却见大门洞开。不时地有人进出,略显热闹。抬头就见门上方悬挂着一块黑底黄字横匾,上面书写着"非物质文化遗产纪念馆"一行字儿。于是,我走进屋里,探寻一番。进门朝里望去,只见那儿竖着一架郑板桥书画屏风。屏风之上的墙上,挂着一块写着"好义急公"四个大字的木匾。在木匾的下面,是一只硕大的凤凰风筝。两侧墙上与玻璃橱柜里贴着或摆放着年画与彩塑雕画,十分传神,颇具传承意味。

走出屋门,我看到大门右侧的墙上挂着一块做工精致的木牌子,上面赫然写着"芙蓉居"。下面则刻着几行小字。从这几行小字里,我了解到这里原来是丁毓庚的第四位夫人孟氏的居住地,是这夫妻两人的"爱巢"。就环境而言,这里的确是个幽静雅居之地。看着、望着眼前的这座庭院,我从牙缝里挤出了几个字来:有钱人就是会享受啊……古今皆然也。

看过芙蓉居的景物后,我继续朝西走,便走进了另外一座院子里。这个庭院的景物有些特别,我看到院子中间种着一棵大松树,遮雨避阳的,犹如伞盖似的。院子四周同样摆放着各式盆景,这亦算另类吧。

我稍稍地看了几眼,便继续朝西面走去,又来到了一个院子。

这个庭院规模有些大。院子里种了几丛修竹，显得清雅、简约。而堂屋，照例也是大红灯笼高高挂。走近一看，屋檐下方悬挂着一块写着"清鱼堂"字样的木匾，不用说，这就是清鱼堂庭院了。我站在堂前石阶上，环顾四周景物，居然看到了堂前两侧的一个石砌的小鱼池。鱼池不算大，也就是两三个平方米吧。在碧绿清澈的池水里，游弋着数十尾红鲤鱼，样子十分安逸、平静。再加上水池边上的十余个盆景，宛然形成了一个袖珍水景观赏之地。我站在水池旁，浏览了这漂亮的水景及盆景，感受着景观带给我的愉悦之情，竟忘却了刚才还觉得游园之累。这也许，就是当时修建水池的初衷吧。

离开清鱼堂鱼池，我穿过写着"紫气东来"的圆形门洞，便来到了一个小院里。

这个庭院规模很小，无法同前面的几个庭院相比。庭院里没有什么景致，只是在屋子的东南窗前有一堆竹丛。总的说来，这个院落很空旷，我走到屋子门前游览屋内景色时，看到大门的右侧挂着一块木匾，上面写着"十笏园文创馆"六个大字。而在屋子的西窗下，则摆放着一组石制桌凳，上面覆以葡萄架。只是由于初春时节，葡萄还没有吐芽罢了。因此，看上去一片萧肃之景象。

稍稍看过后，我便迈步，走进了它隔壁的一个院落里。

一踏进这座院落，我的眼前豁然一亮，两座高大的楼宇蓦然出现在我的眼眶里，顿时感觉这座院落，明显地不同于前面所看到过的那些庭院的风貌。而来到这里，我方才感觉出了些许文化的味儿。

应该说，这座院落不算大，就其整座院落的布局来说，此院落还很有些憋屈。首先，它的北面与西面都竖立着楼宇，规模显然要比平房大一些。院子里倒是颇有些树木，修长的树枝将那两座楼宇映衬得古色古香、生机盎然的。

我伫立院落中央，仰首凝望着眼前的这两座漂亮、典雅的楼宇。心里充满了仰慕之情，可谓发幽古之深思也。

我看到，砚香楼坐北朝南，楼为两层建制。门窗均为花纹雕刻，造型十分别致，颇有些儿文人气味。最有趣的景观是它的台阶花墙，很是漂亮。据传此楼为明代所建。

而春雨楼则坐西朝东，整座楼宇颇有特色。其一层为红色木门木窗，均为花状。二层楼的外墙，施以白粉。其中间为窗，两侧各一孔圆窗，显得简约、经典。我没有进门登楼，只是在楼外观赏了一番，颇有印象。

就在我将目光再次洒向院落时，居然从南门洞里发现了另一片新天地。于是，我快步走了过去，站在圆形的门洞里朝外浏览。就看见门外有水，有山有亭，有栅栏……可是，就在我刚要走出门洞时，却一眼看到了竖立于门前的一块貌似花岗岩的石头。尽管它不是很大，看上去却相当灵透。左看右看，十分形象。

在匆匆观赏了这块花岗石后，我一脚便闯进了眼前的这片新天地。

潍坊十笏园留影

我来到门前的石头台阶上，定了定神，浏览了一番所谓新天地的景色。这其实是一个不大的人工湖，因为修筑了这条类似堤坝的路而把整个湖水一分为二，形成了两片不同的水域与堤岸景观。由于四周没有高大的建筑物，所以这里的景色一望无际。远远地望去，倒显得有点空空的感觉。我发现，这里的游人并不多。即便有些人，也是三三两两的，感觉这儿十分清静。

我一步走出了六角砖门，来到了这所谓的堤坝上，算是开始置身于湖中之游了。我站在堤上，凭栏四处观望，就发现堤坝的尽头是一座临湖而建、坐北朝南的一个规模较大的亭子，号称四照亭，建造得气势磅礴，小巧中见大气。这是我一路走来，途中所见到的造型最为优美的亭阁式建筑。可谓雕梁画栋，古色古香。它的门窗框檐上，除去匾额就是楹联了，颇具文化趣味。

看罢"四照亭"，我沿着湖畔小道来到了湖水的南岸。从这里观赏整个湖区风光，无疑是最佳的观赏地。几乎所有的湖光景观，都尽入眼底。诸如东侧的假山；两边的长廊、花墙；北畔的楼亭水榭；南墙的十笏草堂，无不一一进入了我的眼帘。这里，是整座十笏园景观的精华之所在。其实，相比于前面的大小庭院，我以为这里的湖区景观，才是最能吸引游人眼球的地方。我曾去过山西平遥，感觉它缺乏的景观，就是十笏园的这片光明的湖水景观。尽管，平遥古城比十笏园要大许多，可是，它缺乏十笏园的灵气。

站在湖畔上，我朝北眺望。就看见一排漂亮的花砖墙，犹如一座灵透的艺术建筑，将这个小小的湖区景观分割成为内外两个不同的区域。透过花墙，我看到高大古老的砚香楼，宛若远处的山脊；青色如黛，傲立于天地之间。而那座春雨楼，则犹如士兵似的矗立在砂香楼的西侧。庭院中高大的树木为它们遮阳避雨，再加上花砖门口立着一块形状怪异的灵石及六角花砖门，着实弥漫出耐人寻味的仙气来。

我往东看去，映入眼帘的景物是一座用许多怪石垒建起来的假山。有文字说它高约 10 米，南北长达 30 米，是一座庞然大物。整座假山布局紧凑，错落有致，非常形象。只是不知道这假山出自哪个造山大师工匠之手。尽管，我没有攀过假山；

不过，我看到假山的顶端点缀着两座亭子。小的叫"蔚秀亭"，大的叫"落霞亭"，分别坐落在山顶的北边与南侧，那块挂在落霞亭屋檐下方的"聊避风雨"横匾的四个大字，则是郑板桥题写的。在北面的假山湖水中矗立着一座类似船形的建筑，它的名字叫"稳如舟"。匾额下方两侧的黑色柱子上分别写着"山亭柳月多诗兴，水阁荷风入画图"的联语，读来颇有点趣味。

而在湖畔的西岸，则是另一番景色。一溜高大的长廊，横亘在湖岸的西侧，将外面的湖光山色与牡丹花园景观做了一个切割，从而形成了两个风光景区。

看完西边的长廊花墙，我且转身朝南看，在假山的南岸耸立着一座小巧玲珑的亭子，名曰"漪岚亭"。此亭造型漂亮，观感十分悦目。在湖边的西南侧竖立着一座造型独特的亭子，它叫"小沧浪亭"。之所以说它独特，是因为它的四根柱子是用树干做的，并未进行过处理，相当原始。而这就成为该亭造型不同于别的亭阁的特色之所在。

紧接着，我马不停蹄地走进了西岸的牡丹园里游览，从而也算是结束了在湖畔景区的游览观光。

来到牡丹园里，我看到园内的几堆牡丹花正在盛开。而在庭院一角的紫藤花，也已然完全开放。整座牡丹园一眼望去，真可谓"百花盛开，春色满园"。我发现，在花园北面的大殿里，正在举行牡丹作品展览会。我进去看了看，墙上挂着的都是当地画家们的国画作品。当然，也少不了名家书法作品。我觉得在牡丹园里进行牡丹画展,是一个再合适不过的文化创意。这些画的风貌,都十分大气。

告别牡丹园后,我又走马观花地游览了十笏园的几个庭院的风光,初次领略了十笏园风光的文化特色。

很快地,我在夕阳西斜的时光里,结束了这次十笏园之行。出了院门,我便打的回到了阔别大半天的酒店里。

杨家埠

次日,天气绝好。初升的太阳,早早地露出了它那令人熟悉的笑脸。它所发出的万道霞光,将天下的山河照耀得仿佛披上了一层色彩斑斓的盛装。看到这样的好天气,我的兴致立马好了起来。

由于杨家埠景区距离市区较远,我赶忙吃完早餐,放下碗筷,飞也似的下楼,来到路边上。见有一辆出租车正停在那里,便拉门钻了进去。同司机几句对话后,出租车就载着我,朝杨家埠奔去。

大约在一个小时后,的哥驾车把我送到了杨家埠景区的大门前。

杨家埠景区大门,乃我国北方常见的四柱三楹的牌坊式仿古建筑。整座牌坊大门规模很大,三座重檐琉璃瓦屋顶。川上红色框柱,正中间屋檐下方镶嵌着白底红字"杨家埠"的横匾,落款是"谷牧"。谷牧乃山东人氏,由他来书写的确合适。整座大门建筑得既庄重典雅,又显得古朴大方,透着一股子独具匠心的味儿,有着悠远的醇香。这道大门,也是到景区的第一道景观。我看到有许多游人来到这里,总会禁不住地举首朝这座牌坊式的大门,打量一番或行注目礼。站在这里,放眼望去,就看见前面的景区广场上游人众多,鼓乐齐鸣。一个个硕大的红色气球广告高悬广场上空,各式旌旗迎风招展,好不热闹,真可谓一派节日景象。

穿过大牌坊,往前行,约莫五六分钟,我就来到了人声鼎沸的广场上。驻足观看,就看到广场东北面耸立着一座财神爷塑像,周围皆为大小金元宝,形象十分传神。而广场的西北部聚集着许多人,有站的,亦有坐的。站的人是看热闹的,坐在椅子上的人则正在开会,主要聆听当地干部官员及相关企业老

杨家埠牌坊

总的讲话。由于风很大，故也听不清这些人讲的什么话，却见一个个就像走马灯似的，上下忙乱着。当然，主持者是当地广电的主持名家，她字正腔圆的声音，听起来十分悦耳，且形象亦是绝色佳人也。我定神朝主席台后面的红色帷幕上浏览了一番，只见帷幕上写着"2018中国（潍坊·寒亭）杨家埠风筝年画艺术节"等字样，方才知晓此地正在举办这一盛事呢。

离开会场，我便朝旁边的售票处走了过去，却见售票处窗门紧闭。便问站在一旁的保安同志，她说今日免费，并对我指了指景区大门，从南门进去就行。免费游园，对旅游者来说绝对是好消息。可对我这样的旅游爱好者来说，却有些儿郁闷。因为，我还是一位门票收藏爱好者。心里颇有些而不爽的意味儿，因为我门票集不到了。尽管这样，我还是高兴地朝那高大的南门走了过去。

景区的南大门，是一座典型的仿古城门建筑。与别的城门有所不同的是，它只有一个门洞。而门洞顶端的平台上则是一座歇山式平房建筑。不过，看上去还挺巍峨壮观的。我看到，这平房框柱尽是些雕梁画栋，十分华丽。屋檐正中下方则是挂着一块写着"杨家埠"三个大金字横匾，且十分醒目。城墙垛口竖立着数十面古代旌旗，显得十分喜庆。在城门前我还看到了挂在门洞两旁的巨人的财神爷造像，颇有些古色古香的味儿。

我匆匆地浏览了一番城门景观后，便随着众游人一起穿过大门，来到了院内景区里。伫立城门下面，我睁大眼睛，凝神环顾院内景色，感觉简直就是一个大农家院似的。院内景区除了一座五层的文润阁和一座两层的楼宇，就再也没有什么高楼建筑了。

倒是眼前的这座百米开外的文润阁，支撑起了景区的半壁江山。那正是绝对称得上鹤立鸡群、巍峨壮观了，可谓景区里最令人瞩目的建筑物了。我举目朝文润阁看去，就见整座阁楼坐落在庞大的石台之上，周边绕以石制围栏。整座建筑的体型是底层宽，上层窄，宛若金字塔那般，显得泰山那般稳固。在从大门到文润阁的那条石铺甬道两旁，分别放置装着六只生肖塑像，感觉颇有些儿地方文化的色彩。我径直来到文润阁一层大堂里，迎面飞入眼帘的是一面龙柱屏风，中间镶嵌着一个圆形龙头图案。底下写着一行"福禄寿喜财"五个大字，顶上的天花板绘制得十分漂亮。旁边有梯子，可以上楼。不过，我没有登楼，而是在一层大堂里看了会儿，便走了出去。

随后，我便来到了同样处在景区中轴线北面的那幢两层硕大的建筑前，凝视了一番楼宇雄姿。我看到，这座大楼面阔九间，屋顶为单檐歇山式，颇有些儿民族特色。如同前面的文润阁一样，亦为雕梁画栋，朱框红柱，相当古朴大气。

一层屋檐大门上方则悬一蓝底横匾，上面写着"杨家埠风筝博物馆"八个大字。

一进门，便看到一扇木屏风，上面雕刻着"年年有余"及儿童形象，十分生动传神。

走进展览大厅，我就被展示出来的各式风筝给吸引住了。

就见大厅四周的柜台里、橱窗里都摆满了各式各样的风筝，可谓造型奇妙，色彩艳丽，品种繁多，琳琅满目。同时，墙上的荧屏通过影像，向人们介绍风筝的历史及现实发展的状况。我还看到展览橱窗里放置着许多制作风筝的工具。这些工具十分简单，但却能制作出精美漂亮的各式各样的风筝来，真的有些不可思议。看来，杨家埠的风筝工匠确实有两把刷子啊。这些风筝图案丰富、款式新颖，形状也是十分繁多。例如有蝴蝶状、知了状、螃蟹状、鸟虫状样式，令人眼花缭乱，流连忘返；而且用料也很广泛，有竹材的、丝绸的、布艺的等等。

有意思的是，这里不仅展览本地制作的风筝作品，而且还介绍了世界各地有关风筝制作工艺，诸如越南、日本、朝鲜和韩国制作风筝的历史传说及工艺水平，增进了人们对风筝制作的进一步了解，促进了风筝工艺制作水平的发展提高。

我一个一个地穿厅过堂，浏览着这些做工精巧的风筝，倍感珍贵。这也就是我在潍坊市区的风筝专卖店里，购买杨家埠风筝模型的初心，以纪念这次风筝之都的旅行，深感这才是真正的民族文化特色呢，而只有民族的，才是世界的。从展览的有关风筝的各国国旗图案里，已经充分证明了这一深刻思想的意义。

大约一个小时后，我带着对杨家埠风筝的那些深情，离开了博物馆。

走出博物馆大门，我沿着景区的曲径小道，朝景区的深处走去。

穿过一片黛瓦粉墙后,我就来到了一个村庄院落门前的一个小广场上,就看见小木亭下有一群小学生,坐在小凳上写生呢。看了一会儿学生后,我的眼光便落在了这座院落的外墙上。这是一栋典型的农家平房建筑,它坐北朝南,墙上有一门三窗门洞,比窗户大一些,门檐上覆青色瓦片。门框两侧贴着对联:佳节开门红,新春万事顺,横批是:好运常在。门框上方悬一横匾,上书"酒文斋"三个篆体大字。大门敞开着,我一脚踏进屋里,就被眼前的景色惊呆了。原来,这屋里四周摆放着一人多高的大橱窗。橱窗里陈列着一排排造型各异的空酒瓶子,可谓琳琅满目,目不暇接。顿时,我就来了兴趣。要知道,俺也好这一口呢。多年来,俺也收藏了不少空酒瓶子呢。我接连参观了两个屋子所展示的所有酒瓶子,心里颇感震撼。这是我第一次正儿八经地参观酒瓶展览。经过近一个小时的浏览参观,我觉得该展览的主人在收藏酒瓶方面,是花了一些功夫的。他收藏的酒瓶不仅繁多,且有很多品种皆能成套。我以为,这就十分不容易。一般一个酒瓶收藏不难,成套地收藏就很不容易了。看后,我从心底里佩服该展览会的主人,使我大开了眼界。尤其是那套"泰山"酒瓶,看到它,我兴奋不已。你看,光写着"五岳独尊""泰山元尊""泰山雄风""寿"等字样的这些造型多异的酒瓶子,就够人们思索半天的。这对我这个还未去过泰山的人来说,充满了神秘的诱惑。我看到,这里收藏展示的酒瓶的材质以瓷质为主要特色,主要表现为青花瓷、青瓷等,以青花瓷为主。这显然提高了酒文斋酒瓶收藏展览的档次及质量；同时，也提高了游人参观展览的兴趣。别人是不是这样，反正，俺是这么想的。

在看完最后一眼酒瓶展览会后，我恋恋不舍地离开了酒文斋，踏上了去杨家埠木版年画陈列馆参观的曲径小路。

朝北行不多远，我就走上了一条东西向的宽阔大道，一边朝东走着，一边往大街的两旁看着。我感觉到这才是真正的杨家埠景区呢，你瞧，两旁边的店铺一家连着一家，不是风筝铺，就是木版年画店。店铺装饰有简单的，亦有繁复的。街面上的游人们，也是相当多。怪不得，我在前面没有看到有多少人呢，原来都集中到了这里来了。看着这些游人，再望着如此繁华的街市，我方才如梦初醒，立马振作了起来。

沿着繁华的街市，我走进了一家专门制作木版年画的作坊里。仔细浏览了一番制作年画的工具及其年画作品，那幅著名的"年年有鱼"年画映入了我的眼帘。感觉是那么的熟悉，可又觉得有些陌生。所谓感到陌生，是指我看到的那幅年画的木刻模型，就木板的纹路而言，简直无懈可击，相当精美，是一件非常精美的艺术品，于是我便动了心，想将它收入囊中，以作纪念。可就在我掏银子时，那个店主却对我说：这绝对不是机器刻的，而是我本人刻的。就他这句话，立马惊醒了我，我想了想，决定不买了，免得上当。随后，我就离开了该作坊。

终于，我来到了正宗的"杨家埠木版年画博物馆"。进去一看那阵势，就是正宗国货。高大洋气的楼宇，宽敞明亮的厅堂，展品的丰富无与伦比，是那些小作坊所无法比拟的。整个展览从历史上、艺术发展上及作品创作思想及意境上，作了详尽的介绍。而且，都用年画作品映衬着历史的发展与艺术创作的发展，非常形象地再现了杨家埠木版年画的发生发展，乃至未来的发展走向。

通过参观与浏览，我知道早在清乾隆年间，杨家埠与天津的杨柳青、苏州的桃花坞一起，并称中国三大木版年画制作中心。在这些年画作品里，我看到不仅有相当部分是传统年画，而且还有许多在新中国成立后制作的反映社会主义新风尚的年画作品。这些新作品同样颇具艺术感染力，同样美丽漂亮。看着这些年画作品，我在心里不禁发出了这样的感叹：木版年画，真的遇上了好时光，真正做到了老树发新枝，枝干开新花了。我从心底里为它默默地祝福：祝它根深叶茂，年年开新花。

带着满心的期盼与祝福，我离开了杨家埠，从而结束了在潍坊市的游览。下一站，我将前往青州古城游览观光。

聊城纪游

聊城,是一座很有些历史韵味的城市,更是一个有着深厚文化底蕴的文明古城。

不信的话,我们可以看看相关书上是怎么说的。《东昌古今备览》中说:聊城,昔日的东昌府,坐落于广袤的鲁西平原,绿荫环绕的古运河畔。远在春秋战国时期,聊城就已"筑城屯兵为齐之要地",不少诸侯争衡于此。"洪武初年,置东昌府建城池",燕王朱棣靖难之师,曾力战于城下,古称聊城"居天下之胸腹""战守必争之处"。会通河的开通,遂使聊城成为漕运线上的明珠。明代为沿河九大商埠之一,清代则被誉为"漕挽之咽喉""天都之肘脑,江水一都会"……今天,它为山东西部的重要城市,鲁西政治、经济、文化中心,山东省十处"历史文化名城"之一。

看过这段不算长的文字,使我对聊城的前身今世有了些了解。其实,我很早就知道了聊城的大名。尤其是它那著名的光岳楼、海源阁等名胜,对我来说如同雷声贯耳,令我神往无比。而它所治下的诸多古迹与名胜,更叫我无比向往,心想神驰。如阳谷县的景阳冈、狮子楼等名胜，简直是水浒故事的半壁江山。可以说，这里是梁山英雄——武松的故乡。而坐落于古运河畔的临清市，则不仅有钞关、舍利宝塔、清真寺等文物古迹，而且还有着深厚的古文化传统，如写于明末清初的著名古典小说《金瓶梅》。毫无疑问，聊城就是"金瓶梅"的故乡。总之，聊城的文物古迹，风景名胜简直多了去了，可谓美不胜举啊。这些名胜古迹，你若想都逛到，没有十天半个月是根本拿不下来的。尽管我对聊城的这些名胜古迹向往已久，可"人在江湖，身不由己"。那些年里我对聊城之游，亦就是一份憧憬罢了，望旅兴叹而已。不过，苍天也有睁眼时。这不，在夏末秋初之日，我就来到了鲁西大地上，对聊城诸多名胜及古迹，进行了一番游历。虽说是走马观花一番，却亦是看在眼里、记在心上也。

前往聊城途中

上午7点左右，一列京沪高铁准时开出上海的虹桥枢纽站，一路狂奔，风驰千里，至中午11点，抵达了山东济南站。

虽说此时已是初秋时节，可济南的热度还是相当高。所谓"烈日炎炎似火热"，余威尚在呢。

车站广场上，人群密集，熙熙攘攘，好不热闹。我刚走到广场外的一棵大树下避阳，却见一辆出租车，停在了我的跟前。我看着已从车里出来的司机，就见他对着我笑着问：大哥，想打车啊！

"是的。"我亦笑着答曰。

"到哪儿?"司机又问我。

"到聊城。"我答曰。又问:"行吗?"

"行。请上车吧。"他说着便来到车前,拉开车门请我上车。见此情形,我也只能"恭敬不如从命"了。看着他把我的旅行箱,放到后车座上,我就放心地关门,坐进了车子的前座上。刚坐定,车子便绝尘而去,离开了拥挤的济南站广场。可是,大都市的市区马路永远都是车水马龙、拥挤不堪的。上海是这样,济南亦如此。这不是嘛,出租车在市区闯荡了将近一个小时,方才来到济南的一条大河岸畔,水面明晃晃的。正在我纳闷之际,司机对我说:知道吧,前面这条河就是黄河。等会儿我们要走的这座桥,是浮桥。听他这么一说,我顿时来了精神,心说河水这么湍急,怎么还能搭建浮桥呢?这时司机又说:这是一座简易浮桥,派临时作用的,主要是供汽车过河用的。

行人是不能过此桥的。哇塞,真是大开了眼界啊。说话间,车子就开上了浮桥。由于车速很慢,使得我有机会有时间仔细欣赏眼前的一番景色。我看到了流淌着浊水的河面,且河面并不宽阔,有不少河面都露出了褐色的沙洲。这说明黄河水此时也不怎么浩瀚,而是枯水期的景象。不过,司机告诉我,过几天这里的水面就广阔多了,丰水期就到了。现在还不行,还在枯水期。浮桥的桥面,我看到是用整块的大铁板覆盖而成的,应该是相当牢固的。不过,我看到在车子压过去的铁板上溢出了漫无边际的河水，心里觉得毛毛的。说实话，有点儿害怕。我还看到，黄河两岸的土地上，只种植了若干株垂杨柳儿，此时还吐着嫩绿芽儿。长长的柳丝随着风儿，不时地飞拂着，煞是好看，算是在这荒凉里的一抹绿色。在对岸的不远处，停放着许多起重机械，估计那儿是一处建设工地。看到这儿，我方才感觉到一点现代文明的气息。

大约过了七八分钟后，车子才驶上了对岸的公路，算是告别了拥挤的济南市区。

公路为沥青路面，宽阔平直，一直通向远方。公路两旁为清一色的大柳树，吐着悦目的柳丝儿，随风飘拂，宛如绿浪似的，看上去十分养眼。此刻，我深情地看着飞逝而去柳树丝儿，感觉仿佛荡漾在一抹翠绿色的柳浪之中，又仿佛觉得它们像两排站岗的哨兵那般，迎风直立，威武雄壮……

途中，我向司机讨教了有关聊城的传说故事，以便先入为主地对这座千年古城有些感性的认识。同时，以印证之前对聊城的那点可怜的认知。我看到宽敞的公路上车辆很少，视野相当开阔，远没有上海或济南那么拥挤，这样的旅途自然舒畅了许多。大约一个小时，我就来到了一个街心花坛前面。我看见花坛为圆状，规模很大。花坛中心树立着一尊金属雕塑。我左看右看，没有看出个所以然来。便问司机此为何意，司机答曰：不知道也。看来，对此尊雕塑，大家茫茫然也。不过，整个造型还算美观。很快，出租车朝右面拐弯，驶上一条大马路，又奔驰了一会儿，再次大拐，直接开上了一条比前面两条马路都要宽阔的马路——东昌东路。至此,我们进入了聊城的市区。

在市区转了几个弯后,出租车停在了酒店的门前。

"先生,酒店到了。下车吧。"司机对我说。

听司机这么一说,我朝窗外望了望,见是酒店,便收拾行李,下了车。不一会儿,出租车便开走了。从车上下来,我并没有马上进酒店,而是站在门外,望着大门的外墙,打量起酒店的大门外墙特色。只见酒店大门并不很大,高度为三层楼,宽度为三楹;一层楼正中为大门的旋转门,两旁各有一个小门。外墙为西洋式,顶端中间贴着西洋人物浮雕,显得颇为洋气。二楼平台上写着"迎宾楼"三个大字,两旁各竖着一个人鸟雕塑。一楼屋檐墙体上则写着"聊城市级机关第一招待所"等字样。我还发现酒店门前的绿化搞得不错,楼房两侧种植着许多大树,有不少青藤爬上了楼层的外墙。看那样子,屋内想必应该相当阴凉的吧,感觉有一种自然与建筑的亲密接触的氛围呢。总体来看,这座酒店的外墙装饰得美观、大方,十分耐看。应该说,这是我所喜欢的建筑外形。

走进陈设简约、灯火灿烂的大堂。我径直来到前台,迅速办理完入住手续,很快来到了入住的房间。站在门口朝房间环视一番,即被它的简单大方、十净及明亮的室内陈设所折服,心说,这正合我意耶。心想:干净明亮就好。我放下行李,走到窗前,凭栏朝外张望欣赏了一番院内景色。看着婆娑的树木花丛美景,我感觉这里的绿化已成规模,环境相当宜人。

稍事休息了一会儿，我就走出了房门，穿过同样简约漂亮的甬道式长长的走廊，经过大堂，我走出了酒店大门，随即钻进了停在门前的出租车里，朝着聊城的第一景观——光岳楼疾驰而去……

光岳楼

十几分钟后我就来到了光岳楼的面前。这可是我心仪多年的著名景观啊！望着巍峨雄伟的光岳楼，我心里一阵激动，感觉眼眶发热，差点掉下眼泪了。我曾经走过岳阳楼、滕王阁、黄鹤楼及蓬莱阁等中国名楼，唯有这一次来到光岳楼前，方使我流露出无比的仰慕之情。毕竟，这是故乡的名楼啊。这对一个热爱家乡的游子来说，是最深厚的乡愁慰藉吧。看着它那雄壮、清丽的倩影，此刻我的心里充满了骄傲，同时心里亦产生了一股莫名的不安来。面对着如此伟岸耸立的名楼，我从心底里竟觉得有些儿来得太晚了的感觉，这对一个喜欢远足旅行的人来说，是不是一个"失误"呢？我自忖着。

我环绕着光岳楼，转了一圈，被它那崇楼杰阁般的雄姿所折服，极欲尽览它的迷人风采。同时，我不时地举起相机，从各个角度拍摄了许多它的倩影，将它那美丽的形象收入镜头之中，以作永久之收藏。

其实，说来亦可怜，就是在光岳楼下，我对它的来龙去脉知道得并不多，而对它的全面了解，还是在回到家里通过相关文字，方才获悉的。

《东昌古今备览》里说:"光岳楼,乃聊城一大奇观,鲁西北一大名胜,冲汉凌霄,气象非凡。它不仅是运河沿岸最大的建筑物,而且在全国同类建筑物中亦属罕见……这是一座由宋元向明清过渡的代表建筑,是我国现存明代阁楼中最大的一座……它由楼基和主楼两部分组成,总高33米。"

"光岳楼……始建于公元1374年,距今已有600多年的历史……楼基为砖石砌成的正四棱台,高9米,占地1 236米,台体四面各开半圆拱门,至台中心形成十字交叉拱,四层主楼筑于高台之上。方形外加圆廊,抬梁式木构架。光岳楼高大雄伟,巍峨壮观,是聊城文明古老的象征。"这是摘自《江北水城》书中的一段文字。该书由中央电视台和聊城市人民政府联

光岳楼留影

袂打造,并由中国民主法制出版社于 2006 年 9 月出版。因此,上述文字是可靠无疑的。

我之所以要摘录上述两段相关文字,主要是为了能够准确地将光岳楼介绍给诸位看客。如此重要的著名历史建筑,仅靠肉眼过目是不够的,理应结合历史文献,这样方使该景观在人们的视觉中,更显丰满。

好了,不发感慨了,我要上楼了……

走到楼台里的楼梯前面,我驻足望着似乎通天的石块阶梯,却见其坡度平缓,直通平台。整条甬道的四周皆为大块的古城砖垒筑而成,甬道两侧皆筑有木杆扶手,估计是现代物品所制,以供游人上下方便与安全。规划得的确很周到,应该点赞。而它的顶端,则为半圆形的拱顶。再看脚下踩着的石阶,都由大块青石条铺成。可能是游人走得多了,那些石块竟都被踩踏得铿光瓦亮,颇有些年代感。

看罢甬道风景,我便沿着平缓悠长的石阶,一路缓行,且边走边想,边看边思,宛若行走在那悠长的时光隧道里。不,是穿越!我想,当初人们建筑这座高大的楼台的目的,主要是起瞭望敌情作用的,具有军事御敌之功能。可是,随着战争的结束,国家政权的建立,这座楼台的作用也就跟着转变,成为人们登高望远、抱负明志的胜地,并且随着众多文人墨客的登临赋诗,为这座楼台带来了浓郁的文化气息,积累了深厚的文化底蕴。而我脚下的石阶,是否留有当年康熙与乾隆的足迹呢?我以为肯定是有的,要不咋会留有"乾隆行宫"在楼台之上呢？可见，这里是人文荟萃之佳地啊。今天人们来到这里登楼望远，应该说是历史人文的延伸之旅吧。

　　登上甬道的最高一级石阶，我就来到了偌大的平台上。我站在平台上，眺望四周的景色。刚才在甬道里的那种阴暗的感觉，此时竟一扫而光，而沐浴在了一片阳光的氛围里，心里有种豁然开朗的喜悦。可以说，我的心身在这里得到了怡人的放飞。怀着这份喜悦，我竟在楼台上肆意起来，绕着高大的楼阁兜了一圈儿，尽情地观赏它的雄伟与壮观。

　　我发现，光岳楼上悬挂的匾额很多，且皆为名家的大手笔。诸如书法大师郭沫若书写的"光岳楼"三个大字，就很有气魄。而乾隆所亲书的"光岳楼"匾额，也是气势恢宏，不让别家也。康熙大帝所书的"神光钟瑛"，亦为之增色不少。

　　观赏完楼阁的外貌，我就走进了光岳楼底层里面，浏览起它的楼内景致。

　　站在楼下环形走道里，我仰面朝楼上看去，却因光线不佳，只能依稀瞭望而已。我看到楼阁里及周边都竖立着许多的红木柱儿，有粗有细，有横有竖，可以说整座楼阁都是这些红木柱儿结撑起来的。同时，我还看到了这个现象，那就是有好多木柱子都是弯曲不直的。按理说，如此壮观的楼阁建筑，理应使用正规木料，而绝非采用这些弯曲不直的木料来建筑的。因此，传说光岳楼亦为"余木楼"也。不过，当年用这些弯曲木料来建筑光岳楼，的确也属罕见。

　　带着百思不得其解的想法，我离开了底层楼，便动作有些艰难地爬上了二层楼，站在狭窄的楼道里，我环视着楼道周围的景物，感觉同一层楼的景物差不多，除了红木柱子，就基本上没有别的景致了。那些大小粗细的木柱上落满了灰尘，显得十分陈旧，年代感颇强。不过，当我抬起头来仰视光岳楼的楼顶端时，竟惊奇地发现它的顶端的天藻的图案非常漂亮、大气，且造型独特，色彩艳丽。藻井显然不太大，可颇有灵性，独具特色。之所以能在二层楼可以观赏到楼阁顶端景色，是因为光岳楼的楼层样式都是相通透明的。因而站在底层，就可以一眼洞穿整座楼阁内景的。

说到二层楼道，相比一层楼面，这里的空间就更小了，光线更暗了。不过还好，借助门窗透露进来的些许光线，我还是很努力地观赏楼阁内的风光。围绕着楼道，我小心翼翼地朝前挪动着脚步，仔细地看着、走着。我看到不少木柱周边，都有被加固的痕迹，而有的地方被加固的痕迹还相当大。可见，光岳楼的历史确实久远了，绝对是咱们祖国著名的且是不可多得的"国宝"。据说在光岳楼问世以来六百多年里，大小修理不下数十次。但都是些小修小补，几乎没有怎么伤筋动骨。因此，它基本上保持了初建时的风貌。这在中国数千年的古建筑史上，是难能宝贵的古建筑遗产。六百多年后的我，还能看到光岳楼如此雄伟壮观的风貌，为大幸运也。

而当我的目光朝二层楼的上方环视时，竟然看见一个小阁楼悬挂在那里，介于二层楼与三层楼之间，一眼望去，颇具气势。阁楼里供着一尊彩色塑像，我想这大概就是鲁班爷吧。小阁楼的上方悬着一块由皇族名士溥杰先生所书的"巧夺天工"匾额，很有意味。在小阁楼下方两侧的柱子上书写着一副长对联，由于光线不好，我也看不清写的是什么句子。不过，站在楼道里扶着红漆木栅栏，抬着朝上看，就见各楼层的井框上，都画着五颜六色的吉祥图案，颇有些儿雕梁画栋的氛围。

看罢二层楼后，我没有再上三层楼道，而是直接下楼，来到了平台上。径直走进了"乾隆行宫"，浏览了一番宫中景致。

一踏进宫门，我就看到"乾隆大帝"正站在宫门前迎接我呢。他身着皇帝行头，气宇轩昂地站在那里，仿佛正在思考国家大事，又似乎正在酝酿颂扬东昌城的诗文呢。再向前看去，一幅硕大的东昌山水画屏陈列在皇座后面，而皇帝宝座前面则是一张红木书桌。只是桌子上什么也没有，就是空书桌而已。我想这也太假了吧，说什么也得摆上纸墨，装装样子嘛。看着"乾隆大帝"的塑像，再看看空旷的书桌，我在心里觉得好笑，这不是在讽刺惯于舞文弄墨的乾隆大帝嘛。

好在书桌旁边立有一板，上面写着"乾隆行宫简介"。我一看，还算地道。板上写着："乾隆皇帝南巡东巡九过东昌，六次登光岳楼，并御笔题诗十三首。光岳楼为乾隆皇帝南巡行宫。"这相比岳阳楼、滕王阁、黄鹤楼等江城名楼来，似乎光岳楼更有皇家意味。我去过的那三座名楼，尽管牛气冲天，可与光岳楼比起来，似乎差了点儿气势。无论从楼的高度、楼的保护程度与等级程度上讲，那三座名楼都无法同光岳楼相比。这也就是说，光岳楼更像是一座名副其实的历史文化名楼，且是当之无愧的。

因为，那三座名楼，除岳阳楼外，其他两座名楼，皆为今日之再造仿品，早已不是原来的景象了。就是岳阳楼，也早已不是初建时的模样。而我眼前的光岳楼，却还是初建时的原貌。就历史文化价值来说，光岳楼更具历史的真实性，亦更具文物价值。毕竟它是六百多年前的历史文化遗物。而那江南三大名楼，是根本无法与光岳楼争锋的。之所以光岳楼的名气没有三大名楼的名气大，客观地说，光岳楼只是少了几个文人雅士的诗文歌赋罢了。我以为这也无损于光岳楼的光辉。也许正因为它的"名气"不算大，却亦躲过了历次战火的劫祸！而有幸地保留到了今天，此乃万幸也。

带着幽古的思绪，我走出了底层楼道，再次来到了平台之上。我看到整个平台相当宽畅，且边缘上建有护墙。来到护墙前，我凭墙俯瞰光岳楼周边的景致。

来到光岳楼，就不得不说聊城的古城了。聊城的古称叫东昌城，是因为城外的东昌湖而得名的。古城呈正方形，四面环水，宛在水中央。可以说聊城就是一座漂浮在东昌湖水之上的千年古城，是著名的江北水城。可见湖水与聊城有着密不可分的因缘。一句话，聊城因这片湖水而生，东昌湖又因聊城而名扬天下。而这座江北名楼则就成了东昌湖与聊城上空的一颗巨大而耀眼的明珠。

在弄明白了光岳楼、聊城与东昌湖的关系后，我继续光岳楼之旅。

就在护墙边,我极目远眺前方,看过了密密麻麻的屋顶与绿丛。我的目光朝前不停地扫瞄,竟依稀看到了除屋顶之外的景致。一片白练般的水际,明显地环绕着古城的周围。啊,我看到了东昌湖水。是这么的清晰,又是这么的依稀,可见这光岳楼之高了。我又朝下面望去,有四条宽阔平坦的大马路皆以光岳楼为起点,分别辐射东西南北四个方向,形成了以光岳楼为中心的古城交通网,使古老的光岳楼及聊城古邑,焕发了青春。

我还看到整座古城到处都竖立着高大的类似大吊车之类的起重机械,似乎都在建造新的仿古建筑,估计又在盖新的寺庙吧。全国各景区都有这样的建筑工地。这不,我看到一组仿古寺庙建筑,似乎已接近完工。大屋顶上皆为黄色琉璃瓦,很有些皇家的气势。

在匆匆看了看光岳楼周边风光后,我便走下了平台。再次来到了光岳楼大门外的广场上,回眸远望着那宏伟壮观的雄姿,心说:别了,光岳楼。来年,我再来看你。我目不转睛地凝视着光岳楼,向着它的伟岸,向着它的壮观,作最后的致敬。终于,我挪动着双脚,迈开步伐,脚步却有些沉重地离开了光岳楼广场。

海源阁

离开光岳楼,我决定到下一个目标——海源阁参观。原以为海源阁很远,便欲打的前往。后经问询,方知海源阁离光岳楼并不远，步行就可以了。于是，我便迈开双脚，按照那个行人的指点，果然在走了一刻钟的路后，便来到了心仪多时的藏书圣地——海源阁的大门前了。

海源阁，我国历史上最为著名的私人藏书楼之一，由清道光二十年（1840年）进士杨以增所建，总计藏书二十二万卷，是当时中国北方最大的私人藏书楼，更是清代四大藏书楼之一。

很久以前，喜欢读书藏书的我，就知道了海源阁的大名。很长时间以来，我就心向往之。其实，这次到聊城来的一个重要目的，就是到海源阁看看，朝圣一番。原先我并不知道海源阁是新建的。后在一些文字里，知晓了海源阁的前生今世。这就是旧海源阁早已不存在了，这让我纠结了许久。最终，决定还是来聊城看看新的海源阁吧，亦不枉这次聊城之旅。

海源阁藏书楼外景

走进海源阁大院,迎面而来的就是这座漂亮的藏书楼。在这宽阔的石铺甬路中间,我凝神眺望着眼前这座闻名天下的藏书楼,打量起它的模样来。它的造型为单檐硬山脊南向楼房,面阔三间,上下两层;样式美观大方,是一座漂亮壮观的仿古建筑物。庭院亦建筑得十分开阔,宽阔的庭院甬道从大门一直通到藏书楼门前。且分三段,一段比一段高。前两段均为三级石阶,后一段则为五级石阶。从门口望去,确有一种节节高的感觉。甬道两旁则种植着不少花草树木,尤其分别种植在甬道中段两侧的石榴树,十分抢眼,树上结满了大大小小的石榴,样子十分喜人。而且花木边上的房屋建筑皆采用对称样式,且黑瓦灰墙,古色古香,颇具古代韵味。有趣的是,在甬道两边的草坪上,还竖立着"学海"与"书山"两块石碑,很有意味。

我在藏书楼的外面看了看,它的大门关闭着。看着眼前的这座漂亮的藏书楼,在当年一定盛况空前。书楼的每个房间一定都置满了高大宽敞的木制书柜书籍,里面装满了各种古籍善本或孤本珍籍以及精校名抄。而这都是楼主杨以增终生不遗余力,上下内外,搜罗而来的。唯一的遗憾,这是一座新建的仿古建筑,它造型别致,小巧玲珑,令人喜爱,只是原来收藏在这里面的数十万卷珍籍善本,早已四处散去,流落天涯。一代藏书楼竟是如此这般地消失了,这乃人间文化之大悲也。可以说,海源阁藏书楼,就是天下爱书藏书人的悲伤之地。

山陕会馆

走出海源阁的大门,我一看时间尚早。虽说此时已是下午四点多了,可太阳还高着呢。这么早就结束游览,委实有些早了点。于是,我就走到大马路上,扬招了一辆出租车,钻进小车,便离开了海源阁,朝山陕会馆而去了……

所谓山陕会馆,也就是关帝庙。据我所知,全国此类会馆不在少数。至于会馆规模,尤以聊城的山陕会馆与洛阳的潞泽会馆为甚。且这两家会馆,我都去过。感觉氛围相差不大。可以说,各有千秋,互有特色。不过,洛阳的潞泽会馆规模似乎更大一些,彰显出富丽堂皇、雄伟壮观的建筑风格;而聊城的山陕会馆的建筑风貌则更显玲珑秀丽之特色,宛如和田碧玉之空灵。有文字显示,山陕会馆始建于公元一七四三年,比洛阳的潞泽会馆要早一年。可是,在建筑面积上,山陕会馆却比洛阳的潞泽会馆要小一些。因此,聊城的山陕会馆是仅次于洛阳潞泽会馆的全国第二大会馆。

很快,出租车在城区拐了几个弯后,便停在了山陕会馆的大门前。

从车上下来,我站在路旁环视了一番大门周边的景色,感觉有些儿萧疏。大门前有一小广场,广场规模不大,收拾得却很干净。其实,就是一条扩大了的公路段而已。而广场外围则是一条大河,据说这就是著名的京杭大运河。眼前的这座山陕会馆,就坐落在运河畔。俗话说:山陕会馆就是从大运河漂来的古代建筑。在会馆大门前，就能观赏大运河。此乃大实话也，一点不假。可见，大运河与山陕会馆，乃至整座东昌古城的关系，真的就是密不可分，息息相关。

　　回过头来，我迎面凝视着面前的这座小巧灵秀的山门建筑，竟被它的美丽玲珑所吸引。它是一座颇为讲究的歇山重檐牌坊式门楼建筑。门额上方正中悬挂着一块书写着"山陕会馆"的横匾。顶端则覆以绿色琉璃瓦，且以如意半拱承托，看上去十分玲珑美观，很耐看。在门前，我看了很久。待我将目光再次泛览周边时，却见此刻山门的路上，几乎没有什么行人了，只有几个跑运输做生意的人，在门前的空地上谈天谈地，聊着话儿。来到门前的售票窗口，一问还能进去参观，我便掏银子购票闯了进去。

　　穿过紧窄且悠长的山门甬道，我就来到了树木森森的院内。

　　站在甬道口前，我环视这硕大幽深的庭院，立马感受到了岁月氛围，似乎有种时光的倒转与历史的穿越的感觉。我看到，正前方的三四十米处的二层台阶之上屹立着一座单檐大殿建筑，规模很大。大殿门前矗立一对硕大的石狮子，显得威严、壮观。而在石狮子的两侧则植有四棵巨大的古树，西下的阳光透过那疏密不一的树枝叶片，洒在了庭院的石砖铺就的地上，竟是那么的丝丝缕缕，颇有些儿古幽之韵味。

　　就在我转过身来，回望山门时，一座漂亮的戏台映入了我的眼帘。此刻，我被眼前的这座戏台美景惊呆了，心说这山门楼还真的别有洞天，原来另有乾坤啊。怪不得山门楼里甬道这么深长呢，原来这上面竟是一座玲珑秀雅的大戏台啊。我看到这戏台面阔三间，中间为大，两侧则要小一些。其实，就是一个大间，只是被台前左右的两根柱子给分成三开间罢了。戏台置在砖石垒成的平台之上，戏台的廊柱、檐坊、藻井都饰以浮雕与彩绘，外观十分富丽堂皇。而在戏台正中上方则悬挂着一块写有"云霞绚采"四个大字的匾额。戏台前面竖立着四根修长的方形石柱，上面都刻着长长的楹联。它的屋顶为二层重檐，且覆以绿色的琉璃瓦。一眼望去，层次分明，庄严大气，十分养眼。再往戏楼的两侧望去，就见巍峨壮观的钟楼与鼓楼，分立戏台夹楼的两侧，在蓝天白云下显得玲珑秀美，直矗云霄。

在浏览完戏楼等庭院前端的景色后，我便来到了大殿前的石阶上，观赏起它的外貌景观来。此大殿坐落在庭院的中轴线上，是会馆里的重要的建筑。建筑规模似乎并不算大，只是四周绕以高大的方形石柱，看上去很有些儿气魄。而大殿仅为单檐，实为平房也。比起洛阳的潞泽会馆的同样建筑，要逊色不少。不过，门前庭院里的四棵古树，则为山陕会馆的此大殿增色不少，而这恰恰是洛阳潞泽会馆所不及的，可谓各有特色。

穿过大殿，我便来到了二进庭院。景色与前院差不多，亦为四合院也。这里的大殿为正殿，是会馆里最重要的建筑物，庭院里亦是古木参天，殿宇林立。

看过正殿景区风光后，我就来到了中轴线上的最后建筑物——春秋阁景区览胜。

所谓春秋阁景区，就是一座二层单檐的砖木建筑，几乎没有庭院。传说这里曾是关羽读书的地方。与前面的两座大殿所不同的是，春秋阁是大门紧闭，无法进阁一览风物。估计可能是临近下班，而闭门谢客所致吧。此时，俺亦只能这么想了，心里多少有点儿憾意。借着西坠的阳光，我只能为春秋阁拍了几张照片，以此留念也。据说春秋阁是山陕会馆里最高的建筑。一路走来，我心想亦是也。

告别中轴线上的重要建筑群，我便来到了碑林浏览。碑林不大，景致却不错。除去那数十通历代所立的大小石碑，却也有几处亭台景观。同时，这里也是古木参天，花草满园。尽管，这里地方不大，却也是乾坤洞天，值得一游。而这里，似乎有胜于洛阳潞泽会馆。在那里，没有碑林一说。

时光确实不早了。瞧，阳光已经淡薄了，光线亦已暗淡了许多，确实到了该离开的时候了。我本想再浏览一下会馆景色，可偌大的庭院已没有什么人了，整座庭院静悄悄的。望着这些陈屋旧梁，着实地让我有些恐惧。于是，我便疾步来到了戏楼前面，举首再次浏览了一番它那美轮美奂的景致。之后，再次穿过长长的甬道，来到了山门楼下。此时，山门已经关上了。好在有工作人员在门前守着，这才让我有些儿惜别地走出了会馆的山门楼子。

然而，我并没有马上离开山陕会馆。原因有二，一是山门前没有出租车经过；二是我想到运河岸畔观光一番。于是，我径直走到前面的运河岸畔，站在运河岸畔的宽敞整齐的石阶之上，浏览起了眼前这条平静流淌着的运河水上风光来。看着河水缓慢地朝南流淌而去，我的心儿此刻亦似乎要随它而去，奔向那悠远的前方。我知道，若是乘船，可以抵达它的终点——杭州城。这样，离我的家就很近了……

忽然，一只白色的水鸟展翅掠过水面，惊醒了我的遐想，使我的思绪又回到了眼前。

看罢运河景色，我便拾级而上，来到了河岸平台。在那儿，我举目眺望前面不远处的山门楼雄姿，倍感它的雄伟壮观；而屹立于山门楼两侧的钟楼与鼓楼，它们那巍峨漂亮的造型，真是美丽到了极致。而美妙玲珑的山门楼在漂亮的钟鼓二楼的衬托下，更彰显出了堂皇多姿、精彩纷呈的建筑艺术特色。一句话，聊城的山陕会馆建筑群，就是一座完美璀璨的艺术精品，不愧为古运河畔最为璀璨的靓丽明珠。

晚上，我离开了聊城。

谒曹植墓

"煮豆燃豆萁,豆在釜中泣。本是同根生,相煎何太急。"这就是时封东阿王的曹植当时作的"七步诗"。千百年来,传诵不绝。借着这次到聊城游览的余兴,我慕名来到了东阿县的曹植墓,凭吊这位建安文学的骄子。

曹植墓,坐落于山东省聊城市东阿县东南部的黄河岸边鱼山的西麓。鱼山者,形似甲鱼,故名鱼山也。据说在古时候,其山顶部曾建有鱼姑庙。所以,亦称鱼山也。相传人们站在鱼山之巅,可"东瞻泰岳,群山起伏;南望东平,波涛万顷;黄河萦绕脚下,金堤横通北隅"。史传曹植当年常登鱼山读书。所以,这里亦为曹植读书赋诗之地也。

来到陵墓大门前,只见整座大门呈朱红颜色,门框造型为汉阙式建筑,看上去颇有些古风特色,彰显出庄严肃穆的氛围。门框上方写着"曹植墓"三个金色大字,系由当代书法大师刘炳森书写。苍劲有力的笔法,为曹植墓增色不少。此外,我还看到大门前的两旁,各立着一块石碑。左边那块写着"曹植墓"三个字;右侧的那块则写着"鱼山省级地质公园"八个大字。不过，这两块石碑上的字体都有些模糊不清了，估计是有些年头了。而那两扇大门板上的红漆，亦因长年的风吹雨淋，也变得斑驳陆离，破旧不堪。尽管样子有些难看，却也彰显出了岁月的沧桑感。可是，我觉得也并非一无是处。看着眼前的这座陈旧破败的大门，游人一看便知道这是汉代的墓地。我以为，这就是曹植墓的特色。在墓门前拍了几张照片后，我就买票走进了墓园里。

来到墓园，我站在宽阔笔直的石铺神道上。放眼四望，感觉墓园很大。神道两旁及前面的墓包上，树木花卉丛生，且枝繁叶茂。整个墓园掩映在绿荫丛中。这里，绿化搞得很好，规划得很到位。而墓园神道两侧各摆放着四对神兽雕像，形象生动，惟妙惟肖，好一派帝王气势。我有些好奇地朝神像走了过去，举目"检阅"这些石头神兽像。而此刻，我的那颗心儿，也仿佛"穿越"到了东汉末年的三国时代。

片刻之后，我在"穿越"时光的历史隧道里，越过了那四级神兽石像，直接来到了神道的终点——绿荫覆盖的曹植墓前。

曹植墓依山而建，墓包则在十五级石阶之上。石阶前面则摆放着一尊石制香炉。在石阶的右侧竖立着一块有些年头的石碑，碑上的字体也已经模糊不堪。我上前看了好一会儿，也没有看出个所以然来。

站在石阶前，我凝视着眼前的这座掩映在绿荫青蔓丛中的曹植陵墓，不由自主地想起了从书中或传说里，了解到的关于曹植的趣闻逸事。既羡慕年轻的他就取得了文学大师的尊称；

却又为他年纪轻轻地就抛家别口地辞离人世,而感到无限的哀伤。

在这莫名的哀伤与沉思之中,我竟没有拾级而上,登临墓包平台。我实在不忍心惊扰曹植的千秋大梦啊,好让他继续挥洒笔墨,抒写出新的《洛神赋》来。

我打量着曹植墓的外形,思想着墓中永眠的他。我看到整座墓包,都是用青砖垒筑起来的。在石阶上方的墓包正中,则筑有一扇拱形的小石门,而门洞则被青砖完全给堵死了,成了一个死门洞。墓地的周围则是松柏常青,绿黛掩映,显得无比的庄严肃穆。望着在风中呼呼作响的松柏丛林,我竟觉得墓包里的曹植肯定很寂寞。不过,他还有这些松柏花草相伴,定会在心里感觉到一丝来自人间的慰藉吧。

也可能是因为离开城镇远了些,我发现偌大的墓园里,此时竟只有我一个人在这里看望曹植呢。作为一个景观,这里确实冷清了些。然而,正是因为人少,才能让我沉浸在这千古幽远的时光里,追寻那已逝去千载的哲人。

其实,我知道在咱们中国的大地上,筑有多座曹植墓。然而,只有修筑于东阿鱼山的这座曹植墓,才是真正的唯一。而其他地方修筑的曹植墓,都只是他的衣冠冢式的纪念地罢了。

看过曹植墓地,我便走到神道左侧的"隋碑亭"与"隋碑楼"前,这两者相距很近,前后而已。我默然凝视着眼前的这两座仿古建筑,却没有走进去,只是在其外面探视了一番。看着这座颇为陈旧的隋碑楼却由于树木遮盖,我竟没有看到该楼的上半部分。而之所以称其为楼，是因为其有二层屋顶，看上去如同楼阁一般，故称隋碑楼是也。此楼里面收藏着一块隋代刻的石碑，且弥足珍贵，故建楼以珍藏保护之，这就是隋碑楼的来历。据说这座隋碑楼重建于20世纪的80年代初。一晃近四十年过去了，陈旧不堪亦情有可原也。不过，其旁边的那座隋碑亭，可要比它漂亮多了。该亭建于1996年，比旁边的那座隋碑楼要年轻一些。其造型为四角重檐，且巍峨壮观。不愧是曹植墓园里的重要景观，其建筑特色无与伦比。

　　观赏过这两座隋碑的楼与亭后，我沿着崎岖小道，来到了草木繁盛的一座石雕亭子的下面。看了一番亭子的内形外貌，心说，这里就是当年曹植的读书之处吧。那时候，此地肯定没有亭子。这是后人为了纪念他，才在这里修建的吧。我走进亭子里，环视四周。就看见那四周的美景，直奔我的眼底而来，感觉是那么的养眼。除了远处的青山与明亮的黄河水，近处的美景就像浓得化不开的绿荫花丛。透过这一抹浓浓的绿荫黛色，我在亭子里俯瞰这整个墓园的景观。感觉就是两个字："美"与"雅"。看得出来，当地政府与人民对保护曹植墓是下了功夫的。这点，我从眼前的这座石亭子上就看出来了。真的，很感谢他们。

　　本打算继续朝墓园深处游历的。可是，只有我一个人在这漫无边际的绿荫丛中行走。这时候的我，竟有些胆怯了。于是，考虑到安全问题，我就顺着原路离开了石头亭子，回到了下面的神道上。接着，我又一次经过隋碑楼，来到了墓包前面的石阶前，再次凭吊曹植墓。大约在五分钟后，我就离开了曹植墓，朝墓区神道左侧大草坪上的"惊鸿亭"走了过去。这座亭子造型很漂亮，可谓亭亭玉立，如同窈窕淑女似的。它红柱灰瓦，重檐飞翘，显得庄重大气，极具汉代风尚。看着它，我觉得在这偌大的一个草坪中间，修筑这样一座重檐六角亭子，的确有一种画龙点睛之妙。我在想，之所以称其为"惊鸿亭"，可能是与曹植写的名篇《洛神赋》相对应的吧。

作为一个喜欢历史学科的旅游爱好者，我曾到过不少名人墓园。相比而言，还是东阿的这座曹植墓园，建设得最为幽静雅致、古朴大气。值得人们到此一游，到此看看。

游沂蒙山记

沂蒙山地处山东省的中南部,纵横数百公里。其主峰龟蒙顶,海拔一千一百五十六米,为山东省第二高峰。龟蒙顶亦称蒙山,与其旁边的沂山合称为沂蒙山。

早晨,我和着春风之韵律,匆匆出发,向着龟蒙顶攀登而去。

来到山下,我驻足凝视眼前高耸云天的龟蒙顶,不禁惊呼"哇,这山好高好大耶。"霎时间,一种无比敬畏的感觉涌上我的心头。

同黄山一样,龟蒙顶脚下也耸立着一座高大的山门。上面书写着"万寿坊"三个大字,是一座青石牌坊式建筑。山门的青色琉璃瓦在阳光下放射出耀眼的光彩,显得是那样的古朴大气。

跨进山门,我举目环观四周景色,却见满山遍野都是茂密的树林花丛。友人告诉我:这里就是万寿宫林场。相传这里曾是古代颛顼祭祀蒙山的地方。原先建有万寿宫,可惜后来毁于战火。现在,万寿宫遗址变成了林场。我看到,山间道路的两旁种植了许多的桃树。这些树枝上缀满了绯红色的花朵儿,枝头上的花儿随风摇曳,仿佛是在向游人招手致意呢。

在行进途中,忽见一条小溪横在了我的面前。我看到,小溪流水潺潺,清澈见底。一座残缺断桥联结着小溪的两岸,小桥的栏柱上长满了累累青苔,且东倒西歪,而它的栏板,亦早已不知去向何处。不过,倒是用石条铺就的桥板还算平坦、完整,真可谓断桥不断啊。我想这座小古桥,确实有些年岁了。看着眼前的这座小石桥,我不禁发问:此谓何桥?就在我望桥纳闷时,忽闻友人招呼。我便匆匆过桥,来到一块石碑的前面。就看到上面刻着"迎仙桥"三个大字。见到这三个大字,我乐了。这么说,咱们都成神仙了。友人笑曰:什么仙不仙

沂蒙山风光

的,却也无妨!不过,这里倒是来过不少名人呢。孔子、蔡邕、李白和杜甫都来过,就连皇帝老儿也到过这里呢。当年,乾隆皇帝就是从这座桥上山的,这块石碑也是那时候立的。听着友人的介绍,我深情地看着石碑和残柱断桥,心中竟油然生起一股思古之幽情。

又向前走了数里路,我与友人一起来到了著名景观——桃花峪。这里

沂蒙山风光留影

的山坡和谷底,种满了成千上万棵各种桃树。站在高处,我放眼望去。只见这里桃花盛开,绛雾红霞,弥漫山谷;棵棵桃树灿若云锦,红肥绿瘦,美不胜收。扑面而来的有些儿清幽的花香,沁人心脾,令人神怡流连。友人介绍说:这里曾经是战国时代纵横家——鬼谷子的桃园。相传战国时代军事家孙膑,在跟随鬼谷子学艺时,曾在这里看管过桃园呢。

离开了桃花峪,我就来到了朝天宫景区。传说这里曾是清乾隆皇帝当年游览沂蒙山的行宫。踏着平整的台阶,登上宽阔的观景平台。举首环视着眼前的宫殿的雄姿,我竟觉得它谈

不上有多么雄伟壮观，但它的建筑工艺，却很有章法。无论选址方位，还是格局大小的设计，都可以说是因地制宜，匠心独运，恰到好处。特别是在四周那幽静缥缈的景物映衬下，整座行宫更显得壮观大气。

告别朝天宫，我便来到了回马岭景区游览。望着眼前的风光，我问友人：何谓回马岭？友人答曰：就是说这里地形险峻，无论多么强健的马，只要来到这里，都必须折回，故称回马岭。闻听此言，我站在岩石上，亲临其境地察看四周的景色，的确觉得名不虚传。只见这一带悬崖峭壁，山险路陡；只觉得耳边山风呼啸，松涛阵阵。我回首看望山上怪石列耸，姿态万千。而对面山坡上松柏林立，一片葱绿。在那葱绿之中则点缀着星星点点的、叫不出名字的山花盛开丛中，落英缤纷、分外妖娆。

走出了回马岭，行不多远，我就看到在不远处，有一块硕大的巨石立在路上，挡住了去路。友人指着石头说：这里就是黑风口。看着眼前的这块巨石，我竟然有些惧怕起来。我小心翼翼地从一道山的豁口向山下看去，只见那里是万丈的深渊，壑峦竞秀。特别是那高耸入云的西山顶，更是林涛翻卷，舞姿翩翩，使我既有一种"一览众山小"的感觉，又有一种山舞相迎的美感。望着眼前的山川美景，我禁不住地大呼起来：太美了，沂蒙山！此刻，我还真的有种"无限风光在险峰"的感受呢。

翻过黑风口，前面的山路就完全淹没在了茂密的灌木丛中。我同友人爬过山坡，拨开荒草丛、闯过灌木林，穿过了地形复杂的十八盘的险峻路段后，我们终于登上了"南天门"。这里的南天门，实际上只是一座石头建筑而已。它名曰：龙宫观音殿。据友人介绍说：别看它样子不济，这可是几百年前建造的遗物呢。看着这座古建筑，我感叹道：古代建筑工匠们的建筑水平太高超了。在这么高的山上，修建这样一个大屋子，着实令我叹为观止。

通过南天门后，我就来到了一条潺潺流水的山间小溪旁。因为刚才赶路急了些，这时的我感到有些人困马乏，觉得很累。于是，我就来到小溪畔，双手捧起凉意十足的溪水儿，洗了把脸儿，顿觉舒服极了，便感到精神大增。在河溪畔小憩了一会儿，我与友人就又启程了，进行登山的最后冲刺。在经过了一阵紧张艰难的攀登之后，我们终于登上了布满悬崖峭壁的沂蒙山的主峰——龟蒙顶之巅。

在山下，眺望龟蒙顶，其形状酷似一只正在爬行的大龟。故龟蒙顶之名称，便由此而来，相当形象。然而，当我站在它的背上，极目远眺，就见它那如睡美人似的远山近岭，山山相携、峰峰偎依；重峦叠嶂、跌宕起伏；万壑流云、烟霞明灭，景色无比壮美。据说，当年孔子来到这里，看到如此美景，竟发出了"登山而小鲁"的无限感慨。我低首眺望山下：阡陌纵横、村村落落；牛羊悠然、炊烟袅袅，好一派桃源风光啊。

忽然，一块硕大的云彩飘来，就看见半山腰间云涛翻卷，烟雾滚滚，犹如大海卷起的滔天巨浪，汹涌澎湃。而我脚下的龟蒙顶此刻恰似这大海中的远洋巨轮,在汹涌的浪涛中缓缓地航行。而它那高高的电视发射塔,则宛如巨轮的航楼,在烟雾云海里迎风挺拔,十分壮观。这时,我蓦然想起了毛主席的著名诗句:"暮色苍茫看劲松,乱云飞渡仍从容。天生一个仙人洞,无限风光在险峰。"只有在经历过攀登险峰而艰难跋涉的人,才会有这样深的感受。我以为,沂蒙山虽算不上名山大川,但它同样有着无限的风光。

从景阳冈到狮子楼

提起景阳冈的大名,哪个不知,谁人不晓。自从长篇小说《金瓶梅》和《水浒传》问世数百年以来,景阳冈与武松打虎的历史故事与传说,就流传到了今天。景阳冈也因武松在此打虎而名闻天下,武松因此也成为名垂青史的打虎英雄。也就是从那时起,景阳冈就成为人们景仰的英雄"圣地"。人们都想来到景阳冈的"三碗不过岗"的酒旗下,端起大海碗,过把酒瘾,尝试一番当年武松在这里豪饮三大碗的英雄气概。

好了,闲言少叙。咱们还是言归正传吧。

这天上午,趁着阴晴不定的天气,我兴致勃勃地驱车来到了这个古往今来被人们千传万颂的英雄之圣地——景阳冈。

景阳冈

来到景阳冈,我举首看了一眼大门,发觉这是一座木质结构的牌坊式门楼,足有五层之多,最高屋檐下方悬挂着一块木匾,上书"景阳冈"三个大字。在我眼里,整座大门楼显得古朴、雅致,颇有些儿古韵格调。

景阳冈大门外景

踏进大门,迎面便是一座硕大的、有些夸张的假山。我看到山体上刻着"古风犹存"四个大字,此乃著名书法大家欧阳中石先生的手笔,笔法遒劲有力,是对景阳冈历史风貌的准确概括。

告别大门楼,我便朝右边走去。行不多远,我就来到了一丛树林里。远远地就看见前方有一栋连体平房,掩映在茂密的树荫下。在房屋一角,插着一面上面写着"三碗不过冈"的黑体大字黄色酒旗。酒旗随风飘扬,十分显眼。看着这面酒旗,我的心里一阵激动。心说,呵,我终于来到了。其实,在我心中"三碗不过冈"这五个字,就是景阳冈的代名词。当年,武松就是在这里暴饮十八碗之后,从这里出发上山打虎的。

可能是我来得太早了，这里的游人很少，并没有看到游人在这里喝酒上山的景象。而且，酒店里也没有服务员。可以说，这里的酒店还没有上班呢。面对如此著名的景观，当时，我的心里是颇有些儿遗憾的。因为，游园赏景的兴致并没有激发出来，我只是将这里的景观，收进了手机的相框里而已。之后，我就离开了这著名的酒店。

很快，我就来到了另一个著名景点——山神庙。据说庙前的这条小山路，就是武松当年上景阳冈时所走过的道路。看着眼前的这座小庙，我想他也一定到过这座不算大的山神庙的吧。看着看着，我忽然又想起了《水浒传》里的另一位英雄来，他就是豹子头林冲。当年他遭贬时也曾到过山神庙，只是不知道他是否到过这座小庙。我想，别小看这座小庙，当年这里可是英雄辈出、风云际会啊。

眼前的这座山神庙，的确不大，面积仅三开间。整座建筑呈北方农舍样式，坐落在六级石阶之上。房顶上长满了丛草，看样子有些年代了。不过，尽管庙儿不大，可来到这里烧香的人倒是有几个。有趣的是庙里还有一个身着宋代服饰的男孩，在庙里守门呢。看到这些情形，我还真的能有一种幽古的感觉呢。庙前是一个小的广场，广场上种植着几棵不大不小的古树。而在广场的一角，竖着一块大石碑，上书着一个大大的"虎"字。我心想，这才是景阳冈的点睛之笔啊。我急忙请身边的游人为我留下了几帧照片，以纪念之。就在将要离开之际，我忽然在屋前看到一块写着"山神庙简介"的铭匾。好在

上面字数不多,我就抄录于本文,以飨读者:

"山神庙始建宋朝,明代重修,距今300余年。庙内正中供奉的是护家神,两旁为水火二神。四周配有鱼水壁画,寓意为风调雨顺,保一方水土平安。"

可是,我嫌屋里人多。所以,我并没有进屋观赏。不过,有这块铭匾上的文字,我对庙里的景物,也算是略知一二了。

告别山神庙,我便来到了景阳冈的林间小路上。站在路口,我朝树林里望去,就看到前面是一片望不到尽头的灌木林。而那块"虎"字碑,就立在这条小路边上。显然,它起了一个警示的作用:从这里开始,你就算进入景阳冈了。我看到这里树木茂密,山路崎岖,且山中还有老虎等野兽,望过客多加小心。这段文字,尽管是我自以为是而写出来的,可在当时,则是生活的现实写照。

望着渐行渐深的灌木丛,我已有些莫名紧张的心绪,步履有点蹒跚地沿着细窄的山路,朝前行走着。途中,我发现这条山路只是一条土路而已。不过,由于走的人多了,路上的黄土就被踩踏得很平整了,仿佛被人们夯过似的。所以,即使下雨也不会呈烂泥状的。

很快,我就看到了前面的游人。其实,也就两三个而已。刚才的那种紧张似乎也释然了许多。如此看来,俺的胆子是不算大的,甚至,还觉得有些过于谨慎了。

跟在这几个游人的后面,我的心情也好了起来。毕竟,在这种荒郊野外行走,我觉得还是人多些好点。因为,俺并不是武松呵。

  在拐过了一个小弯后,我便来到了一个尽是石碑的碑林景区。我看到这些石碑大小不一,厚薄异同。看那阵势,足有百八十通之多。而石碑上的字体,亦是形式多样,有的龙飞凤舞,有的中规中矩,颇有看头。只是由于我对书法属于门外汉,因而也就看不出个所以然来。我以为这些石碑,应该都是当地书法家和工匠们创造的艺术杰作。我觉得,由于这片碑林的存在,的确为景阳冈景区添色不少。至少,可为游人释去一些紧张的感觉。

  过了碑林,我又往前行走了百十米,便来到了一个由砖石垒起的高地。就看见有十多个游人正围在一个褐色铁丝网状的栅栏外面,朝里面看着什么。见此情景,我也快步来到了铁栅栏前,朝里面看去,就看到里面有两只大老虎,此时正倒卧在老虎洞前晒太阳呢。"啊,原来这里是老虎山呢。"我在心里自言自语地回答自己。我觉得天底下的老虎山的造型,基本上是一个模式:高高的断崖式围墙;顶端则有严密的网状铁栅栏;靠近高墙下面则是一汪水潭,供老虎们饮水享用的;再里面就是一大片的黄土台,以供老虎们活动玩耍之用,其上面时常植有草坪或一二棵小树景物。因此,眼下景阳冈的这个老虎山的形状,当然亦是如此风光也。

  看了一会儿虎山风景后,我便将目光收了回来,算是告别了老虎山。就沿着脚下的小路,继续前行而去。穿过了一片灌木林,我就登上了一个黄土高岗,就看到这上面竟是一座庙宇。我定睛看去，却看到山门的横梁上悬挂着一块匾额，上书"武松庙"三个大字，系由著名书法大师赵朴初先生亲笔题写。足见此庙，在景阳冈景区的分量有多重要了。

  我走进山门，来到院内。一座雄伟的大殿，迎面撞入了我的眼帘。我看到这是一座重檐三开间的庙宇建筑物，是武松庙里的最为高大的楼宇。来到大殿前面，我看见屋檐之间竖着一块立匾，上书"雄风浩荡"四个大字。显而易见，它点出了武松庙的主题：即是为弘扬武松的打虎精神而建立的。在我的眼里，整座大殿构造简约、恢宏壮观，看上去十分气派。我走进大殿里，看到一座武松的全身塑像，竖立在大殿正中央，其形象威武雄壮、栩栩如生。塑像后面的墙上绘有一幅巨大的彩色壁画，形象地再现了武松行侠仗义、曲折悲壮的人生轨迹。可以说，整幅画面是对武松一生的记述。

  走出大殿的后门，我来到围廊里，凭栏远眺周边风光。就见武松庙下面，是一个硕大的水塘，俗称"景阳湖"。而四周的湖岸上树木森森、花草繁茂，景色十分怡人。最为奇妙的，是湖中还有一座湖心岛呢，颇有些儿江南风光的景色。我沿着围廊绕着大殿转了一周，算是饱览了景阳冈内外与上下的胜景。由于大殿是景阳冈景区的最高处，站在这里放眼四周，颇有些儿四处美景直奔眼前而来的感觉。我站在围廊中间，居高临下地眺望着四处美景。那种感觉，似乎有些儿飘飘然的恍惚。思想上忽然洞开，竟然有种要穿越历史时光的冲动。可是，随着一群游人的喧哗，就又把我拉回到了今天的现实里。

我以为，游览美景只有加上美好的穿越思维，才能算是完美的游览。否则，总觉得有些儿遗憾。

大约过了十几分钟后，我就告别了大殿。便走到了左侧的碑亭前，隔着厚厚的玻璃，我看到了立在里面的一块大石碑。上书"武松打虎处"。这是武松庙里的珍藏，更是镇岗之宝。据考证：此碑为南宋初年所立，为南宋之遗物。可想而知，其历史文化的价值是无法估量。

从武松庙大门前的石阶上下来，我循着一条石砌的林间小道，朝前行走而去。不一会儿我就来到了著名景观——虎啸亭前。

传说当年老虎游耍此地，时常在这里仰天长啸，威震荒野。而这座虎啸亭，则点明了这里曾是虎踞长啸之地。

虎啸亭为六角样式，它红柱灰瓦，斗拱飞檐；古色古香、秀丽古朴，颇有些儿神韵。

就在我欣赏此亭风貌的时候，恰巧来了一对小情侣。我立马上前，请他们为我拍几张相。小哥在女友的默许下，为我留下了几张虎啸亭的照片。从而，为我的这次游览留下了珍贵的影像资料。

"虎啸亭"三个大字，系我国艺术大师徐悲鸿的夫人廖静文所题。三个大字苍劲、古朴，倒是符合这座亭子所处的环境与传说。

而在虎啸亭的旁边，则有一具青石雕刻的老虎塑像。其形状为伏卧式，引颈长啸的样儿，艺术手法十分生动、传神。它的背脊上已被人们摸弄得十分光滑，显得晶莹光亮。而亭子周围都被大小不一的灌木丛所覆盖，形成"绿荫丛中一点红"的景色。环境十分幽静，且非常雅致，确实具备了穿越历史隧道的条件，使人们在这里不得不睹物幽古、遐想那千年之前的英雄壮举。

离开虎啸亭，朝前走了没几步，我就来到了一座巨石浮雕塑像的面前。只见画面是武松骑在老虎身上，其左手摁住虎头，抡起右手猛击老虎的英雄形象。整座浮雕像线条清晰、造型生动传神，形象地再现了武松打虎的英雄壮举。不过，这一景区尚在修建中。我看到周边环境有些杂乱，且道路也没有修好。尽管这样，却因为这座"武松打虎"的石质浮雕的存在，明确地点明了此景在整个景阳冈景区的主题意境。当然，我在这里也留下了几帧影像。

辞别了"武松打虎"的浮雕石像后，我便来到了著名景观——毛主席题词碑的前面。

碑体为长方形石碑，上面镌刻着"阳谷县是打虎英雄武松的故乡"十三个大字，后面则是"毛泽东"的署名。石碑上的字体，均为手写繁体字形状。在绿荫的掩映之下，整座石碑显得是那么古朴大方，却又彰显出高雅的历史韵味，具有十分高超的艺术价值。至少，我是这么认为的。

浏览过毛主席题词碑后，我就离开了景阳冈风景区，又来到了刚才由此进园的木牌坊式的大门前，再次驻足眺望着园中景色，颇有些意犹未尽的感觉。可是，由于时间的缘故，我只能有些不情愿地告别它。为了纪念这次景阳冈之行。我特地在景区大门边上的礼品店里，购买了两种各四小坛一套的"景阳冈"酒和"武松打虎"酒。这两种品牌的酒，都是当地名酒。而来到这里购买，是很有些纪念意义的。此外，我还买了一把画着武松打虎场面的纸质折扇及一个线织纺包。这次景阳冈之行，可谓收获多多。无论精神与物质，硕果颇丰。

无意之中，我仰首朝天望去，却发现太阳已是悬天正中。这意味着此刻已是中午时分，又到了饲喂老肚的时候了。且我的老肚似乎有感应似的，居然亦拉起了胡琴。于是，我决定先找馆子吃饭，再去下个景点游览。可是，找了几家饭庄，却都因其卫生状况不佳，而未能吃成。所以，我与的哥只能忍饥挨饿，一路狂奔，赶到数十里之外的阳谷县城，寻找可心的馆子。好在路上相当顺利，没费多少周折，出租车就载着我，就来到了著名景观——狮子楼的下面。

从车上下来，我顾不上观景，就直接来到了一家名为"水浒人家"的饭庄。我与的哥坐下没多少时候，热腾腾的饭菜就端了上来。见到饭菜上来，我与的哥便操起勺筷，一阵风卷残云，我俩就塞饱了老肚。我打着一连串的饱嗝儿，酒足饭饱地走出了饭庄。

出了饭庄，我便朝不远处的狮子楼走了过去。

狮子楼

"狮子楼，坐落在阳谷县古城中央十字街头，始建于北宋景佑三年，即公元 1036 年，距今已有九百多年的历史了……相传为西门庆寻找自我解脱，企图逃避惩罚的寄托之物而被建立起来了。"这是《追寻历史文化名城——阳谷》书中的一段话。它简明扼要地介绍了狮子楼的前世来历。

从相关资料上获知，狮子楼起初为一座两层的土楼。历经数百年的风雨沧桑，早已破败不成样子。它真正的改观，还是在新中国成立之后，先后在 1959 年和 1983 年两次得以重修，方呈今日之雄姿也。

我仰首凝视着眼前的这座著名的古建筑，打量着它那壮观的造型和它那精致古朴的雄姿。同时，我还环视了一番它所处环境的景物，竟油然产生出了无限的遐想。当年这座高楼一定是当地的地标式建筑。这里一定也是灯红酒绿、高朋满座的景象吧。

我眼里的狮子楼为二层楼式建筑，它面阔五间，屋顶为重檐歇山式样。整座楼宇飞檐斗拱，鸱吻高耸；青砖灰瓦、雕梁画栋。它坐东朝西，雄伟壮观。据说，这是标准的宋代建筑式样。而屋檐下的"狮子楼"竖匾，则是由我国当代著名文学家沈雁冰先生题写。

来到狮子楼门前，我就看到那里耸立着四座狮子石雕像。看着这四座石狮子像，我觉得倒是为狮子楼起了点睛的作用，点出了狮子楼之名的来历。

看罢狮子楼的外貌，我就一步跨进了狮子楼里。来到一层大堂，我环视着殿堂，却没有看到什么景物。只是在楼梯下面的售物柜台里,摆了几瓶当地的名酒,装点门面而已。于是,我就走到楼梯口,随即登楼而上了。

来到二层楼上,我看到这里格局大不一样,颇有乾坤,原来这里是一个小小的武松事迹展览馆。我看到,大殿中间摆放着一座硕大的长方形展台。台上的玻璃柜台里陈列着"三碗不过岗""景阳冈武松打虎""狮子楼除霸"等几组人物故事的彩色雕塑。这些雕塑刻画生动,精细传神;人物表情栩栩如生,是一组不可多得的艺术佳作。在这里,我还看到大殿四周的墙壁上还挂着许多的彩画展板,有武松生平简介、水浒里的酒店等内容。从画面里,我看到有攀楼、浔阳楼、翠云楼、狮子楼、快活林酒店、朱贵酒店和景阳冈酒店(三碗不过冈酒店)等著名酒店,而且,每段文字里都配以大幅照片,很有针对性,使人们看上去,一目了然。

更可喜地是,在这些展板的下面还摆放着一排整齐划一的玻璃橱柜。里面摆放着一些上述酒店当年用过的各种酒具酒器等劳什子。我看到,这些酒器酒具形态各异造型别致,极具当年的历史文化特色。我循着展柜,将展出的酒具酒器,一一看了个透彻。之所以,我能有如此大的兴致而仔细阅览这些当年的文物,因为我也是酒具酒器的收藏爱好者。所以,能在这里看到这些劳什子,当然十分高兴。

看过这些展品后,我就来到大殿外面的栅栏围廊里,凭栏眺望周边的景色。由于狮子楼很高,在这里放眼四周,只见眼前皆为灰砖灰瓦的屋顶也。也由于它地处十字路口,因而从

狮子楼外景

这里看四周景色,两条大马路竟将狮子楼及周围分成为四个区域。每条马路上,都是人来车往,人欢马叫,场面十分热闹。由此,我似乎看到了千年前的狮子楼门前的马路上,也一定是热闹非凡的吧。要不狮子楼的名气咋会有这么大,可谓闻名千年啊。

从二层殿堂下来,我走出了狮子楼大门,来到了楼外。我伫立楼宇的下面,仰首看着这座问世千年的建筑丰姿,也算是惜惜辞别吧。

接着,我朝南往前走了百余米,便来到了"狮子楼旅游城"的大门前。这是一座仿宋式牌坊建筑而已,没有多少特色。可是进得门来,愈朝里走,我愈觉得颇有乾坤。据说,整个建筑群完全仿照了《金瓶梅》《水浒传》中描写的情景。《金瓶梅》《水浒传》里的许多故事,大都发生在这座仿古城池里。走在这座古城的大街上,我仿佛置身于千年前的宋代古城里了。在这条大街上,我首先看到了"王婆茶坊"。我知道这里可是《金瓶梅》故事的开篇之所在啊。在这条路上,我还看到了"武大郎炊饼铺"。只见屋里有火坝,也有卖炊饼的担子。这些器具,再现了武大郎当年做炊饼买卖的真实情景。

离开炊饼铺子,继续向前走去。途中,我先后经过并浏览了绸缎庄、绒线庄、客栈、酒楼等景点。其实,除去前面的两家铺子,余下的这些铺子,都是西门庆的家产。当我经过"西门庆药铺",并进去兜了一番,却被里面的一组人物塑像所吸引,感觉这组人物造像十分传神,生动再现了当时的情景。

离开药铺,我便来到了一个不算大的广场上。就看到有一座造型漂亮的戏楼,坐落在广场的中央。据说,这里曾是西门庆寻欢作乐、欺男霸女的黑窝。

戏楼,我见过不少。但像这座戏楼如此的气派,见过的并不多。它建筑在一座高约一米的石台之上,其结构形式为单檐歇山式。整座建筑飞檐斗拱、雕梁画栋、小巧玲珑。看上去非常养眼。我看到戏台后墙正中悬挂着一幅"麒麟像",左右两侧分别写着"入相"和"出将"等字。戏台四周还系着粉红色的幕帷。看着这漂亮的戏楼,我的思绪竟又穿越回了千年之前。可以想见,当时在这戏台上不知演绎了多少戏曲,成就了多少梨园弟子；见证了多少戏人的血与泪，又见证了多少人间演绎的悲欢离合。望着眼前的戏楼，千年的往事变成了历史的风烟，渐渐地淡淡去，却又弥漫在人世间，而经久弥长。

看罢了戏楼，我穿过其后面的一个圆形花门，走进了花木繁茂的后花园里。在这里，我看到庭院里幅员广阔，到处是假山叠石、小桥流水；花红柳绿、林道曲折；深幽雅致，宛若人间仙境那般，竟使得我刚才在大街上受够的市井怨气，在这清幽的仙境之中，化为了一缕缕青烟，而随风飘了个精光。我的心绪倍感惬意与轻松，心说还是大自然好啊。

经过一段花架长廊，我就走到了一个造型十分漂亮的荷花池边上。俯瞰探视，就见池水碧绿。水面上，漂浮着大小不一的莲花叶儿。在众多绿叶上面，偶尔露着一朵或数朵红荷花儿。在青翠的池水的衬托下，这些荷花儿显得生动艳丽，充满了旺盛的活力。我发现，若是将池里的一泓绿水与周边的景观结合起来看，它就是一幅绝妙的风景画。看着这宜人的美景，我觉得这里的风光真是太美妙了。告别花园，我沿着树荫下的小道，就来到了一座秋千下面的一组石头桌椅前坐了下来，以歇歇走了一上午的脚儿。

坐在这绿荫如盖的花前柳下，我的心里颇感惬意畅达。看着不远处竖立着的大秋千，我想了许多。心说当年肯定有不少达官贵人的子女，在这里玩耍秋千或作弄戏乐；肯定又有不少的家人奴仆，在这里遭受那些富家子弟的驱使欺辱。如此这般的话，真的大煞风景啊。

歇息了一会儿,我觉得精神倍增。清新的空气加上清幽的环境,的确能使人的体力得以快速恢复,精神倍爽。我随手拿上随身的行囊,循着原路,行走在清幽绿荫之间。很快地,我就走到了后花园的大门前,跨过漂亮的圆形门洞,离开了狮子楼景区。

青州古城纪游

青州，这个地名在好多年前我并不知晓。后来，在一次淘购旧书时，我居然淘到了一本名叫《东方古州》的旧书。从这本书里，我对青州古城方才有了些许的了解。

前些时候，我应老朋友马洪林教授的邀请，利用难得的假期，辗转来到了向往多时的东方古州——青州古城。

之所以说到青州是辗转而来的呢，因为我是从潍坊市区赶来的，并非直接来的。这次到青州，任务有二：一是看望老朋友，二是游览古城风光。

那天上午八点半，我坐上酒店门外的出租车，一路狂奔，大约在上午十点二十分，抵达了青州古城南门外的尚客优酒店。来到房间里，我方才得以暂时停歇。

片刻之后，我走出酒店大门，朝路北面的青州古城走了过去。

说起这青州古城的前世今生，我倒是真的有些儿陌生呢。好在时下有关这方面的图书资料，并不难找到。而我对青州古城历史文化的了解，还是从那本淘来的旧书上获知的。这本

《东方古州》上说："'海岱惟青州'。海即渤海，岱即泰山。从地理上看，青州位于九州之最东方。《吕氏春秋》也有九州之说，并称青州为东方之州……早在上古时代，就有青州这一地理概念了。世事沧桑，几经兴衰。青州依然屹立在伟大祖国的东方。"

好了，在简要地抄录了这几句有关青州历史的介绍文字后，咱们还是闲言少叙，言归正传吧。

穿过并不算繁忙的大街，就来到了雄伟壮观的南大门的下面。我举首仰望着高大的南大门城楼的雄姿，就看到这巍峨的城楼为双层重檐形状，耸云摩天；城楼下面的城墙亦是十分的壮观，颇具气势。而城墙正中间的下面则是一个硕大的拱形大门洞。门洞上方墙体上镶嵌着一块砖雕匾额，上书"阜财"二字，俗名"大南门"也。站在门洞前朝洞内看去，可以探城内之景物也。整座城楼呈红色框柱、重檐飞翘，雕梁画栋、神威无比。同样的城楼，我见过不少。可像青州古城楼如此的雄伟壮观，还真的不多见。我发现整座城楼上悬挂的匾额不多，只有两块悬挂于一层与二层之间的屋檐下面。其中，一层悬挂的是"三齐重镇"横匾；二层悬挂的是"东方古州"横匾。有关青州的古称，我在这块匾额上找到了答案。

我来到宽阔高大且深邃的门洞过道里面，走在这光滑清爽的长条青石板上，那感觉仿佛时光倒转，而来到了千百年前的古代青州城里，心里颇有些儿幽古之情呢。

走过了这宽阔悠长的城楼门洞，我回首身后的城楼，就看

山东青州古城风光

到城楼的北面二层屋檐的下方，悬挂着一块写着"云开天府"的横匾。而它的一层屋檐下面，也挂着一块横匾，上书"地控海邦"四个大字。在它的城门洞的上方镶嵌着一块砖雕匾额，上书"国泰民安"的字样儿。仰望着眼前的这三块匾额，又联想起城楼南面悬挂的另外三块匾额，我以为这六块匾额，正是青州古城的独特地理与浓厚历史文化底蕴的真实写照。若不然，又咋说青州是千年古城呢？

　　观赏完了城楼风光后，我转过身来，正欲朝前行走的时候，却看到在马路西侧的店铺门前，放置着十多个大酒桶。它们的盖子都由红绸布裹缠着，样子很喜庆。而在酒桶的正面则贴着红底黑字的"酒"字。一眼看去,就知道这里就是酿酒作坊。在这里,我还闻到了一股子酒香味儿。我抬头看到酒桶后面的店铺屋檐下面悬挂着一块横匾,上面书写着"云门御封酒坊"六个金色大字。哦,这是一家酒厂铺子啊。顿时,我来了精神,作为一个藏酒爱好者,这里不正是我所喜欢的"圣地"吗?

走过酒桶阵,我一脚踏进了酒铺大门。举目朝屋里看去,就觉得这屋里颇有些乾坤呢。这里面也是堆满了酒桶,店铺的柜台及橱窗上,都摆满了酒瓶或大小不一的酒坛子,看上去琳琅满目,煞是好看。而且,它的屋顶也很有特色,全都用玻璃覆盖成为天地通透的天窗,灿烂的阳光从窗外洒进了硕大的店铺的屋里,显得十分亮堂。我觉得这个创意不错,既美化了环境,又节约了能源,可谓一举两得。在这里,我给酒铺的设计者点赞。在店铺里兜了一圈后,我便离开了,重新回到了古城的大街上。

这时候,阳光已变得十分灿烂辉煌。街上的行人也明显地多了起来,显得十分喧闹。我随着渐渐多起来的人潮,朝着前面走去。

行不多远,就看到大街西侧有一家挂着"红丝砚庄"匾额的商号开门营业了。我走到店门前,朝屋里看了一眼,感觉有些好奇,便走了进去。在店里,我东瞧瞧、西看看,权当参观展览一番。这店堂里的柜台里、橱窗里、角落和地下,都摆满了造型各异、大小不一的红丝砚。据说该砚为青州所特有,是其特产。看着这些做工精美的红丝砚，我想，喜爱书法的人们一定会造访该店。遗憾的是我不懂书法，故感觉平平也。

从店里出来，我继续前行。不久，就有一座高大的石牌坊的倩影，出现在了我的面前。我定神上前一看，就看到牌坊上刻着"海岱都会"四个大字，颇有点儿古代神韵。整个石牌坊的造型十分古朴典雅，颇显大气。我通过牌坊的门洞，发现这条大街上，还有不少石牌坊建筑，而这座石牌坊，只是这条大街上的第一座而已。

看过石牌坊后，我继续朝前走去，就看到街上的各式商铺越来越多，且密度也越来越高。同时，我发现青州古城里房屋建筑，都搞得很好，基本上做到了修旧如旧，仍旧是那个模样儿。我还发觉，这里的商铺虽然也很密集，可远没有云南丽江那般喧闹，却亦能保持着古城的那一方宁静。这在市场程度已达到极致的今天，是一股难得的清流。

很快，我又来到了一座石牌坊的下面。举首看去，却见牌坊的横梁上刻着"尚书里坊"四个大字。浏览石坊全貌，感觉其建造得很有特色，颇具观赏价值。

穿过石牌坊，我看到街道与商铺之间，修有不规则的小水渠。这些水渠边上，还不时地堆叠些山石之类作点缀，犹如太湖石堆岸那般，样子十分养眼。这一景致，似乎是丽江街景的再现。

再往前走，我就来到了刻着"一门科第"四字的石牌坊前。我看到整座石牌坊的造型，也是那么高大、雅致，却又显简约、大气也。看过这座石牌坊，我继续向前行走着，并观赏着街路两侧的景色。走着，走着，忽然，我看到古街的东侧有一座平房大屋卧在路边，造型当然也是古色古香的那种，与街上的其他房屋是相匹配的，看不出有什么特殊来。可是，屋檐下悬挂着的匾额，却又使我大生好奇来。那匾上写着两个字：偶园。随后，我就来到了大门前，朝门里张望了一番，发觉这是一座园林呢。二话没说，我即打票进了园里。

说起这偶园的历史，有文字如是说："偶园，原称'冯家花园'。原先为明衡王府的东花园，距今历史已有五百多年。后来成为清代康熙年间文华殿大学士冯溥告老还乡后的住所。""冯溥即归，辟园于居第之南，曰偶园。"此园之所以命名为"偶园"，是因在北京时曾得元人"万柳园"，缘与万柳园相对映，取"无独有偶"之意，故名偶园。

来到园内，我第一眼瞧见的景观，就是一块硕大的照壁。只是这照壁简单得很，壁上基本上没有什么图案或文字。只是在照壁的正中间镶嵌着一块菱形的砖刻图案，而且样子很小。我看到照壁的四周则刻着一些线条图案而已，真可谓简明扼要也。

照壁后面，就是一个长方形状的大水池。水池的周边，建筑有雕花石刻图案的石质围栏。我看了一下，感觉不像是汉白玉的。不过，看上去感觉挺壮观的。我凭栏朝池水看去，仅一泓绿水而已，连鱼儿也没有，真够清净的。此刻，我在水中所能看到的景观，却是天上的云朵的倒影。蓝天白云，云卷云舒，感觉也是相当地动人。

离开水池，我朝前走了数十米，就来到了一座砖石结构的平顶屋的前面。我看到眼前的这座小屋规模不大，造型却很有特色。资料上说它是全石结构的无梁建筑，是偶园里保存至今的重要建筑物，很有些历史价值。整座建筑坐东朝西，面向偶园的西大门。我看到它的西墙正中间是一个拱形门洞，它的左右两侧为拱形的窗洞，而它的建材系由长条石块与青砖组成。其中，下面一半为长条石块垒成，上面一半由青砖叠筑而成。从外观上看，这座小屋还真的有些年代感呢。它的屋门上方悬着一块匾额，上书"松风阁"三个大字，颇有一股子古朴的味儿。

看过松风阁后，我往南穿过"楮绿"园门，跨过方池上的三孔大石桥，径直地走到了由一堆石头垒成的假山前。我回首朝身后的景物望去，就看到这座大石桥的模样儿。感到它并不算大，既不长，又不宽的，何来如此之誉呢？后来我一想，这在园子里就算大的了，故称大石桥，也算名副其实也。再往桥的西面看去，就见一座青瓦白墙的歇山顶的平房坐落在方池的西岸。而在这座房屋的前后两旁，则是古木参天，松柏森森，真乃清幽古雅的好景致啊。我情不自禁地朝那座平房走了过去，仔细地看了看悬挂在屋檐正中下方的匾额，就见上书"佳山堂"三个大字，颇有些儿古风之意味。后来我从相关资料上获知，这座"佳山堂"乃偶园里的重要建筑，更是园内唯一被称作"堂"的建筑。我看到佳山堂建筑小巧玲珑，它坐北朝南，面对着著名景观——假山。而在此处观赏假山为最佳之处，故称"佳山堂"也。看完佳山堂，我将目光收了回来，转身来到了假山的面前。我举目观赏浏览起了眼前的这座由人工垒筑起来的绵长蜿蜒的假山的雄姿。关于这座假山的来历，通过相关文字，我算是略知一二。有文字考证："假山为江北之冠，构思巧妙，手法高超，其艺术构思与叠石风格技巧与中南海瀛台完全一致。据考证系明代中国造园名家张南垣之子张然的作品。假山由西峰、中峰和东峰组成。山石嶙峋，山体成半月形环抱佳山堂前。"

我看到，整座假山的形状呈不规则样式，凹凸不正，十分写意。且它所采用的石材，并非江南园林所常用的太湖石，看上去显得厚重、古老，极具中国北方的地域文化特色。在我看来，这假山上的每一块石头上面，都写满了风雨沧桑。而种植于假山上下及其周边的那一棵棵的参天古树，似乎可以为它作证。我还看到山脚下一泓池水，环山绕树，滋润着周边的古树花木的成长，守护着这片净土及其风水。

可能是年代久远了，我看到假山上的石头似乎也改变了颜色，都变成了黄的颜色，并夹杂着一些深浅不一的黑色，从而折射出了一缕沉重的时光感。

在假山的一个低洼处，我看到了一座亭子的佳影。它小巧玲珑，屹立于天地之间。它问天探地，经历时光的沧桑与人世的变迁。我看到亭子的屋檐下方悬挂着一块匾额，上书"卧云亭"三个大字。由于小亭建筑在假山顶上，从山下朝它看去，真的如同卧云一般，也许这就是其名之来历啊。我曾见过一些假山，那些山上也建筑有亭阁。可我觉得都没有偶园假山上的这座卧云亭有特色，来得名副其实。在山下看过去，唯觉身处云端之中。我以为，古人设计建筑此亭的理念，还是符合实际的。

我从假山的中段，走到其东首；又从其东首，来到它的西头，将这座久负盛名的"江北名山"，看了个仔仔细细，看了个透彻。然后，来到佳山堂西南一侧的"近樵亭"里。我依柱眺望其周边景色，竟会有一种莫名的陶醉感油然而生。不是嘛，一座玲珑漂亮的佳山堂，一座假山顶上的卧云亭，一座假山跟前的近樵亭，还有立于西边的绿格。这几座建筑物，巧妙地再现了古代雅士的隐居风采。其实，古人所谓的隐居佳地，亦不过如此。我想，可能还不如这里呢，不外乎几栋茅草屋，几扇柴门而已。

我再次将这爱怜的目光，投向了这座"江北名园"的假山那逶迤壮阔的身躯，此乃亦算是向它的辞别吧。

循着来时的足迹，我一步三回头地告别了假山景区，再次来到了松风阁前面的那条曲径小道上。

沿着园林小路，我一路曲折地来到了假山西南方的望春楼景区游览。这望春楼景区，昴然是以望春楼为主体景观，皆有方池、倚松阁及其环水长廊、亭台等景观。来到望春楼前，我仰首凝视着这座偶园里的著名建筑的丰姿，被它的壮观所折服。我看到其旁边的铭牌上的文字，知道这座望春楼古已有之。只是历经战火，原始楼宇早已灰飞烟灭了。而今天人们所见之楼，乃今人依样重建也。

它那三层而重檐的建筑式样，是我所从未见过的仿古建筑。我以为一般三层楼宇，理应层层皆有屋檐。可望春楼却反其道而行之，只是在一层和第三层盖有屋顶飞檐，而它的第二第三层则共用一个飞檐。这种三楼二檐的建筑式样，我还是第一次见到。所以，感觉十分好奇与震撼。我还看到，不仅仅是它的屋檐有特色，就是它的一层大门的建筑式样，也与别的类似建筑有所不同，就是在一层屋檐上及前面再建筑一个小屋檐，样子既有趣又另类，煞是好看。在小屋檐的正下方则悬挂着一块写着"望春楼"三个大字的匾额。两旁还挂着一些大红灯笼，看上去十分喜庆。而且，整座望春楼修建得简约明了，没有一般意义上的雕梁画栋，也没有满楼的抱柱楹联。总之，望春楼在我的眼里，是既雄伟，又壮观。我发现这望春楼，还是偶园里最为高大巍峨的楼宇。其实，这也许就是吸引我到这里来游览风光的根本原由吧。

看完望春楼的风采后，我沿着林中小道一路穿行，终于来到了那一泓池水边。我伫立在树荫下，环视着方池的周边景色。只看见水池的对面，蜿蜒着一条宛若巨龙似的长廊，一直通向天水深处，连接着望春楼与倚松阁。在水池深处，居然生长着一抹芦苇，随风摇曳，再加上几株岸柳和几朵槐花，真是一派北国风光，江南余韵——要是能在这儿隐居而住，是再好不过的了。就在我陷入沉思之际，忽然被几只飞掠而过的野鸽子给惊醒了，打断了我的黄粱美梦。

接着，我就拐进了水池旁边的长廊里，沿着逶迤蜿蜒的长廊一步一景地欣赏起了望春水乡的景致。我凭栏远眺那高耸云天的雄姿倩影，大有问苍天、凌霄汉的英雄气概。再看这片儿泓水，清澈透亮，将四周的美景倒映在了泓水之中，就像万花筒那美妙动人。

很快地，我辞别了这令人向往的望春楼景区，再次来到松风阁前的那条园中小道上。这次，我没有停留，而是直接朝东走去。行不多远，我便来到了波光粼粼的荷花亭景区。

来到湖畔一看，便心说，我的天呢，这里的风光更是好看。我所看到的这个荷花池很大，比南面望春楼景区的方池要大了许多。在和煦的阳光照耀下，整个湖水波光潋滟，清澈明亮。在湖中一角，有一大丛荷叶郁郁葱葱，长势喜人。在环湖的北岸，坐北朝南地筑有繁复蜿蜒的长廊和亭台水榭。我看到，在湖畔西岸是牡丹花园，花园里各色牡丹鲜花盛开，一片花的海洋。其间，还点缀着两座小亭儿。即"一草亭"与"友石亭"。我还看到在牡丹园的旁边，还建有硕大的紫藤花架，呈环形坐落在西岸的花木丛中。我看到此景，颇有点儿"风景这边独好"的美妙感受。

我沿着园中小道，走到了湖畔东岸的"荷花亭"，走荷风桥，观荷塘景色，大过眼福之瘾也。

末了，我走得有些累了，便坐在湖岸边的景观石上歇息。我放眼往四周看去，整个湖区除去那片清澈明亮的湖水，四周尽是些绿树和花红，真的又是一个"绿色江南"的好景致啊。我不禁发出这样的感叹。都说秋天是一年里风光最宜人的，可我还是觉得"春光更胜秋景好"。毕竟，"一年之计在于春"嘛。

看罢那抹花红柳绿、靓亭杰阁的偶园风光，又经短暂的歇息之后，我怀着近似惜别的情怀，离开了偶园，重又回到了热闹非凡的古城的大街上。

走在古城大街上，我再次东张西望起来，观赏起了街头风光。朝前走了没几步，我的眼前出现了一座规模不算大的基督教堂。它清一色的青砖外墙，教堂楼宇造型简洁明了。其主楼为二层，而其两侧的角楼则高达三层，窗框为尖锥形状，楼宇周围种植着松柏之类的树木，显得宁静肃穆。据说这座教堂，还是山东省的重点文物保护单位呢。看着这座教堂，我就想起了刚才在古城南看到的那座天主教堂来。那座天主教堂，造型很是雄伟，要比眼前的这座基督教堂规模大多了。其主体建筑外形为西方哥特式风格，它的顶部有三座尖塔高耸入云，十分壮观。由于不是礼拜日，便铁将军把门。没办法，我只能在大门外观赏了。

告别基督教堂，我继续前行，一路闯过了数座石牌坊。它们分别是：大学士坊、柱国坊、大宗伯坊、太保坊和北门里坊。再加上前面的海岱都会坊、尚书里坊和一门科第坊，这条古城大街上竟然竖立着八座形态各异的大型石牌坊，这在我所见过的诸多古城大街上，是绝无仅有的景象。看着眼前的这一座座石牌坊，我在想，这也许就是青州古城文化的历史缩影与文明象征吧。

在看过北门里牌坊后,我就折返往回走了,即朝大街的南面走去。在经过青州农民画博物馆后,又往前走了没几步,我就又来到了偶园的大门前面。在那里留下了几张影后,我再次走进了偶园的大门。在售票口,购买了一部《青州古城》的书籍,上下两大本,用去人民币一百元也。厚厚的两大本书,才一百块钱,而定价为一百二十元人民币,硬是跌了六分之一的价呢。看起来,俺还算拣了个便宜呢。毕竟,节省了二十元呢。也是,出门在外的,能省一点就省一点嘛。

大约在半个小时后,我结束了青州古街之旅,回到了酒店里。

晚上,我如约来到了益都卫生学校的家属楼,看望离别多日的老朋友——马洪林教授及其夫人王阿姨。

说起这位马教授,他可是一位有良知的文化人。他集大学教授、图书馆馆长、著名的康有为研究专家等名号于一身,他还是一位著作等身的历史学者。同时,他更是一位富有革命正义感的共产党员。他在"文化大革命"中,曾经同"四人帮"之一张春桥,进行过面对面的坚决斗争,"逼"得张春桥给他戴上了一顶"资产阶级代表人物"的大帽子。然而,张春桥慑于马教授的义正辞严与大义凛然,竟没有开除他的党籍。这在"文化大革命"中是十分罕见的。而更令我敬佩不已的是,马教授在"文化大革命"结束后,并没有加入所谓的"算账派"之行列。面对着"文革"后发生的种种"算账"之行径,冷眼旁观,理性思考,正确对待党、人民以及自己在"文化大革命"中所受到的遭遇。尽管，他也受到过不公正的对待，但他并没有把这笔所谓的"政治账"，算到党和人民的头上，而是算在了林彪、四人帮的头上。他始终坚持正确的政治立场，与党和人民站在一起，同呼吸、共命运，表现了一个共产党员的光明磊落的坚定意志。我同他老人家相识相知，已有数十年之久。他的人品和道德文章，给我留下了深刻的印象。

来到马教授家里，首先同二老共进晚餐。席间，我同二老边就餐，边聊天，气氛热烈。之后，边茗茶、边聊天，好不尽兴也。末了，他俩向我推荐了几个景点。其中，就有著名的青州博物馆。他对我说：青州博物馆值得一看，对你了解青州的历史文化及风俗人文，都是大有益处的。你应该去看看，必定不虚此行的。理所当然地，我接受了二老的推荐。

在星月西坠之刻，我告别了两位老人，回到了不远处的酒店里。

纪游趵突泉

七月的济南,骄阳似火。从宾馆出来,我就朝既定的目标赶去。好在宾馆就在趵突泉公园附近,也就是一站路的距离。沿着柳丝飘拂下的马路,我疾步来到了趵突泉公园的东大门前。我驻足下来,却没有马上进园的意思。而是举首朝东边望去,就看到前面的那片开阔地,那是著名的泉城广场。见此景观,使我颇感意外。心说,这真是"踏破铁鞋无觅处,得来全不费功夫"啊。心想,待俺从趵突泉出来后,定要好好逛逛这著名的泉城广场。因为,我在央视的气象节目中,早就见过它的倩影了,它的形象早已印在了我的脑海里了。

片刻之后,我就将目光收了回来。看见大门前面横贯着一条不算宽阔的马路,将趵突泉公园大门与泉城广场隔开,就算是两大景区的隔离地带吧。马路对面竖立着一栋高大的石牌坊,其梁额上镌刻着"观澜知源"四个鎏金大字,从而点明了公园主题。整座石牌坊气势巍峨、宏伟壮观,充分展现了天下第一泉——趵突泉的神韵与深厚的历史文化内涵。

东大门白墙灰瓦,造型为出檐卷棚式。其规模不是很大,却很有气势。大门正中上方悬挂着一幅写着"趵突泉"字样的匾额,三个大字系由当代书法大师——郭沫若亲书。在我看来,眼前的这座大门建筑,造型古朴典雅,颇具地方建筑特色。

步入大门,我一脚便踏进了花海柳浪里了。迎面撞入眼帘的是一座绿荫环抱、花蕊点缀其间的假山景观。我觉得它的外形似与太湖石很相像,但却是济南本地所产,有"北太湖石"之称。整座假山,看上去山形陡峭,气势壮观。有许多游客如同我一样,来到假山前面驻足观赏一番它的倩影,然后再涌向别的景观。毕竟这里是整个趵突泉公园的第一个景观,当然不能错过。在假山前面,环顾四周景色,心中颇有些儿"蔚然而深秀"的感觉,觉得这才是一座真正意义上的绿色大观园呢。

趵突泉风光

沿着蜿蜒前行的林荫通道，我疾步朝趵突泉景区赶去。走了百多米，我就来到了一块大石碑的前面。

这块大石碑的造型相当奇特，类似于蝴蝶状，看上去很有趣。这是一块刻着"趵突泉公园扩建记"的石碑，石碑上刻着许多字，记载了扩建趵突泉公园的史迹。

离开石碑，我又朝前行了百多米。忽闻一阵嘈杂声，便举首前观。就看见前面人声鼎沸，人山人海，场面十分拥挤与热闹，是我所见到过的游人最为集中的景象。再看路旁的指示牌，原来前面就是趵突泉景区了。见此景象，我的眼前一亮，顿生冲动，便加快了脚步。几乎是一步跨到了趵突泉的水池前面。却因游人众多，几乎将水池围了个水泄不通。我只能透过密集的缝隙，依稀浏览了几眼水池的景色。映入眼帘的水池呈长方形状，坐西朝东，四周围了一圈低矮的景观栅栏，而栅栏边上站了些观景的游人。他们或站着，或倚着；或观景，或摄影；争先恐后地观赏着这一美妙的自然景色。而我呢，当然也不会自甘"落后"的。

泉池北侧的泺源堂前的观景平台，相当宽阔，绝对称得上是亲水平台。由于平台直接嵌入泉池里面，宛如半岛似的，观景场面十分开阔，看得非常清晰。水中喷涌的三眼泉水，如同近在眼前那般。所以，在这里观赏喷涌而出的泉水，实为最佳之地也。这里聚集了太多的游客，尤其是栅栏旁，更是人头攒动，喧哗不已，简直就是一道人墙，可谓水泄不通。那阵势，看了使人真有点儿望而却步。这在全国的著名景观里，游人可能是最为集中的。游人们的观景热情着实令人感动和感慨。这从一个侧面也反映了游人对趵突泉的热爱,更说明了趵突泉的名声是何等之大。

望着眼前的这道人墙,我竟产生了畏难情绪。心想,算了,咱就不去"轧闹猛"了。可就在我意欲离开之际,恰巧有一对青年人说笑着离开了平台栅栏,使人墙出现了一个"缺口"。见状,我觉得这真是天赐的好机会啊,便一个箭步地冲到栅栏前,挤进了人群,填补了那块"缺口",争得了一席之地,引得周围的游人发出了会心的笑声。

我凭栏凝视那近在眼前的趵突泉水花,寻找那传说中的三股泉流。忽然,我的目光捕捉到了那汩汩涌流出来的三股泉水。啊,我可看到了你了——趵突泉。那感觉,真是太神奇了。确实如古人所言:"泉源上奋,水涌若轮。"而我的心里颇有些儿"众里寻它千百度,蓦然回首,那人却在灯火阑珊处"的欣喜。看着喷涌不止的三股泉窟,感觉它似乎没有传说中的那种"趵突腾空"的景象,我的心里多少有些儿遗憾。环视四周的亭台楼阁及题字石碑,我深深地感受到了那弥漫千年的厚重的文化底蕴。再看看那碧绿似玉的一泓泉水,真的有一种景不醉人人自醉的感觉呢。趵突泉美名,绝非虚传!君若不信,可来此地目睹一番,定能大有收获,大饱眼福。的确,趵突泉周边的建筑物也颇有些儿来历,且来历不凡呢。就说那座"观澜亭"吧,它的来历就不简单。该亭子原本是北宋史学家刘诏庭园中的建筑物,名曰:槛泉亭。后在明朝时才改名"观澜亭"，距今已有五百多年的历史了。亭子结构很有特色，为四面敞开式。且红柱飞檐、斗拱翼角；上饰吻兽、下设坐栏，极富民族特色，是一座颇具历史文化价值的古建筑遗存。尽管该亭子规模不大，却很有灵气。我发现，在泉池边，无论从哪个方向看泉水，该亭子的倩影总是会不失时机地映入你的眼帘。

再说说那座位于趵突泉池北岸的著名建筑——泺源堂，它的历史文化的底蕴也是深厚非凡。相传该建筑由北宋著名文学家——曾巩，建筑于熙宁年间。因其临泺水的源头，故称"泺源堂"也。不过，今天的建筑乃明代遗存，是济南市的重点文物保护单位。在这里观赏趵突泉，位置最佳。这里永远是游人最多的地方。我在本文前面所述之事，指的就是这里。在它的北面则是著名的娥英祠。而这座娥英祠，据说是为纪念虞舜帝的两位妃子——娥皇、女英而建筑的。同泺源堂一样，也是明代建筑。我走进娥英祠大殿，就看见大殿中央饰以娥英塑像，前面是放满供物的祭台，而大殿的左右两侧的墙壁上则是满墙的娥英故事的彩色绘画。由于年代已久，墙上的壁画已有些儿陈旧了。看着墙上的壁画，我不由地想起了远在湖南岳阳洞庭湖君山岛上的二妃墓来。只是，我不知道远在山东济南的趵突泉畔，怎么也会有娥英二妃的遗迹呢？不过，我想这里面肯定有其内在的关系。算了，我在这济南的趵突泉畔，就不细究了。我还是继续游程吧。

离开娥英祠，我便走进了其北面的三圣殿里观赏。我看到,同前面的娥英祠一样,殿堂里也摆放着尧、舜、禹及四大臣的彩色塑像。不过,似乎不如娥英祠堂皇、壮观。其建筑规模也小了不少,仅一平房而已。倒是其大门两侧的对联,似乎说明了三圣殿的历史文化的渊源,点明了三圣殿的文化主题:

上联:趵突胜飞三泉歌唱尧舜禹
下联:中华昌盛万代长明日月星

据说三圣殿亦为明代建筑,与娥英祠相同。可以说,趵突泉景区就是一个明代建筑博览会,称得上中国古代建筑的典范。我想,若是有人要观摩明代建筑的话,你尽可以到山东济南的趵突泉景区一探究竟。当然,这里的明代建筑姓"民",不姓"皇"。尽管,这里的明代建筑没有皇家建筑的高大奢华,却可以从一砖一瓦中品味出中国古代建筑文化的精髓来。若想欣赏,请君亲临其境,感受才更深,才能经久不忘。

辞别三圣殿,我便来到了漱玉泉前,看见聚在泉池

趵突泉石坊留影

边的游客很多。其中，又以青少年居多。有不少人将手中的硬币投入泉水池里嬉耍。见状，我就问身边的游客是何道理？答曰：能求好运也。怪不得能引来这么多的游人前来一试身手呢。看着泉水池底下堆满了白花花的硬币，听着游人们欢乐的嬉笑声，我也心动了，便也拿着几枚硬币，分别投入泉水池里。不过，硬币并没有浮在水面上，而是直接沉入了池底。唉，玩笑而已。

漱玉泉，是济南七十二泉中的重要名泉，其在七十二泉中排列第七位。而真正使漱玉泉名声大震的是宋代女词人——李清照。

据传说，宋代"词国女皇"李清照，当年曾在泉边掬水梳妆、填词吟诗。她的词集亦因此泉而命之谓《漱玉集》。

离别漱玉泉，我走进了北侧的李清照纪念堂里。

走到大门前，我看到门梁上方悬挂着"李清照纪念堂"黑底金字的匾额，系由当代大文豪郭沫若亲笔题写。而大门里面则竖立着一扇正反两面的大木屏，其前后两面皆有题字。其中，正面木屏上写的是"一代词人"；反面木屏上则写着"传诵千秋"。这两块照壁式的木屏上的题字，亦为郭沫若所题写。

走进大门，我来到庭院里面，就看到这里游人如织，熙熙攘攘，十分热闹。

李清照纪念堂，是一组颇具地方风格的建筑院落。整座庭院由正厅、亭、轩、曲廊和门楼等建筑物组成。院内树木繁茂、花红柳绿，景色十分宜人，形成一个独具特色的文化景观,更是趵突泉景区不可或缺的重要组成部分。

纪念堂的大殿,是整座院落的主体建筑,建筑特色为地方民居式样。大殿门厅正中间竖立着一尊汉白玉的李清照全身塑像,形象传神,栩栩如生。周边墙壁上挂着李清照的生平事迹简介,其下面的玻璃柜里则陈列着历年问世的有关李清照的各种著作出版物。我看到有不少游人用手机将这些陈列的图书拍摄下来,收进了镜头里。

走出拥挤的大殿,我来到近年新建的李清照诗词碑廊参观。整个碑廊分东、西两廊布置。其中,东廊为当代书法家所题写的李清照诗词,主要是启功、欧阳中石等人的书法作品;西廊则是透雕李清照诗配画,很形象,很有看头,非常具有艺术价值和文化气息。看来,当地有关部门在如何保护和宣传李清照爱国精神及作品事迹方面,是下了大功夫的,值得人们肯定。

接着,我来到了著名的白雪楼前。

白雪楼,位于趵突泉的南侧,原本是明代著名文学家李攀龙的藏书楼。这是一座兼带戏台的二层仿古建筑,亦为明代特色建筑。

走到白雪楼前,我看见二层屋檐下方悬挂着由清代官员金光悌题写的"白雪楼"匾额。整栋白雪楼形象古朴、典雅。来到楼宇东侧的藤萝架下面,就见手腕粗的紫藤缠满了藤萝架子。它们盘根错节、遮天蔽日,构成了一处纳凉消暑的绝佳之地。来到这里,顿觉凉风习习、心旷神怡。

走进大堂,迎面看到竖立在大堂中央的李攀龙坐姿铜像。

老先生低眉紧蹙，似在沉思，造型生动，十分传神。

登上二楼，我凭栏俯瞰，其四周美景，尽收眼底，感觉十分养眼。

从二楼下来后，我便来到大戏台的前面，一睹其芳华。就看见戏台建筑雕梁画栋、富丽堂皇。戏台两侧分别悬挂着"百花齐放"和"推陈出新"木匾，系开国领袖毛泽东主席所书，苍劲洒脱的书法，为大戏台增色不少。此外，大戏台还悬挂着江泽民、欧阳中石等人的书法作品，这里俨然是一处全国名人书法大展。据说，这里经常上演京剧、吕剧、柳子、曲艺等多种剧目，引得全国梨园名家登台献艺。显然，白雪楼大戏台已成为济南戏曲文化的重要场所。

离开白雪楼及大戏台，我就来到了另一个著名景观——马跑泉的跟前。这是一泓大水池，泉池东岸的山石上镌刻着"马跑泉"三个红漆大字。

凝视这一池清澈见底的泉水，我惊奇地发现，泉底不断地冒出一连串的白色气泡，晶莹剔透。就在我欲仔细观看时，它瞬间竟消失了，且无影无踪。望着这瞬间遁形的水泡，感觉颇为神奇，既神往又期盼着它再次出现。很快，它又在别处冒出了一串串的晶莹剔透的气泡。见此情景，我欲拍照记录它的神奇。可因它消失得太快，我竟无法抓拍它的美丽瞬间，委实有些儿遗憾呢。目睹它那变幻不定的水中姿态，我觉得它与不远处的趵突泉相比，有着其独特的别样景致，非常有情趣。

有文字显示，马跑泉的由来源于一个慷慨悲壮的抗金爱国英雄故事。相传，当年金兵南侵中原。济南守将关胜在一次守城激战中，受内外夹击，壮烈牺牲。关胜的战马见主人被杀，怒哮奔腾，奋蹄扒地，刨出一泉，故名"马跑泉"。关于马跑泉的文字信息，还是我回到家里阅读相关文字时，方才知晓的。

环顾泉池四周景色，我看见这里松柏掩映，柳丝飘拂，景色十分优雅别致。

在行将结束游览活动之时，蓦然地，我发现远方的天边已然露出了绚丽的晚霞，天色也似乎阴暗了些许。我知道，天就要黑了。尽管，我心里有些儿意犹未尽，可也奈何不得，只能随着人潮，向着东大门涌去。从而，结束了在趵突泉公园的游览。

从孟庙到孟府

孟庙，即亚圣庙，是历代祭祀孟子的地方。它位于山东省邹城市南部，始建于北宋景祐四年（1037年）。据史料记载：原墓在城东北部。后由邑士及乡人出资，将孟庙迁于现址。后经金、元、明、清历代拓展和维修，到康熙五十四年（1715年）达到现规模。

史料还说：孟庙占地约24 000平方米。前后分为五进院落，前三进为导引式庭院，后两进分东、中、西三路布局。保存有历代碑碣石刻270余块，古树名木300余株。

来到孟庙大门前，我就被它那颇有特色的建筑形式吸引住了。原来它是一幢四柱三楹的古牌坊式建筑。它的四根红柱建在四级之上，且建有四扇斜面砖石护柱墙，看上去十分稳固。它有三层屋檐，中间为大，两侧略小一些；且中间屋檐，亦略高于左右两侧的屋檐。我看到大门使用红、蓝、黄三种颜色装饰，大门中间屋檐下方的红色横匾上书写着繁体"棂星门"三个金黄色的大字。大门两侧则为红色的墙体，一眼望去，十分壮观。

孟庙大门

起初,我以为孟庙的大门,亦如孔庙的大门那般高大堂皇呢,谁知竟是这般的简约、小巧。说实话,这是出乎我的预料的。可是,这也许就是孟庙有别于孔庙的地方。同时,这就是孟庙的特色所在吧。

我走进孟庙,扑面而来地竟是一股柏木森森的古朴之幽香味;同时,又仿佛沐浴在千年松柏那浓荫蔽日的清静之光阴里。

走在宽敞的用青砖铺就的甬道上,我看到其两侧分别竖立着大木坊。其左坊曰:"继往圣";其右坊曰:"开来学"。据传,这两块坊额的题字,都是当时山东巡抚丁宝桢亲笔手书,题意是盛赞孟子对儒家思想传播有继往开来之大功。

由于，此时已开学，且也不是周日。所以，来这里游览的人不多。偌大的一个院落，竟没有一个游人。在这样静谧的环境里游览，让我的心绪顿时安静了下来。我在如此安静的氛围里，静静地领略着这份美景，却也是一份难得的享受。我站在甬道上，静静地看着院里的无数棵柏树，欣赏起了这些默伫的千年古树、屹立的石碑和安详的殿宇。

在看过了大门景区的风光后，我沿着宽阔的甬道，来到了庙中的第二道坊门——"亚圣庙"石坊面前。

此石坊建于十六世纪中叶，坊名由邹县县令章时鸾题写。

"亚圣庙"石坊为四柱三楹式牌坊建筑。整座牌坊的造型简约中显典雅之古朴气息。坊额正中镌刻着楷书"亚圣庙"三个大字，其西侧分别镌刻着"云中翼龙""海水蛟龙"的石雕图案。

穿过了这座石坊大门，我来到了孟庙的第二进院落。来到院内，我看到这里的古树更多，可谓古木苍苍，遮天蔽日。一看就知道这些古树虽历经沧桑，却依然枝干挺拔，为孟庙增添了盎然的生机，显示着千年古庙历史的久远。我还看到这里的地面上除了松树、柏木之外，地上还长满了绿油油的青草。其实，前面的院落里也是满地的青草萋萋，十分养眼。我以为，这似乎是孟庙的基本风貌吧。

走过第二进院落，很快，我就来到了"泰山气象门"前。跨过此门，就等于来到了庙内的第三进院落。

来到门下，我就看到门梁上方竖立着一块写着"泰山气象门"的蓝底金字立匾，样子颇为大气。大门两侧，都为高耸的红墙。

跨过大门，我算来到了第三进院落。站在门下，我朝院内环视了一周，觉得此院内虽然不算大，可藏有意想不到的乾坤可览。

首先，我看到院内的古树更多、更密、更高大了。且还有不少古屋及石碑屹立其间，显得颇有些人文历史的色彩。

我发现这个院落的绿地，并没有前两个院落多。只是后半院落有绿草坪，其前半院落则是青砖铺就的宽阔甬道。而甬道的空地上，种植着许多高大古朴的松柏古树。最大的不同是这个院内，有着许多石碑和房屋。其中，最有名的是康熙御碑亭和著名的五通碑。这里也是游人最多的景点，我也过去瞻仰了一番。这也算是与古物来了个亲密接触。

而院内的古松柏树，就更有特色了。如有的古树上，结着各种形状的树瘤。我看到在一棵树干上，结着一个类似乌龟的树瘤，十分形象地呈现出了它正在爬树的样子，十分有趣。我还看到，这里的古树的长势，多为笔直形态。其树梢在蓝天的映衬下，呈现出姿势优美的造型，引人遐思。

看过院内的石碑和古树后，我就走进了五通碑边上的启贤门，来到了启贤殿前。此殿建于十五世纪末，里面供奉着孟子父亲的塑像。看过塑像之后，我又来到另一座殿堂前。此殿名为启圣寝殿，里面供奉的是孟子母亲的塑像。我看到，在殿堂的西侧立着一块石碑，上曰："母教一人"四个大字。

告别石碑后，我便穿过承圣门，就算进入了孟庙的中路景区，也就孟庙的第四进院落。这里耸立着庙中最为高大的主体建筑——亚圣殿。

亚圣殿，因亚圣孟子而得名。言下之意，是为祭祀孟子而修造的建筑物。我看到它的形状为重檐歇山式，面阔七楹。其顶端覆以绿色琉璃瓦，底层环以廊柱二十六根，皆为八棱石柱。据说，都是用整石雕刻而成的。每根石柱下面的覆莲基座，则是宋代建庙时的原物，是名副其实的千年文物。至于整座亚圣殿则是明代遗物，迄今也有五百多年了。一块写着"亚圣殿"的蓝底金字的竖匾，立于大殿大门正中的重檐之间。来到亚圣殿大门前的硕大的平台上面，我仰首环视着亚圣殿全貌，饱览大殿的风采。为了能够拍摄大殿全景，我一再地朝前走。终于，走到了一口古井前，方才将大殿全景收进了镜头。

这口古井位于孟庙的中轴线上，与亚圣殿呈水平状。传说此井在清康熙年间，因地震所生成，故名"天震井"。我走到井前，低首朝井中望去，然也没有看到什么特殊之外，就是一口普通水井而已。几百年来，因传说玄虚而名垂青史。不过既然来了，就得观览一番，亦算不虚此行也。

辞别天震古井，我便朝大殿走去。登上六级平台，来到亚圣殿的大门栅栏前。隔着栅栏，朝殿内看去，就看到大殿正中间，放着一个大红神龛，里面坐着身着官服、头戴官帽的孟子塑像。他面朝龛外看着大家，接受大家的祈福。我还看到在神龛的顶端悬挂着一块写着"守先待后"四个金字的蓝底横匾，此乃清代雍正皇帝的亲笔手书。朝上看去，颇具气势。我还看到在大殿右侧，竖着一块颇大的石碑。据说，上面的刻文记叙了孟庙迁建现址的经过，迄今已有近千年的历史了。绝对是文物宝藏了，理应倍加保护。

离开亚圣殿，我就来到了它后面的一座殿堂。名之曰：寝殿，是供奉孟子夫人的殿堂。走进殿堂，我抬首一望，里面正在举办《孟子圣迹展》，主要向游人展示孟子生平简介、游说诸侯、著书立说、名人论孟子等。既然来了，我就绕场一周，浏览了一番孟子事迹。这在别处，是看不到的。

此外，寝殿平台前面，还种植着三棵古树，这也是在别处看不到的景致。据史料记载：这三棵古树为北宋宣和三年（1121年）建庙时所栽种。它们见证了孟庙九百多年的风雨历程，至今仍巍然挺立。

离开寝殿后，我沿着院落内的古树甬道，再次来到亚圣殿的前面。我再次走到亚圣殿平台之上，再次瞻仰了这一著名的历史古建筑。它那巍峨壮观的雄姿，深深地印入了我的记忆之中。最后，我带着无限的景仰之情，辞别了它。

离开孟庙，我就来到了著名的孟府大门前。

孟府，又称"亚圣府"，是孟子嫡系后裔世代居住和生活的地方。有资料披露：它始建于北宋末期，距今已有九百多年的历史。

我看到大门为北方普通民居建筑而已。其门洞上方正中悬挂着写着"亚圣府"三字的鎏金竖匾。看着这块匾额，我觉得

亚圣庙石牌坊留影

立马提升了这座房屋的身份。

走进大门,再穿过一道门,我就来到了著名的仪门前。

仪门,号称"垂花门",建于清道光二十年(1840年)。据说此门平时是不开放的,只是每逢孟府喜庆大典、皇帝幸临、宣读圣旨或举行重大祭祀仪式时,才在礼炮声中开启。

我看到,仪门规模并不高大壮观,仅为一扇门的规格。不过,仪门建筑得还算豪华。它的顶端覆以灰瓦吻兽,两扇门板绘着门神,十分威严。可以说,仪门是孟府的一座重要的建筑物。至少,我是这么看的。

绕过漂亮的仪门,我沿着石铺甬道,来到了孟府的大堂前。就看到它坐落在石铺平台之上,为单檐歇山式样,面阔五楹,且四周种植着千年古树。大堂为孟府的主体建筑,是孟子嫡系世袭翰林院五经博士开读诏旨、接待政府官员及举行重要仪式的地方。

我看到大堂正门上方悬挂着"七篇贻矩"四字的横匾,系由清雍正皇帝亲笔手书题写。站在门前,我朝堂内看去,就看见大堂正中设着木制暖阁,并在阁内设置公案。在暖阁的两侧,陈列着各种执事。

离开大堂,我便来到了孟府的内宅。

所谓内宅,传说是孟家的嫡裔世代居住的地方。在游历了十里香院后,我就来到了世恩堂参观。我看到屋里中堂挂的是一幅《蟠桃大会》的画轴,其两侧还挂着一副对联。至于上面写着什么,我什么也没有记住。估计都是佳言妙语吧。

走过内宅院,我就来到了著名景观——赐书楼。此楼为二层,三上三下。竖匾悬挂于二层正中檐下,从一层大门洞里,可以一眼望到最后一个门洞的景致。据考证,此楼为明代遗物,是孟氏后裔存放皇帝钦赐墨宝、书籍和家族档案的地方。

看过赐书楼,我就来到西跨院景区游览。我看到院落里并没有什么景致,只是那个圆门,还有点儿特色。在这里,我请人为我拍了几张照片。而就在拍照时,我看到对面耸立着一块硕大的太湖石,号称"见山石"也。上面刻着几段诗句,也不知道是谁的杰作。

看完这里的风景,我就走出了偌大的孟府。从而,结束了这次孟子故里行。

游记威海

"一水湾环山四周，仿佛桃园人住处。"这是古人赞美威海风光的著名诗句。如今我也吟诵着它，来到了美丽的海滨城市——威海。

威海，又称威海卫，位于胶东半岛的东北端。据相关文字介绍，威海的东西北三面濒临黄海，北面与辽宁省的旅顺口隔海对峙，与之共扼渤海门户，极具重要的战略意义。它战略地位极其重要，是中国北洋舰队的根据地。

威海市区，前临碧波万顷的蓝色港湾，刘公岛犹如一艘威武雄壮的战舰，停泊在港湾的海面上；背靠峰峦奇秀的群山，似碧玉雕成的屏风，怀抱着全城。本文开头所写的那两句诗儿，就是赞美威海风光的真实写照。

来到威海，我立即就被它的美丽宁静、干净清爽的市容市貌吸引住了。换句话说，就是被它的美给镇住了。映入我眼帘的马路宽阔平坦，干净清爽。而且，几乎每条马路的两侧都置有漂亮的花坛。我看到，这些花坛里种植着各种应时花草，看去满目花团锦簇，万紫千红，十分养眼。

威海市容风光

我经过的街道两侧的楼宇,造型几乎都是四方形状。且楼层也不多,也就四五层罢了。其中,以四层居多。虽说这些楼宇造型不够丰富,有些单一,却也是地方特色鲜明,更显时代感。我以为,不能用那些国际大都市的楼宇造型的多样化,而否定内地城市楼宇建设的地方特色。因为,那是在改革开放初期的产物。眼下,又是数十年过去了。我想威海的市政建设,肯定有了许多的变化,也许更趋向所谓的"都市化"了。但愿,威海在这一波的"都市化"建设中,能够保持住自我的市容市貌特色。前些年,我曾看见过威海著名景观——环翠楼风景区周边的景色,发现画面上的那一幢幢漂亮的小楼已经没有了,都被建设成了摩天大楼。这样子"都市化"是成形了,可它的地方特色却没有了。面对着这幅画面,我不知道是高兴,还是惋惜?幸好,我手里还有当年在环翠楼平台上拍摄的几张风景照片。它们可以为当年美丽的威海市容作证。

走在威海大街上的感觉就是四个字:神清气爽。举首看去,天是蓝的,云是白的。迎面吹来的风则是清爽宜人的,令人们觉得心旷神怡。整个威海就像一个巨大的氧气吧。而遍布全市各处、街道两侧种植的花草与树木,就是这个大氧气吧的幕后大功臣。

很快,在经过了几条不算长的马路后,我按图索骥地来到了威海市的重要景观——环翠楼公园的大门前了。

关于这座公园里的环翠楼,书上是这么说的:环翠楼坐落在威海卫西城墙上。它西倚奈古山巅,东瞰苍茫大海,南望逶迤峰峦,北眺巍峨青山。楼宇置身翠峰碧海的环绕之中,因而得此名也。

还在烟台时,朋友就对我说:威海,你一定要去看看。那里的环翠楼值得一看。当然,刘公岛也应该去看看。于是,在我的心里,就留下了到威海游览一番的念想了。

眼下,念想竟变成了现实。伫立在具有地方特色的大牌坊前,我眺望着山巅之上的环翠楼景色,欣赏着它那飞檐凌空、巍峨壮观的雄姿,感觉在山脚下观赏环翠楼,似乎景色更具魅力。

同蓬莱阁门前的"丹崖仙境"大牌坊一样,威海的环翠楼公园门前的这座大牌坊,亦为四柱三间三楼单檐型制,亦为玲珑正脊，筒瓦屋面，气势宏伟壮观，古风味儿颇重。我看到，在牌坊正中屋檐下方悬挂着一块写着"环翠楼公园"黑底金字的横匾。具体是由哪位书法家书写，当时也没在意。所以，也就无从知晓了。

穿过大牌坊，我就来到了石阶前。登临环翠楼，就是由此而上的。据说，整个台阶有七十二级之多。因此，若想一口气攀爬上去，还是有点儿难度的。就在我寻思如何登攀之际，忽见一群中学生模样的孩子，居然七嘴八舌地在台阶前争论起来，看谁能一口气登上环翠楼呢。不过，我没有看到他们中有谁是一口气登上楼的。他们当中大都是在那座观海亭里歇一会儿，然后再接着攀登的。当然，他们最后都登上了环翠楼。显然，这些学生的攀登精神还是值得肯定的。看着学生们在登上环翠楼后，所展现出来的灿烂笑脸和爽朗的笑声。我想，在登临环翠楼途中，能遇到这些学生，还算是有缘分的。

在这群中学生们的精神感召下，我也不甘落后，也一鼓作气地向上攀登，也来到了设在台阶中间的观海亭里。稍作休息，又向上攀登而去。终于，我登上了环翠楼。

来到二楼的大平台上，我环顾四周，颇有些儿居高临下的意味。因为，环翠楼地处奈古山之巅，是威海市区的制高点。所以，从这儿望去，四处的美景一目了然，尽收眼底。

我仰面凝视着眼前的环翠楼的大屋檐，就见它卷棚飞檐，黄颜色的琉璃瓦盖顶，彰显出雍容华贵、古朴典雅的气势。而它的造型则显得巍峨高耸、宏伟壮观之和谐美。而在三楼正中屋檐下方则悬挂着一块写着"环翠楼"三个大字的匾额,是由当代大书法家舒同所亲笔题写。苍劲古朴的字匾,的确为环翠楼的景观风光,增色不少。

据导游介绍说,环翠楼始建于明代弘治年间。当年的环翠楼,可谓雕梁画栋、金碧辉煌;且飞檐斗拱,壮观大气。后来,由于年久失修,坍塌颓废了。清代亦先后数次予以复建或重建环翠楼。

20世纪30年代初,将颓废多年的环翠楼予以改建,并又增建了望月亭和观海亭,使环翠楼景区的风光,更趋完全。然而,可惜的是日本鬼子在1944年12月,竟伙同当地伪军,一把火将这座千古名楼焚毁了。

直到20世纪70年代中期,威海人民又将环翠楼重建了起来。

接着,我暂别二楼,又拾级而上,来到了环翠楼的最高层,即它的三楼大厅。走到东窗前,我凭栏观看,浩瀚无垠的大海风光,一览无余。刘公岛宛如一条苍龙,横亘在湾口的海面上,警惕地保卫着威海城及其百姓。其实,三楼大厅,更像一座位置绝佳的观景平台。在这里,人们可以极目远望,饱览这里的山水形胜和街市美景。我觉得在这里凭栏望远,高瞻远瞩,不仅使人赏心悦目、心旷神怡;而且,也更能教人浮想联翩、触景生情。

在这轩敞雅致的大厅里,我果然触景生情了起来。心里窃思,自明代有此一楼,算起来已有五百多年之久了。其间,此楼经历了无数次的劫难。可以说,一部环翠楼史,就是咱们中国的兴亡史之深刻写照。一句话,"落后就要挨打"。君不见,在新中国成立之前的四百多年里,眼前的这座环翠楼始终处于被毁坏、颓废的悲惨境遇里。最可悲的是在新中国成立的五年之前,竟毁在了日本鬼子的手里。想到这里,人们又怎能不觉得悲哀呢?

新中国成立后,在20世纪的70年代中期,党和政府就开始了环翠楼的重建工程。环翠楼终于迎来了春天,重新焕发了青春。六十多年来,再也没有敌寇胆敢侵略我中华大地。我以为,威海环翠楼的命运遭遇,折射出了国家民族生死存亡的深刻哲理。因而理所当然地值得人们深刻地反思。带着对这个不是问题的疑问,我离开了三楼大厅,而来到了一楼大厅的门口。我站在那儿,朝山下看去,却看到山道两旁绿树成荫、花木锦簇。看过去,十分养眼。不过,除了几棵马尾松外,其他的花木我就不知其名了。就在我眺望前面花坛景致时,竟然依稀看到公园大门外面路口,竖立着一尊青铜塑像。于是,便心生好奇。心说,这会是谁的塑像呢?刚才进大门牌坊时,咋就没看到呢?可一想,刚才我是从小马路过来的,所以就没有看到路口的这尊青铜像。若是从大马路进来,肯定就能看到铜像了。

凭着一股子好奇心,我就快步离开了环翠楼的一楼大门口。沿着漫长的石阶,朝前面走了过去。在走到观海亭时,我特意回首仰望了一眼环翠楼,再次感受它的雄伟壮观,算是向它的道别。我在心里向它说:再见了,环翠楼。

在经过一个鲜花盛开的花坛后,我就来到了青铜像下面,才算看清楚了是谁的塑像,原来是甲午海战的民族英雄——邓世昌的铜像。我围着大铜像那高大的基石绕了一周,将整座铜像看了个仔仔细细,以凭吊这位伟大爱国者之英灵。我仰首凝视着邓世昌的铜像,感觉颇有气势,真正做到了惟妙惟肖、栩栩如生的艺术再创造,是一件不可多得的艺术杰作。端详这巨大的青铜像,我禁不住地又想起了著名电影《甲午海战》的情节来。我发现这尊邓世昌铜像,竟与他的扮演者——李默然先生十分相像。因而看上去,感到十分亲切。

在邓世昌塑像下,我静然地伫立着,默默地思念着邓世昌及当年那些追随他以身殉国的民族英雄们,呼唤着他们的英名。

中午时分,我依依不舍地告别了邓世昌铜像,朝着下一个游览景点——刘公岛走去。

经过几个行人的指点,我徒步朝游船码头赶去。好在威海城区不大,大概在半个小时后,我就来到了游船码头,意欲乘游船上刘公岛游览一番。

来到码头,我心里一阵高兴,就想打票上船。可就在这个节骨眼上,我的老肚竟开始"闹腾"了,"咕噜、咕噜"响个不停,这是提醒我该给老肚"讲料"了。于是,我就赶紧走进了一家日本料理饭店,点了几样可口的饭菜,便一阵风卷残云,就将老肚塞了个饱。只有在这个时候,我方才觉得吃饭是何等重要啊。否则,一切免谈。那句"人是铁,饭是钢,一顿不吃饿得慌"非虚言也。

　　从饭店出来，我赶紧向游船码头奔去。刚登上船，船就启航了。这天的天气不错，海面上显得风平浪静。我看到，船上的人们此刻正在凭栏送目，眺望着远方的景色。而我则想象着未曾谋面的刘公岛上的风光，该会是什么样儿呢。我看见有几只白色的海鸥，正追逐着海上的船儿，一会儿低飞戏水；一会儿又展翅高飞，显得十分有趣。人们仰起脸儿，眺望着这几只快乐飞翔的白色海鸥，发出了阵阵会意的笑声与惊叹；海面上，传出了欢乐的笑声和欢语。

　　约莫半个小时，船儿就在刘公岛一侧的码头上停泊靠岸了，原来刘公岛到了。

　　从船上下来后，我随着人潮走出了略显拥挤的码头。

　　接着，我就来到了不远处的著名景观——北洋海军提督置门楼石阶前面。要说这刘公岛的前世今生，还真显复杂呢。相传东汉末年，刘氏皇族一支人马，因避曹魏集团迫害而迁居该岛，时称刘岛或刘字岛，后人亦称刘公岛。后来，刘公岛就叫出了名儿。千百年来，流传至今，亦算刘公岛传闻的一段佳话吧。据史传，刘公岛离威海市区约十华里水路之遥，形状则像一头雄狮，横卧在港湾外的海面上。自古以来，素有"东隅屏藩"和"不沉的战船"之称，是闻名中外的海防重镇。晌午站在环翠楼上，就可以望见刘公岛的英姿。它恰似一颗夺目的明珠，卧浮在港湾口的中央部位，与山势险峻的南北两岸，形成二龙戏珠之势。由此可见刘公岛的战略地位，是何等的重要啊。难怪这里不仅是北洋海军的总部所在地,更成为日后的那场中日甲午海战的主战场呢。刘公岛的陷落,意味着北洋海军的彻底覆灭。如果说近代中国历史是一部屈辱史的话,那么刘公岛的陷落,就是这部近代中国屈辱史上的一段黑暗咒语,令每个中国人倍感屈辱。从这个意义上讲,刘公岛及其威海地区,就是每个中国人的伤心地;更是中国人民的奋发向上之圣地。

我拾级而上,走到了大门楼前的广场上。首先,映入我眼帘的景观是大门楼那肃穆壮观的造型。它的外观呈平房形状,三开间;其屋顶为歇山式样,并覆以青色琉璃瓦,看上去相当平常。其门廊后门上方则悬一横匾,上书"海军公所"四个大

刘公岛大门留影

字，相传为李鸿章所书。而大门的两扇门板上，则绘有彩色的门神画像。看着门神像，我在想，作为军事机关，其大门上绘画门神，显得有些不伦不类。怪不得，一上战场就溃不成军呢。即使有所谓的门神"护佑"，也拯救不了北洋海军的衰亡之命运。

走进大门，就来到了庭院里。我看到庭院很大，四周都筑有房屋，类似北京的四合院儿。院内分成三进院落，亦称前、中、后三厅。尽管，庭院建筑飞檐斗角、雕梁画栋；且南北贯穿长廊，东西跨院相连；再加上大门两旁设置的角楼，怎么看，也想不到这里会是当年的海军机关；然而，却因为这里是军事机构，也只能突显其军事风格了。

而来到这里最重要的事项，就是参观中国甲午战争博物馆。该博物馆建造于20世纪的80年代中期，是以北洋海军和甲午战争为主题的历史纪念性博物馆。导游告诉我，这个博物馆里收藏着大量有关中日甲午战争的历史图片资料和珍贵的历史文献，还陈列着从海底打捞出水的济远舰上的文物三百多件。通过参观，使我从展览内容上进行了梳理。这个展览主要有这样几个内容：分成甲午战争、北洋海军、威海卫之战、丁汝昌生平事迹等几个方面，基本上说清了甲午海战及北洋海军之命运的前因后果，就是清政府的腐败无能和舰队里洋人的投降。此外，展览中还有威海清军防务沙盘、北洋海军将领蜡塑群像、黄海大战的舰船模型等物品，深刻再现了近代中国历史上的那段令国人刻骨铭心的国难屈辱史实。

在北洋海军将领蜡像前，我对先辈们为了保卫祖国，与外国侵略者进行浴血奋战、不惜牺牲宝贵生命的壮举，表示了深深的敬意。

在结束了博物馆里的参观后，我又先后参观游览了诸如龙王庙、丁汝昌寓所等著名景观。终于，在下午四点乘渡船离开了刘公岛，从而，结束了在威海的一日游程，并在当天晚上，回到了烟台。

行旅照片忆蓬莱

这是一个梅雨纷纷的日子。闲来无事,我在家里又翻阅起了那堆数不清的旅游旧照片,重温那些游览之旧情。

在这海量的旅游旧照片里,有一组照片是我的最爱。这就是我在20世纪90年代初,到山东蓬莱阁游览时拍摄的一些照片。一晃三十年过去了,我亦不是当年的我了,早已没有了当年的模样儿。看着影集里的旧照片,感觉我又回到了蓬莱阁。此情此景,竟是那么的清晰可见,历历在目。看着这些旧照片,我的思绪又似乎回到了巍峨的蓬莱阁前。好吧,就让我随着这些旧照片,再游览一番蓬莱仙境的风光吧……

啊,这一张照片,是我到蓬莱阁游览时,请别的游客帮我拍摄的。背景是著名的"丹崖仙境"石坊。其为四柱三楹单檐样式,玲珑正脊、筒瓦屋面。其四柱为红色,底柱都有夹柱石。"丹崖仙境"四个大字,系由前国家代主席董必武亲笔题写。来到这里,就算是登临蓬莱阁的起点了。换句话说,也就是从这里开始登临蓬莱阁了。这里绿树成荫,环境优美。不过,我觉得这里是优美之中寓意着肃穆。同时,也寄托着人

蓬莱阁水城振扬楼留影

们的期待。当时,"人间蓬莱"大门尚未动工修建。因此,这"丹崖仙境"石牌坊,亦就权当大门了。

从"丹崖仙境"石牌坊,我走进的第一个院落,就是天后宫的前院。

来到院内,我驻足环顾四周的景色,就看见院内东、西两侧分别竖立着钟、鼓二楼,前面正中间则是一座古戏楼。听导游说,古戏楼曾被日寇飞机炸毁。新中国成立后,国家又重建了这座戏楼。我看到整座戏楼坐南朝北,是一座歇山卷棚顶建筑。戏台不是很大,演出三人小戏是没有问题的。而在戏台正中上方则悬挂着由著名书画家黄苗子题写的"观止矣"横匾。不过,这天戏台上无戏可演,显得有些空荡荡的。再加上老天不作美，天幕很阴沉，使人看上去，古戏楼竟有些破旧的感觉。

离开古戏楼，我朝前走去，就看见院子里堆有六块巨大的赭红色的丹崖石。据说是工匠们当年劈山修建蓬莱阁时，特意留下来作为庭院点缀的，且两两对峙而立，犹如天上的三台星座，因而被清代学者阮元取名为"三台石"。我看到，刻石嵌于天后宫前殿东围墙的外壁上。听导游说，阮元的手迹，传世极为稀少。因此，阮元的题名刻石就显得弥足珍贵了。

穿过中院，我便来到了第三进的院子里。在门口，我见到了著名景观——唐槐。我看见它枝繁叶茂，绿荫如盖。听导游说，这棵唐槐萌芽晚一月，落叶迟三旬，是一种十分罕见的古树。更奇的是在清代道光年间，天后宫失火，多间庙观毁于一旦，可身处其间的这棵唐槐，却安然无恙，如有神灵护佑。直到今天，这棵唐槐还年年萌发新芽，繁枝吐绿。古树唐槐，的确为蓬莱仙景增添了一道别样的风采。

告别唐槐后，映入我眼帘的景物就是天后宫主殿的倩影。随着人群，我便来到了正殿的大门前。便朝殿内张望，看到天后塑像端坐在龛台之上。其身上通体贴金，显得金碧辉煌。天后的形象惟妙惟肖，栩栩如生。其塑像的左右各立着两个侍女，形象生动传神。

大门前放置着一尊硕大的青铜香炉，炉内插着几把红香，烟雾缭绕，香火正浓。我看到，还有人不断地朝炉内插香柱呢，估计他们都是善男信女吧，要不，他们也不会到这里烧香的。

从天后宫的东门出来后,我就来到了这次旅游的目的地——蓬莱阁的前院。

蓬莱阁,高耸于濒海的丹崖山巅。这里天空海阔,旷人胸襟,流丹滴翠,美不胜收。据说它始建于北宋,经过近千年的修葺扩建,规模不断扩大,建筑日臻完美。我发觉这里景观错落有致,巍然壮观。感觉人们在这里凭栏观景,真可谓碧海清风,沁人心脾啊。

来到蓬莱阁前院,我举首端详着眼前的景色。就看见院子的东、西两侧都有门,分别连接着三清殿与天后宫。而当我回首它的南墙时,蓦然发现墙壁上镶嵌着一块硕大的石材碑刻,上书"碧海丹心"四个红漆大字,落款为著名爱国将领——冯玉祥。而碑刻上下四周都爬满了绿蔓等常青植物,颇显年代久远之沧桑感。我在石碑前留了影,以纪念这次旅行。当然,也表达了我对祖国的碧海丹心之深情。

辞别"碧海丹心"碑刻,我便走到前院北首,这里就是蓬莱阁前的青石台阶。听导游说,这个台阶共有三十三级。我看到,台阶两侧都置有漂亮的青石栏杆,石柱柱头都雕刻着莲花和卷云纹饰,样子简朴大方,颇有艺术感。而在这台阶的顶端,就是闻名天下的蓬莱阁。

很快,我就登上了三十三级台阶,来到了日思夜想的蓬莱阁前面。眼前的这座二层重檐的古建筑,俗称大阁。它坐北朝南,是蓬莱阁的主体建筑,传说还是清代嘉庆遗物呢。整个蓬莱阁景区，具体由主阁、东西厢房、东西配殿等建筑组成。它是一座重檐歇山顶环廊式的两层古建筑，其顶为绿色琉璃筒瓦，看上去十分的华丽壮观。而在一层的屋檐上方正中则悬挂着一块写着"蓬莱阁"三个大字的匾额，这是铁保的亲笔手迹。主阁大门两侧种植着苍松翠柏，建筑内外挂着各式的匾额和楹联。走进主阁殿内，我看见周围墙壁上画着"八仙过海"的彩色壁画。画面十分生动传神，宛如真人一般。

接着，我走到木梯前，拾级登上了主阁的二层大殿。来到围栏前，我凭栏远眺不远处的大海美景，尽收眼底。望着浩瀚无垠的海水，我竟幻想着能否遇到那传说中的"海市蜃楼"美景呢。不过，这天的天气不是很好，我所期望中的"奇迹"并没有出现。在看了一会儿海景后，我便有些无奈地走进了大殿里面。撞入眼帘的还是四周的巨幅彩色壁画。内容有"蓬莱十大景""冈竹图""八仙图"等。看上去很耐看，十分养眼。乍一看，我还以为是到了八仙的故乡呢。殿内正中间，置放着"八仙过海"的大型彩色雕像。图像再现了八仙过海前，在蓬莱阁上开怀畅饮的精彩画面。

从蓬莱阁出来后，我再次来到了前院，意欲拍几张照片以留念。可因游人太多，只好作罢。我再次看了几眼蓬莱阁的雄姿倩影后，便有些不舍地辞别了它。来到了它的北面城墙上，继续饱览蓬莱阁景区的美景。

首先，我来到了著名景观——普照楼前面。我仰首端详了一番它那秀美挺拔的倩影，感觉它宛若一个妙龄少女，亭亭玉立，挺拔秀丽，这感觉是美妙到了极致。我还看到它的旁边的那座宾日楼，造型也很漂亮。它的美就在它那秀丽无比的葫芦宝顶上。据说它是观日出的最佳之地。而普照楼就建筑在悬崖绝处，使人观之感到惊心动魄。在我的眼里，这两座古建筑，造型别致，且古朴典雅。它们共同构成了人间仙境——蓬莱的地标性建筑。而我眼前的这座普照楼，原本是座灯塔。只是在新中国成立后，才被改建成为纯旅游观光之景观的。

我发现，来这里的游人并不多。我就请人在普照楼和宾日楼前，为我拍了几张照片，算是到此一游的凭据了。

告别普照楼后，我又游览了避风亭、卧碑亭、澄碧轩、苏公祠、三清殿等景点，尽情饱览了这里的美丽风光。

随后，我沿着城墙，跨过会仙桥，来到了水城景区，继续我的蓬莱之旅。

在水城的城墙上，我举目远望蓬莱美景。只见远近美景，历历在目，且目不暇接。你看，这张照片就是在水城的城墙上拍的。那天的天气不是很好，阴云密布。故光线有些儿暗淡，照片的色彩不算很好。但是，总比没有强。

沿着新修建的宽阔的城墙大道，我来到了著名景观——振扬楼下。我仰望着这座高大的城楼，打量着它的伟岸与壮美，感觉到了什么是真正的恢宏大气，真的具有建筑艺术风范。

振扬楼是蓬莱水城的南门城楼。整座城楼坐北朝南，坐落于南门的城墙之上，为歇山顶回廊式的二层木结构的仿古建筑。其特点是三重飞檐，青砖正脊、筒瓦屋面，四面翼角下挂风铃，风吹铃响，悦耳动听。不过，我来到振扬楼时，这里还没有开放。所以，我只能在外面看看而已，却也感到眼福已饱了。当然在这里，我也留下了自己的身影。

站在水城的城墙上，我看到了以普照楼为中心的蓬莱阁景区的全景风光。高高的普照楼巍然屹立在浪涛拍岸的悬崖之巅，大有搏天斗海之气势。宾阳楼、观澜阁及蓬莱阁等景观，亦是历历在目也。

在一块写着"蓬莱仙境"字样的石碑旁，我也留下了到此一游的身影。我身后的蓬莱美景，真是美妙得无以言表。只能用照片将它的美妙永远地留住。这张就更夸张了。你看，我坐在了城墙的垛口上，以远处的蓬莱胜景为背景，留下了这张形神皆备的照片。

从水城的城墙下来，我便来到著名的登州古船博物馆参观。博物馆设在一座类似四合院的建筑物里，屋子修建得不错。屋里雕梁画栋，颇觉豪华。但是，我感到把一个古船博物馆放在这里，似乎不太合适，不伦不类，有点跑题了。我看到博物馆里展品并不多，除去一艘古代大木船外，几乎没有什么展览品，可谓展品寥寥。来到展厅里，我也就是走马观花似的逛了一圈，便离开了展览厅。不过，在博物馆的庭院里，我还是求别人为我留下了两张照片以记录这趟行踪。

至此，我就结束了这次蓬莱阁一日游的行程。之后，便赶到长途汽车站，跳上了那天的末班车，朝烟台赶去。

时至今日，我的那次蓬莱阁之旅已经过去三十年了。尽管那次蓬莱之旅时间短暂，却也给我留下了深刻印象。虽然照片不多，却也真实记录了那次蓬莱之旅的风土人情。

前几年，我曾在书店里买到过一本名为《蓬莱阁》的图书。书中刊登了一幅华国锋同志，在20世纪90年代初游览蓬莱阁时，为蓬莱阁题写的亲笔墨宝："海空奇观"。看着这四个苍劲大气的华氏颜体大字，我以为华老的题词是十分切题的。是的，若把蓬莱仙境的诸多风光，汇成一句话，就是"海空奇观"。于是，我想，若是在蓬莱阁前建立石碑，镌刻上华老题写的这四个大字，定将为蓬莱仙境风光增色不少。

大连一日游

这次到烟台，一是办事，二是游览。事儿办完之后，剩下的时间，就是观景了。如此算来，剩下的那些时间足够观景了。在相继游览了烟台、威海和蓬莱仙境后，下一个景观地竟是大连，这是出乎我的计划之外的。

记得那天从蓬莱，星夜赶回烟台朋友的家里。当晚，在吃饭时，他在问了我这几天的游览情况后，便建议我可以到大连一日游。早上去，晚上回来，交通十分方便。听他这么一说，我当时有点懵了。忙说，大连在东北，乘火车去有些远了。而此时，我还不知道从烟台到大连，有海上快艇航运呢。听我这么说，他就笑话我还是"老黄历"呢，又说，这几年从烟台到大连方便多了，一个单趟，两个小时，就到大连了，快捷得很呢。听他这么说，我的心里就又鼓起了到彼一游的冲动。就在饭桌上，作出了明儿到大连游玩一日的决定。真的，可谓兵贵神速啊。

上了床后，我有些儿兴奋。因为，我对大连神往久矣，且心仪多时。往日就已从书画中见到过它的倩影。只是碍于交通不便,再加上工作等诸多原因,久而久之就搁下了。这次却能在烟台越海到大连一游,感觉昔日的"大连梦",竟然在不期之中实现了。想想,我心里的那份美就甭提了。的确,我心里此刻颇有点儿"踏破铁鞋无觅处,得来全不费功夫"的窃喜之感呢。

入眠,一夜无语。

凌晨,我起了个早,赶早班公交车,就来到了渡海码头。我在售票处,买了渡海船票。令我高兴的是,售票员在递给我船票的同时,还送了一只精巧的皮制钥匙环,以作渡海纪念。现在,二十多年过去了,这只钥匙环,我还完好地珍藏着呢。

登上"飞龙"号快艇,我就被它的美观大方的外貌给吸引住了。趁着人少,我沿着甲板通道,绕着快艇转了一圈,感受了它那流线型的美观。其实,它就是一艘渡船而已。只不过它比上海的黄浦江上的轮渡船大多了,内部结构也不一样。上海黄浦江渡船舱内为大厅,而没有座椅。可眼前的"飞龙"号快艇则不同,它的舱内装配了一排排航空软椅,人们坐上去,感觉十分惬意、舒适。这种航空椅,在今天看来没有什么稀奇的。可是,在20世纪的90年代初,这种座椅还是相当稀罕的。

不到半小时,座舱里就已坐满了游人。我一打听,原来他们都是到大连去旅游或办事的呢。看来这渡海快艇的生意,还是挺不错的。

很快,渡海快艇就启动,驶离了码头。

快艇离港不久,我也就离开座位,走出了舱外,来到快艇前头的甲板上,凭栏观赏海景。

都说海水是蓝色的。这种说法,我在青岛栈桥海边游览时,就得到了印证。可此时出现在我眼前的海水,却是浑浊的泥汤水,完全没有蓝色的影儿。看到这样子的海水,我的心里很有点儿失望,心里有些说不出的滋味,完全没有那种海的感觉。我发现,偌大的海面上,竟连一只海鸥都没有,有的只是隆隆的机器声响。而天气似乎也不帮忙,阴乎乎的,感觉很不爽。

我在甲板上站了一会儿,便回到了舱里。坐在椅子上,我闭起了双眼,竟有些儿晕乎乎的,有点儿想入眠的劲儿。是啊,昨夜兴奋得有些多余,眼下似乎是来还债的。一句话,就是来还昨夜的"睡眠债"。

待到我睁开两眼时,"飞龙"号快艇已到大连港了。

上得岸来,在码头大门外,我叫住了一辆出租车,便钻了进去。在向的哥打听了大连的风光景观后,经过一阵盘算,我决定先到市中心的中山广场游览一番再说。然后,再作下一步的打算。

的哥驾驶着出租车,疾驰在大连市区的大街上。在兜了几个弯后,他就将我送到了著名的中山广场。

从出租车里出来,我径直地走进了中山广场。

关于中山广场,有资料表明,该广场始建于沙俄占领时期,当时被叫作"尼古拉耶夫广场"。日本帝国主义占领时期,此处又被称为"大广场"。新中国成立后,为纪念孙中山先生,这里被改称为"中山广场"。由于广场四周装置有高级音响，每天定时播放世界名曲，所以，这里又被称为"中山音乐广场"。来到这里，我发现整个广场呈圆形辐射状，十条大街由这里朝四面八方辐射开来，不愧是大连市区的交通中心。同上海的外滩一样，这里周边的大部分建筑物，都被金融机构所使用。显然，这里就是大连市的金融服务中心。

  走到广场中心，我举目环顾广场风光，感觉广场的规模并不算大。其实，它就是一个大型的街头广场而已。广场上除了由花岗岩石板铺就的路面，剩下的部分就是绿化草地了。尤其是大连宾馆门前面的那块草坪，面积颇大。远远地望去，宛如翡翠似的青绿色儿，相当养眼。这情景，再配上洋味十足的欧式建筑——大连宾馆，如同欧洲城市风光似的。此刻，我觉得咱中国人即使不用出国，在国内也能观赏到西洋的城市风光。即使出国也未必能看到如此正宗的、原汁原味的欧洲建筑。不过，最使我悦目的还是那座冠以中国工商银行铭牌的二层大厦。应该说，称其为大厦有点儿勉强，但它的确雄伟气派。从它的造型与外貌来看，整座建筑无不彰显出西洋建筑的特点及其理念。可以说，这是我所见到过的造型最为奇特的建筑。它的建筑规模不算庞大，却也显得小巧玲珑、简约大方。因此，它给我留下了深刻的印象，博得了我的欣赏与喜爱。面对着眼前如此精美的经典建筑，我拿起相机，将它的倩影收进了镜头里。这么多年过去了，我始终对它记忆犹新，难以忘怀。

  还有一座建筑，也相当雄伟壮观。它高四层，亦为西洋式楼宇。从外观上看，似乎规模要比工商银行所在的那座要大一些，其墙面为深灰色，犹如城墙似的。我看到，它的前面也是一块大草坪。草坪上植有对称的大雪松树，景色十分优美。

广场中央的石板路上，人来人往，相当热闹。我站在广场上看着眼前的壮美景色，欣赏着周边不同风格的优美建筑，倾听着传入耳朵里的世界名曲。我窃思：这里既然是中山广场，却为何不竖立一座孙中山先生的铜像呢？我以为，这样才是名副其实的。朋友，你说呢？

告别中山广场，我来到了著名的大连人民广场游览。

大连的人民广场，给我的第一个印象就是：大。它比刚才游览过的中山广场要大多了。有资料显示：这里是大连市级行政机关集中地。整个广场布局对称，既有石板铺地，又有绿草茵茵的大草坪，呈现出它的庄严与美观。

我首先走到广场上的苏军烈士纪念塔的前面，凭吊那些为了中国人民的解放事业献出自己宝贵生命的苏联红军将士们的英灵。我仰望着这高高耸立的纪念塔，凝视着屹立在纪念塔前的苏军军人铜像，此刻，我的心里竟油然生出了无限的感慨，倍感伟大的中苏友谊，亦是由鲜血凝结而成的。虽说当年的苏联，今天已经不幸解体了，可伟大的中苏友谊还在，这是永远也磨灭不了的。即使在中苏关系最低潮的"文化大革命"时期，屹立在中国大地多处的苏军烈士纪念碑也没有遭到什么破坏。相反，还得到了中国党、政府和人民的精心保护。大连人民广场上的这座苏军烈士纪念塔就是明证。再想想在这数十年里，种种毁坏苏军烈士纪念塔的恶性丑剧，时常地在东欧各国频繁上演，真是令人震惊不已。这说明了什么呢？这说明嘴上叫嚣什么"民主、自由、博爱"思维理念的资产阶级反动势力，是最不民主和最不人道的伪君子。试想，一个不懂得感恩的民族或国家，又怎能会有发展的希望呢？

就在我遐想之际，一群鸽子呼啦啦地落在了苏军纪念塔前面的广场上，与游客们亲密相处。看着这些从天而降的鸽子，游人们朝它们纷纷投去善意的目光，从心里发出了会意的笑意。那情景真的呈现出了一番和平的景象来，令人感到和谐与友好的氛围。这是我第一次与广场鸽亲密相处，因而倍感亲切与好奇。像别的游人一样，我也撕扯着手里的面包，投给鸽子吃。当我看到鸽子在我面前争相夺食，心里就甭提有多高兴了。

当我回首朝北张望时，居然看到广场北面有一幢四层的楼房，坐北朝南地坐落在广场的北面。这幢建筑呈淡色，墙体装饰亦不尚豪华。尽管如此，却使我感到有些儿特别。我就向广场的工作人员打听，那幢大楼是什么式样的建筑？该工作人员告诉我：那里啊，是大连市人民政府的办公大楼。他还告诉我：它的东北是市公安局大厦；它的西北是大连市中级人民法院大厦。而这两幢大厦，都是典型的日本式建筑。其实，我眼前的这幢大连市政府大楼，又何尝不是日本造呢。我觉得眼前的这幢看似不怎么起眼的建筑，为广场风光平添了一份儿庄严与肃穆的氛围，而那几块绿茵茵的大草坪更是为人民广场增添了无限的活力。

大连人民广场风光

离开了人民广场后,我便打车来到了又一个著名景点——星海公园的大门前。

走进公园大门,我才发现整个公园就像一个大工地。到处都是脚手架;到处都在修筑高楼大厦。见此景象,我暗暗叫苦,觉得来的不是时候。可也没有什么良策,只能是既来之则安之,随意游览吧。于是乎,我就走马观花地游览了公园的主要景观,领略了一番星海公园的美丽风光。

我站在海边的观景台上,朝远处望去。只见一座大厦已拔地而起,它的形状犹如一艘巨轮的风帆似的,高大壮美,相当漂亮。它旁边的摩天轮高大宏伟,气势壮观。我看到公园内到处是绿茵茵的草坪,且随地势高低起伏,颇有些立体画的美感。由于还在初创阶段，故公园里的树木还不多，显得有点儿空旷。公园的规模很大。我估摸着没有三四年的功夫，整个公园要想彻底完工则是不可能的。眼下，它也只是一个公园的雏形而已。

总的感觉，这次我是来得早了些。因此，没有看到它那美丽的全貌。

不过，也有我忘不了的"奇遇"。

正当我站在观景台上四处观景时，突然，一个熟悉的面容闯进了我的眼帘。这个熟悉的面孔，就是我的业务培训老师——谈先生。这真是"他乡遇故知"啊。我当时的那个高兴劲儿，就甭提了。我急忙上前同他打招呼。看得出来，他对在大连遇到我，也是深感意外的。我们热烈握手，互相问候。之后，我们一起朝公园大门走去。来到大门外面，我们站在大门前留影，以纪念这不期之遇。之后，我们就在公园大门口分手了。又是二十多年过去了，我再也没有见过他的面。在遥远的大连能遇到不期而至的友人，这样的概率是不多见的。

辞别了星海公园，我又马不停蹄地来到了大连市最热闹的商业街——天津街游逛。天津街始建于20世纪初，是大连最大的商业街。据说当时这里集中了大连数百家各种商铺，是人们了解大连商贸发展的一扇窗口。一百多年来，这条商业街上始终人潮如流，供销两旺。显然，天津街就是大连，乃至整个东北地区经贸发展的"发动机"，彰显了其强大的推动作用。

来到天津街，已经是下午一点多了。我先到路边的一家饭馆吃午饭。半小时后，我从饭馆出来，打着舒畅的饱嗝儿，惬意地朝前漫行而去。忽然，我看见了"新华书店"的巨大招牌。于是，我就走了进去。我看到书店的大厅规模很大，且为三层之高。图书的种类繁多，可谓琳琅满目。这里有不少图书，都是我想买的。可我正在旅行之中，不可能购买许多书。故也只能购买一二本书而已。所以，我就购买了一本名为《苏曼殊全传》的图书。

我之所以要购买这本书，主要是因为苏曼殊是个生平有些神秘的历史人物。而我又是一个颇喜欢"探秘"的人。所以，我就买了这本书，以破解苏曼殊先生的"神秘"之人生也。

走出书店，我就来到了离书店不远的一家咖啡馆里，在一个紧靠着落地窗的沙发上坐了下来。在点了一杯热咖啡后，我便打开了这本新书，阅读起来。

待我喝光了杯中的咖啡，已是下午三钟点之后了。我抬首朝窗外看去，却见已是太阳西坠之时光了。此刻，我还沉浸在书中的情节之中，再加上走了大半天，身体确实有些劳累，便没有动弹，而是继续在那儿看书。大概在下午四点左右，我初步看完了这本书，对传主苏曼殊的生平，有了一个大概的了解。我以为，这是大连一日游最有意义的阅读经历。二十多年过去了，我还记着那次大连的阅读活动呢。

终于，我走出了咖啡馆，来到了人潮如流的天津街上，汇入了喧闹的人潮之中。

我在街上，一边浏览街头风光，一边盘算着到大连港的快艇码头的时间。还好距离快艇开船时间，还有一个小时呢。而从这里到码头，也就三百米左右。直到这个时候，我的心里才有了底。

我看到，天津街上的建筑物也是中西皆有、土洋杂处，同上海的南京路差不多，而天津街似乎更热闹些，具有北方商业街的特色。例如，在街上大声叫卖，旗幡到处飘扬。这种景象，在上海南京路商业街上已不多见了。

在街上，我看到了著名的天百商楼、群英楼等商业大厦，里面也是南北商货，商品繁多。商场里，人头攒动，人潮如海，热闹不已。而在这里，我却感受到了上海南京路商业街上的热闹景象。看着喜笑颜开的人们，我窃思有钱在哪里都一样啊，并不一定非要到上海或北京买东西，在这里的天津街，也一样能买到自己可心的东西。

天津街，似乎不如上海的南京路长，大概也就三里多地吧。但是，却相当集中，几乎是店挨着店，楼接着楼。且相当整齐。至于天津街的宽度，这倒是与上海的南京路有一拼，可以说，都差不多宽。

终于，天津街逛完了。

来到码头，我疾步登上"飞龙"号渡海快艇，踏上了返回烟台的行程。从而，结束了我的那次难忘的大连一日游的旅程。

悠悠拜谒情

到北京毛主席纪念堂，拜谒毛主席、瞻仰他老人家的遗容，是我多年的夙愿。

这不，在一个雪花纷飞、梅枝吐蕊的清晨，我来到了首都——北京。一下火车，我就忙不迭地驱车朝天安门广场赶去。经过一阵奔波，我终于来到了魂萦梦牵多年的毛主席纪念堂前。

伫立在这座雄伟壮丽的巨厦面前，我满怀深情地仰望着、凝视着，心里竟油然而生出了些许熟悉而又陌生的感受来。说它熟悉，是因为我曾无数次地在书画影像中，看到过它的雄姿与倩影。它，早已印在了我的心坎上。而说它陌生，则是因为我竟是第一次走近它。对它，我心里此刻竟有一种深沉的愧疚感。

环顾毛主席纪念堂前，那望不到尽头的瞻仰队伍，犹如滚滚的洪流，川流不息。那情那景，令人动容；此时此刻，教人感慨万千。人们扶老携幼、夫妻相伴，有的怀里还抱着孩子，冒着刺骨的寒风，无怨无悔，心甘情愿地跟随着队伍，一步一

毛主席纪念堂外景

步地朝前挪动。看得出来,他们的神情肃穆凝重,他们的心里充满着向往的虔诚。他们来到这里,是向毛主席汇报?是向他老人家感恩?还是要向毛主席表达热爱与崇敬之情呢?我想,也许什么都有,也许什么都没有。因此,与其说人们到纪念堂来看毛主席,还不如说他们是到这里来净化自己的心灵呢。前些年,有人竟嘲讽这种感情太朴素了。然而他们忘了,人世间唯有朴素才见真情!不是吗,毛主席离开我们已经四十多年了。可是,人们还是那么地热爱他、崇拜他、怀念他!而这岂止是能用"朴素"二字解说得了的。其实,人民对毛主席的感情早已刻骨铭心,溶进了血液里。而这种感情,又岂止是那些鼠辈之徒能用无耻谰言所玷污得了的。

瞻仰的队伍在寒风里缓缓地朝前挪动着。终于，我来到了瞻仰大厅里。走到水晶棺前，我弯腰向毛主席鞠躬致哀。我凝神瞻仰着毛主席的遗容，看到他老人家安卧在鲜花丛中，仿佛在劳累了一天后，静静地睡着了。是那么的安详，又是那么的刚毅。这时候，我的眼睛潮湿了。

　　大厅里静静地，静静地。此刻，即使有一根针儿掉在地上，也会有响声的。人们轻轻地，轻轻地朝前挪动着，生怕将他老人家的睡梦惊醒。人们在毛主席面前鞠躬致哀，深切地表达了自己的思念与拜谒之情。我驻足凝望着毛主席，眼前依稀浮现出了他老人家带领人民打江山、创建新中国和领导全国各族人民艰苦奋斗、建设社会主义新中国的难忘情景来。透过纷繁的历史烟云，我仿佛看到那韶山的红日、浦江的霞光、井冈的梭镖、长征的风云、遵义的喜报、延安的小米、解放的烽火和开国的礼花。我还看到啊，看到他老人家为了建设社会主义的新中国，为了实现历代志士仁人梦寐以求的"民富国强"的宏伟理想和中华民族的伟大复兴，呕心沥血，辛勤国政，上下求索，艰苦奋斗。大江南北，长城内外，处处都留下了他老人家的足迹；五湖四海，塞北岭南，无处不回荡着他老人家的音容笑貌。他老人家为全中国人民的富足与幸福，真是操碎了心；他为了祖国的繁荣与强盛，耗尽了毕生的精力与智慧！纵观古今中外，上下五千年，又有哪些帝王国君能像毛主席那样，真诚无私地爱国卫国、孝民为民呢？没有！也不可能有！原因就在于那些个帝王国君都是剥削阶级的头子，他们代表了剥削阶级的根本利益。而我们的毛主席则是亿万劳动人民的代表，体现了最广大人民的根本福祉。因此，作为中华民族最伟大的人民领袖，毛主席理所当然地受到全中国人民的衷心爱戴和永远的怀念！民歌《东方红》唱得好啊："东方红，太阳升，中国出了个毛泽东。他为人民谋幸福，他是人民大救星。"真是唱出了全中国人民的心声，唱出了全民族的希望！

在毛主席的身旁，我又想起了著名作家——冰心老人在那篇题为《我站在毛主席纪念堂前》的散文里写下的一段文字，颇能佐证人民对毛主席热爱与怀念的深切感情。她说："在中国几千年的悠久历史上，在中国九百六十万平方公里的辽阔大

毛主席纪念堂前留影

地上，我们伟大的领袖和导师毛主席，第一个发现这块大地上劳动生息的广大人民，是第一可宝贵的事物。他老人家相信人民，依靠人民，称他们为英雄，尊他们为上帝。"我想，只有经过这新旧两个社会对比的人，才会有如此深刻的感触。她的话，是对毛主席与人民群众鱼水深情最好的诠释。同志呵，难道还有比这更能震撼人心的语词吗？真乃至理名言是也！

走出纪念堂大门，我站在宽敞平坦的台阶上，举首仰望这座巨厦的雄姿。凝视着镶嵌在纪念堂正门上方的那块由前中共中央主席、国务院总理、中共中央军委主席——华国锋同志亲笔题写的"毛主席纪念堂"六个金光闪闪的颜体大字的汉白玉匾额，我的思绪又仿佛回溯到了20世纪的一九七六年十一月二十四日。就在那一天，党和人民为建立毛主席纪念堂，在天安门广场上举行了隆重的奠基仪式。华主席亲手为奠基石培了第一锹土，为毛主席纪念堂奠基。斗转星移，岁月更替，四十多年过去了。如今，华国锋主席也追随毛主席而去了，永远地离开了我们。可是，他为党和人民立下的历史功绩，将永垂青史！是啊，人民永远不会忘记那些为党和国家及民族做过好事、实事的功臣们。祖国为他们记功！人民为他们记功！历史为他们记功！

就在我神思飞扬、追赶历史往事的时候，忽然，一曲歌声飘进了我的耳中。天哪，竟是一首令人耳熟能详的民歌《东方红》。我的心"怦"地一阵颤动，情绪激动起来。我举首朝外面望去，原来是一群老同志们，正列队整齐地站在广场上唱歌呢。唱罢《东方红》,他们又唱响了《太阳最红,毛主席最亲》。

在悠扬嘹亮的歌声里,我默默吟诵着冰心老人在散文《我站在毛主席纪念堂前》里写的那段话,一步三回头地离开了心中的圣地——毛主席纪念堂。

天安门广场纪行

秋天的北京，天气特别晴朗。湛蓝湛蓝的碧空，洁净得连一片白云都没有。这正应验了那句"晴空万里无片云"的话儿。那景色似乎真的同雾霾不沾边儿，宛若水洗的那般清新、气爽。刹那间，我的感觉好到了极致，感觉真的好爽啊。真的从心底里期望这晴朗气爽的好天气，永远地落户在亲爱的首都——北京，将那烦人的雾霾，永远地赶到大海里，还清朗于北京，还清爽于中国。

仰望着万里晴空，心里充满着由衷的欣喜。心说，尽管我也在别处时常见过晴朗明媚的蓝天，但像北京这么美丽的蓝天，还是第一次见到。那句"秋高气爽"的成语，用在此时的北京，真是再合适不过了。尤其是在天安门城楼前面的广场上仰望这美丽、晴朗的蓝天，更有着一份发自内心深处的感受。灿烂的阳光，把个天安门广场照耀得光明辉煌，使这里的景致越发雄伟壮丽、庄严肃穆。

"啊，这太雄伟了，好壮观啊！"这就是我来到天安门广场观光时，从心底里发出来的感叹。

关于天安门城楼及其广场的由来，我曾看阅过不少的文献资料，对它的前身今世，有了个大概的了解。在相关文献里有这样的描述：在北京城正中，故宫前面有一座砖筑高台，其上面是九间木构双层城楼。城楼前面有一片开阔的广场，磅礴坦荡。这就是闻名世界的天安门广场。

其实，我对天安门也是不陌生的。这么说吧，只要是个中国人，就知道北京有个天安门广场。那首《我爱北京天安门》的著名歌曲，早已传遍天下，耳熟能详，铭刻于心。可以说，这首歌曲伴随着几代中国人的成长。倘若用今天的标准来说，这首《我爱北京天安门》，绝对称得上流行歌曲之冠，无论从歌词内容、音乐旋律、传唱范围及流行时间等方面讲，都是当今流行音乐所无法企及的。

而另一首《雄伟的天安门》的著名歌曲，更是让我对天安门城楼及广场充满了向往。也就是从那个时候起，我就立下了人生的宏愿：今生一定要到北京，去看看天安门广场，领略它的风采。终于在数十年后的今天，我来到了北京。

来到天安门城楼的正前方，我隔着川流不息的长安街与金水桥，举目凝望眼前的这座举世闻名的天安门城楼，打量着它那高大伟岸的雄姿，体味着它那历经沧桑的风采。此时啊，浸润我眼帘的景象则是满目的赤色红墙与飞翘的重檐。细细地想来，亦只有在此时此地，人们方能真正地领略出天安门城楼的雄伟与庄严的神韵来。于是，我那深藏在心中的崇仰之情，便油然而生。

平心而论，天安门城楼并不是十分高耸。可在天安门广场上，它却是最为高大的。在长安街北侧的地平线上，天安门城楼可谓顶天立地，立于上苍与黄土之间。可谓高矣、大矣，气势无与伦比。再环顾广场四周的建筑群，竟没有一座在高度上超越它的。从而，奠定了天安门城楼为"天下第一楼"的历史文化之地位。

"天安门城楼，你好！"此刻得我终于按捺不住内心的激动，竟脱口而出地朝着天安门城楼，发出了问候的心声，一吐为快地表达了对天安门城楼的缕缕情丝……

全国的古城楼，我曾见过不少，且亦攀登过这些古城楼。这些古城楼几乎都是高大雄伟、古老沧桑。这些城楼的形制也颇为相同，几乎清一色的建筑套路。然同天安门城楼相比，似乎就黯然了些许。一句话，北京的天安门城楼具备了至高无上的皇家气派。所以说，那些散落于全国各地的古城楼建筑，是无法同北京天安门城楼相比的。

渐渐地，我的目光由城楼的飞檐、红柱、宫灯和国徽，聚焦在了悬挂在城楼红墙正门上方的那幅巨大的毛主席彩色画像上。我满怀深情地凝视着画像，感觉毛主席正对着我微笑呢。神情是那么的慈祥、和蔼、可亲，眉宇之间洋溢出睿智、安详与智慧。此刻，我倍感他老人家就是人类文明发展史上前无古人、后无来者的绝世伟人。真的，我就是这么想的。其实，这是我一贯的想法。

端详着毛主席的光辉形象，我陷入了无尽的思念之中，眼前浮现出了无数令人难忘的历史画卷。其中,最经典画面就是中华人民共和国的开国大典。毛主席作为中华人民共和国的开国领袖,在北京天安门城楼上向全世界庄严宣告:中华人民共和国中央人民政府成立了!每当我看到这幅历史画面,我的心里就充满了澎湃之情而难以平静。

在毛主席的画像下,我的双眼有些湿润了。此时,就觉得心里有许多许多的话儿,要对他老人家诉说。可是,他老人家已经听不到了。这刻啊,我的心里充满了无尽地哀伤……

就在我仰首再次纵览天安门城楼的瞬间,我的眼前忽然一亮,我的目光再一次地聚焦在了那幅毛主席的画像上。心想,这城楼多亏有了这幅毛主席的画像,才使它光耀千秋、流光溢彩。否则,还真的有些儿单调呢。而今天的天安门城楼之所以天下闻名,在很大程度上,就依赖于这幅巨大的毛主席像呢。我曾看过"文化大革命"之前的天安门城楼的影像资料,发现由于那时天安门城楼的红墙上没有悬挂毛主席的画像,就明显地感觉到城楼的红墙外貌有些儿单调。数十年来,人们到天安门广场游览观光,主要就是观赏与瞻仰红墙上的那幅毛主席像。可以这么说,天安门城楼上的毛主席像的影响力,早已超越了天安门城楼的本身意义。如今,这幅巨大的毛主席画像,同天安门城楼一起,都已经成为新中国的历史象征。

我仰望着城楼红墙上的毛主席像,告别似的朝他老人家,微微地欠了欠身子。就越过长安街,穿过金水桥与城楼的东门洞,来到了城楼西侧的梯形通道。我拾级而上,便登上了心仪多年的天安门城楼,实现了儿时就有的夙愿。

登上城楼,我并没有朝平台走去,而是伫立在楼梯的道口,朝东望去,就看到楼台上竖立着许多又高又粗的大红木柱,两侧的八面红旗,被风吹拂得呼啦啦地响。而在大红柱中间,挂着八个巨大的红色灯笼;地上铺着红色的地毯;显得十分喜庆。我看到,城楼平台似乎并不算宽敞,宽度就到那排汉白玉的栏柱为止。游人们纷纷走到栏柱前,背对着前方的广场拍照留念。当然,更多的游人则凭栏望远,眺望着广场的壮丽景色。

见此情景,我也挪动双腿,走到楼台中间的石栏柱前,凭栏远望。偌大的天安门广场全景,尽然收入我的眼底。宽阔、平直的长安街近在咫尺,街面上车水马龙,川流不息,朝着东西两端延伸而去,似乎永远望不到尽头。而城楼的正前方,就是举世闻名的天安门广场。此时亦是人山人海,游人如织。人们或拍照、或观景、或谈笑,俨然一幅美好、祥和的绘画。

我看到广场正中央的一块正方形的三层台基之上,耸立着通体洁白的人民英雄纪念碑,这是整个广场的中心点。在纪念碑的后面,就是巍峨壮丽的毛主席纪念堂。纪念堂建筑呈正方形,坐落在两层台基之上。四周围以高大的柱廊、屋顶为重檐,都铺着黄色琉璃瓦,极具中国民族建筑的特色。而在毛主席纪念堂的后面,则是著名的古建筑——正阳门城楼,也是那么的雄伟壮观、巍峨不凡。在正阳门城楼的后面,就是箭楼了。整个天安门广场上的著名建筑,都在一条贯穿南北的中轴线上，一眼望去十分整齐。再加上故宫里的三大殿，一直到景山公园的制高点——万春亭，形成了长达数公里的中轴线建筑群，宛若珍珠串在一起，颇为雄伟大气，洋溢出中华文化的深邃与博大，在全世界是独一无二的，体现了中国历史文化的延续与继承。前些年，有消息传出北京古城中轴线建筑群，将向联合国教科文组织提出世界文化遗产申请。我从《新参考》报上，也看到过此消息，可至今未见动静。我想，如果真的申请成功，将更加扩大北京城中轴线上所有古建筑的影响力。

看完中轴线的建筑，我的目光便停留在中轴线的东西两侧。发现两侧的建筑物都相当庞大、雄伟，且具有相当的对称性。这些建筑物造型中外兼备，古代与现代的建筑技艺有机结合，因而极具建筑的美感。虽然形制不高，却也雄伟大气。

中轴线的东侧的建筑群是著名的中国人民革命博物馆和历史博物馆；其西侧的建筑群就是著名的人民大会堂，而它的西北侧则是著名的国家大剧院。这东西两侧的现代化建筑群，与中轴线上的历史建筑群一起，构成了天安门广场的中国历史文化特色，起着相互呼应的人文历史文化的作用。

看罢广场的两侧景物，我将目光收了回来。迈着步子来到城楼大殿里参观。里面正在举办有关天安门城楼历史的展览。展览方运用大量照片，向人们叙述了天安门城楼的新旧历史。

原来，天安门广场在其建成的数百年里，规模与作用也是在不断地改建与扩大中形成的。尤其是在中华人民共和国建立后，全国人民给予了天安门广场以极大的关注，彻底改建了整个广场的格局，使天安门广场成为人民群众心中的"政治圣地"，并赋予其历史文化与政治运动的色彩。坊间有关天安门广场改建的传说很多。其中，当年毛主席亲自指导天安门广场改扩建的"传说"最靠谱。毛主席当年指出：要把天安门广场建设成为世界上最大的广场。现在看天安门广场的面积规模，正是应验了毛主席当年的话儿。天安门广场不愧为世界上最大的广场。可以说，天安门广场的改扩建史，凝聚着毛主席和全中国人民的心血。也正是在党和毛主席的领导下，具有千年之古的天安门广场，终于焕发了青春，才有了今天的模样。

今天，人们看到的天安门广场，还是在20世纪50年代末形成的。唯一的变化，就是在人民英雄纪念碑的南面，耸立起来一座气势恢宏的著名建筑——毛主席纪念堂，使这一政治广场的涵义变得更加名副其实，为天安门广场聚集了无比高涨的人气。不是吗，人们到天安门广场游览，并非单纯的观光；同时，人们还要到广场上的毛主席纪念堂里，瞻仰毛主席的遗容，缅怀他老人家的丰功伟绩。自觉接受毛泽东思想的教育，这也使天安门广场更赋予了深刻的革命人文价值。

带着这些深刻的感受，我在天安门城楼的红色平台上，从西到东，来回走了数趟，深切感受这一皇家宫殿的迷人之魅力，努力追寻着它那当年的风采。

终于，我带着恋恋不舍的心情，移动着脚步，从东侧的梯形通道走了下来，一步三回头地离开了心中的"圣地"——天安门城楼。

从天安门城楼下来后,我又穿过繁忙的长安街,再次来到了人潮似海的天安门广场上,继续我的游览历程。

首先,来到了国旗杆下面。我看到站在汉白玉旗台两侧的警卫战士。他们精神抖擞地笔直地站立在旗杆下,庄严地守护着迎风飘扬的五星红旗。尽管,秋天的阳光也很火辣,但他们不为所惧,始终英武地坚守着神圣的职责。我看见,有不少的游人,为战士们拍照留念呢。当然,我也没有错过这个难得的机会,接连拍了几张,以留作纪念。

辞别国旗台,我便来到了广场中央的人民英雄纪念碑前。我举首仰望着纪念碑那高耸云天的英姿,绕着它转了一圈,感受着它的雄伟、壮丽与庄严。碑身正面镌刻着毛泽东主席亲笔

天安门广场风光

手书的"人民英雄永垂不朽"题词；而它的背面则镌刻着毛泽东主席撰著，并由周恩来总理亲书的碑文。随后，我的目光由碑体一路向下面看去，落在了宽厚繁复的纪念碑的基座上面。只见基座四周，放置着金属栅栏，以保护镶嵌在纪念碑基座上的十幅大型汉白玉浮雕像。

望着巍峨壮丽的人民英雄纪念碑，我在心里默诵碑文，用心来感受与追寻那已经远去了的革命历史与人民英雄们，倍感今天幸福生活的来之不易，理应倍加珍惜之。

转过身来，我的目光迎着明亮耀眼的阳光，朝南望去，就看见了著名的毛主席纪念堂。它近在咫尺，呈现在我的眼前。我再一次地凝视着不远处的毛主席纪念堂，却觉得神思有些儿迟钝，甚至有点儿沮丧。诸位也许要问：何以如此神情？那就如实告之吧：因为这里是全国人民群众的伤心之地；同时，这里也是全国人民在党的领导下，独立自主、自力更生、艰苦奋斗，进行新长征的出发地。

已是中午时分。我看见广场上，还有许多人不顾阳光的暴晒，排起长长的队伍，步履缓慢地朝纪念堂的大门移动着。他们在等待着瞻仰毛主席的遗容。看着这望不到尽头的队伍，我动容了，便快步来到了纪念堂侧面的队伍末尾，加入了瞻仰领袖遗容的队伍。

从纪念堂出来后，我围着纪念堂绕了一圈，仔细地观赏浏览了这座历史巨厦的建筑全貌。我看到，在纪念堂的南门与北门的正上方，都镶嵌着由华主席亲笔书写的"毛主席纪念堂"

汉白玉巨型鎏金字匾。

告别毛主席纪念堂，我便来到了雄伟的正阳门城楼上。登楼望远，观赏浏览天安门广场的壮丽景色。

史料记载，正阳门俗称前门。早在元代，这一代就已经是居民稠密、市井繁华了。到了明代，全北京城的主要商业、服务业作坊、戏园等都集中在这里。而在清代，这里已是"棚房栉比，百货云集"的繁华之地了。

来到正阳门城楼平台，朝北面看，迎面而来的景观就是壮丽的毛主席纪念堂；而朝南看则是著名的箭楼景观了。同样，也是那么的雄伟巍峨。

走进宽敞的大殿，里面有不少游客，他们正认真地听着导游的解说。我站在门口，竖起耳朵听着导游对正阳门历史的解说，感觉有些儿云里雾里的，可谓一头雾水，不知所云，亦只能半信半疑了。好在殿内有个卖纪念品的店儿。我走过去看了看，感觉都是大路货，便兴趣索然。刚要离去，忽见有一叠图书放在橱窗一角。不仔细看，是会落下的。一册书的名称是《帝都之门》，就是讲正阳门的前生今世历史的书籍。我心里一阵兴奋，便立马掏出银子，将此书收入囊中。真的好庆幸啊。得到这本书，实为我这次北京之行，平添了无尽的快乐。

从正阳门城楼下来，走到它的南面，就是大马路了，与巍峨的箭楼隔路相望。至此，我的天安门广场之旅，就算结束了。

跋

《萍踪纪游》终于要付梓问世了。它的问世，则是对我数十年来游历生涯的一个小小的总结。

之所以取《萍踪纪游》之名，则是源自著名武侠小说《萍踪侠影》。我取它前面的两个字，再加上"纪游"二字，方成为拙著之书名。亦所谓萍踪者，乃飘忽不定也；纪游者，乃萍踪之见闻也。故之名也。

至于我为何撰写《萍踪纪游》一书，还是缘自数年前的那次与上海师大马洪林教授的兴会。在闲谈中，他建议我写点东西，游记也可以。于是，我采纳了他的建议，并着手写起了游记。因此，拙著的写成，有他老人家的一份功劳。

其实，我早在20世纪的80年代初，就阅读过许多的游记。应该说从那是时候起，我就喜欢上了旅游和游记。记得我第一次到青岛游览时，就曾买过一本《郁达夫游记集》。三十多年过去了，这本书还完好无损地珍藏在我的书橱里。不过，我当时还没有写游记的想法。但我却收藏了许多的游记图书。通过阅读和收藏这些游记图书，为我后来的游记创作，打下基础。可谓受益匪浅。而我对旅游的兴趣,也就起源于那个时候。从1981年8月的黄山、南京之旅起,到2019年9月的山东济宁的孟子故里之行,至今已整整四十年了。真所谓往事如烟,缥缈散去。留下的就是那挥之不去的美丽如画的风光和那万古不朽的江山,还有那刻骨铭心的感悟。我在想,这也许就是游记真正意义之所在吧。

书中共收游记三十篇,题材涵盖了山水、园林、石窟、古城寺庙和革命圣地等名胜古迹。虽谈不上面面俱到,却也是有所侧重。在写作中,我力求做到声情并茂、情景交融,形象地再现景观风貌和我的游览观感,以期为读者留下诸景观的壮丽与美妙。尽量使每篇游记具有趣味性和可读性。只是由于我才疏学浅,加之水平有限。书中难免有纰漏之处,还望读者不吝赐教。

书稿早在2019年10月完成。本打算在2020年上半年出版的。可是,一场百年不遇的新冠疫情袭来,彻底打乱了我的计划。一直拖到2020年的11月下旬,方才启动出版事宜。在接下来的对书稿的数次校对里,我的感觉就像一次次地重走"长征路"似的。往日的游历,如同影像一样历历在目,清晰可见,倍觉亲切。

为使拙著能像个书样,能够有序有跋,我冒昧地向好友张军延老师求助,并得到了他的支持。他在很短的时间里,写好了序言。他那平实流畅的文笔,热情洋溢的语言,为拙著增色不少。在此,我向张老师深表谢意!而在这里需要说明的是,张军延老师是知名的藏书家、诗人，更是闵行区收藏协会的老会长。况且，他也是一个旅游发烧友，到过海内外许多地方。眼界见识，非一般人能比。

最后，就用我早年在一本影集扉页上写的四句题记，作为结束语吧：

江山多娇，

分外妖娆。

屐痕处处，

赏景留笑。

孟庆捷

2021年3月20日于沪上西南文革轩北窗下

图书在版编目(CIP)数据

萍踪纪游：从上海出发/孟庆捷著. —上海：文汇出版社,2021.4
ISBN 978-7-5496-3503-0

Ⅰ.①萍… Ⅱ.①孟… Ⅲ.①游记—作品集—中国—当代 Ⅳ.①I267.4

中国版本图书馆CIP数据核字(2021)第058654号

·文汇新观察丛书·

萍踪纪游——从上海出发

著　　者／孟庆捷
摄　　影／孟庆捷

责任编辑／黄　勇
特约编辑／建　华
封面装帧／王　翔

出版发行／文匯出版社
　　　　　上海市威海路755号
　　　　　（邮政编码200041）
经　　销／全国新华书店
排　　版／南京展望文化发展有限公司
印刷装订／上海颛辉印刷厂有限公司
版　　次／2021年5月第1版
印　　次／2021年5月第1次印刷
开　　本／890×1240　1/32
字　　数／350千字
印　　张／13.25

ISBN 978-7-5496-3503-0
定　　价／68.00元